탐정학 시리즈 8

Detective and Insurance Fraud

탐정과 보험사기

강동욱·권일성
한국탐정학회

박영사

머 리 말

우리 사회에서 보험제도는 불의의 사고로부터 개인과 가족을 보호하고, 삶의 위기 속에서도 다시 일어설 수 있는 힘을 주는 사회적 안전망으로서 자리하고 있습니다. 예측할 수 없는 위험이 늘 도사리고 있는 현실에서, 보험은 우리에게 최소한의 안전과 희망을 보장해 주는 제도라 할 수 있습니다. 그러나 이처럼 선의에 기반한 제도의 틈을 파고들어, 사회의 신뢰를 무너뜨리는 어두운 그림자가 있습니다. 바로 보험사기입니다.

최근 몇 년 사이 보험사기의 규모와 빈도는 급격히 증가하고 있습니다. 금융감독원의 '보험사기 적발통계'에 따르면, 2020년 8,989억 원이던 보험사기 적발금액은 2022년 1조 818억 원으로 처음 1조 원을 넘어섰고, 2024년에는 1조 1,502억 원에 이르렀습니다. 이러한 수치는 단순한 범죄통계의 증가가 아니라, 사회적 신뢰의 붕괴라는 더 큰 경고음을 울리고 있습니다.

보험사기의 문제는 거대 범죄집단의 이야기에서만 비롯되지 않습니다. 실제 현장에서 마주하는 많은 사례는 의외로 사소한 일상 속에서 시작됩니다. 누수가 생긴 뒤 뒤늦게 보험에 가입하거나, 실손의료비를 청구하면서 관계없는 상해의료비 영수증을 덧붙이는 일, 혹은 휴대전화가 파손되자 해외여행 중 손상된 것처럼 휴대품손해로 꾸미는 일 등, "이 정도쯤이야"라는 안일한 생각이 그 출발점이 됩니다.

하지만 그러한 작은 거짓이 쌓여 결국 자신과 가족의 삶을 무너뜨리고, 공동체의 신뢰를 좀먹는 사회적 병폐로 변해갑니다. 보험사기는 단지 한 개인의 도덕적 일탈에 그치지 않습니다. 그 피해는 고스란히 선량한 다수의 보험가입자에게 돌아가 보험료 인상의 원인이 되고, 궁극적으로는 보험제도 자체의 근간을 흔들게 됩니다. 교묘하게 짜인 시나리오와 치밀한 거짓 속에서 진실을 찾아내기란 결코 쉬운 일이 아닙니다. 그래서 이 어두운 진실을 추적하고, 복잡한 사건의 실타래를 풀어내는 보험탐정의 역할이 절실히 필요합니다.

보험탐정은 단순히 보험사기의 유형을 파악하고 법적 처벌을 다루는 존재가 아닙니다. 그들은 보험실무의 경험과 범죄심리, 법의학, 법과학의 지식을 결합하여, 보이지 않는 진실을 밝혀내는 과학적 탐정이자 정의의 실무자입니다. 끊임없이 진화하는 보험사기 수법에 맞서 첨단 기술과 날카로운 직관으로 사건의 퍼즐을 맞추는 이들이 바로 보험사기 전문조사자, 즉 보험탐정입니다.

이 책을 통해 독자 여러분이 보험사기의 개요와 다양한 유형을 이해하고, 나아가 최근 사회적 이슈로 떠오른 소액재물보험과 일상생활배상책임보험 관련 사기를 단순한 범죄가 아닌 인간과 사회의 문제로 바라보게 되길 바랍니다. 더불어, 우리나라에서도 보험제도 내에 보험탐정이 도입되어 보험사기에 대한 효율적이고 전문적인 조사가 이루어지고, 그 결과 더 신뢰할 수 있는 사회로 나아가는 계기가 되기를 희망합니다.

끝으로 어려운 여건 속에서도 탐정학 시리즈 발간을 기획하고, 본서의 출간을 허용해 주신 안종만 회장님, 안상준 대표님을 비롯한 편집부 직원 여러분께 깊이 감사드립니다.

2026. 1.

목멱산 중턱에서

저자 드림

차 례

제 1 장 보험사기 기초이론

제 2 장 보험사기의 현황과 관련 법률

제 3 장 보험의 종목과 종목별 보험사기 유형

제 4 장 재물보험과 배상책임보험에 관한 일반론

제 6 장 재물보험과 배상책임보험 사기의 유형과 사례

제 7 장 재물보험과 배상책임보험 사기의 사례 및 검토

제10장 보험탐정의 실무상 유의사항

제1장

보험사기 기초이론

제 1 장

보험사기 기초이론

제1절 보험의 개요

Ⅰ. 보험의 개념

보험(保險, Insurance)이란 사전적으로는 '위험을 보증한다', '위태로움으로부터 보호한다'는 의미이다. '위험'(危險, Risk)이 보험가입 목적물로서 가입자는 리스크를 전가하는 대신에 보험료를 지불하고, 보험자는 리스크를 인수하는 대신 보험금을 지급하는 것을 전제로 성립된 제도로 '동질상의 위험이 있는 다수의 경제주체가 미래의 우연한 사고가 발생할 경우 손실복구 비용을 마련하기 위해 일정률의 보험료를 출연하여 사고를 당한 자에게 보험금을 지급하여 경제생활의 불안요인을 제거·경감하려는 경제제도'를 말한다. 이런 점에서 보험은 흔히 인류가 만들어낸 최고의 제도라고 표현되기도 한다. 그것은 우리의 일상생활을 위협하는 위험요소에 대한 대비책 또는 예방수단으로 보험만한 제도가 없기 때문일 것이다.

Ⅱ. 보험의 역사

보험이란 다수의 사람이 일정한 재화를 모아 발생이 예견되는 사고에 대비한다는 방식으로 고대사회부터 이어져 왔으며, 이는 원시적인 보험의 형태의 시초로 볼 수 있다. 기원전 2,000경에는 함무라비 법전에 해상무역에 종사하는 상인들이 사고 발생 시 채무를 일부 혹은 전부를 면제받는다는 조항이 있었으며, 근대적 손해보험은 14세기경 이탈리아 항구도시에서 성립된 해상보험에서 그 기원을 찾을 수 있고, 그 이후 스페인, 포르투갈을 거쳐 영국에 도입되어 1688년경에 영국의 템즈강변에서 로이드가 경영하던 커피하우스에서 번성하여 해상거래가 활발한 국가에서 거래상 위험을 회피하기 위한 목적으로 오늘날의 영국 로이즈시장으로 발전하였다. 1666년 영국 런던의 대화재 사건을 계기로 화재보험도 탄생하여 여러 나라로 확대되었다. 현재와 같이 보험의 종류가 확대된 계기는 18세기 말 영국에서 시작된 산업혁명에 의해 생산, 수송 수단이 기계화되면서 기계보험, 자동차보험, 항공보험, 상해보험 등 새로운 상품이 개발되었다.

제2차 세계대전이 끝난 후 과학기술의 눈부신 발달에 힘입어 원자력보험, 인공위성보험 등이 등장하였고, 현재 손해보험 상품이 200여 종 이상 특종보험 형태로 개발되어 있다. 우리나라도 예외없이 2019년에 중고자동차성능점검책임보험이 개발되어 판매 중이고, 2020년에는 가전제품수리비용보증보험과 리스자동차 준법운전보험을 판매하고 있고 반려동물을 위한 펫보험시장도 활성화되어 새로운 보험영업의 경쟁대상으로 확대되는 등 끊임없이 고객의 필요에 맞는 보험상품이 개발되어 판매되어 왔다.

제2절 보험사기의 일반적 고찰

Ⅰ. 보험사기의 개념

보험사기의 개념을 정의하는 데 있어서 우선 보험범죄와 보험사기를 구별하여야 하는데, 일반적으로 양자를 혼재하여 사용하고 있는 듯하다. 보험사기는 보험계약 시의 악의적인 보험계약을 하는 것을 포함하여 보다 광범위한 것이며, 보험범죄는 구체적인 행위로 나타나 범죄의 형태를 갖춘 것이라고 보는 것이 학자들의 일반적인 견해이다.

오늘날 국내외를 막론하고 여러 논문과 문헌에서 보험범죄(保險犯罪, Insurance Crime)라는 용어가 많이 사용되고 있다. 국가가 보호하는 개인적·사회적 법익을 침해하는 범죄를 보통 경제범죄라고 하는 것과 마찬가지로 보험계약 관계자의 이익과 공정한 거래질서를 침해하는 행위를 보험범죄라고 지칭하는 것이 적절하다. 한편, 보험사기의 개념은 보험자에 대한 모든 사기적 행위를 포함하는 것으로 보험범죄보다 넓은 의미로 사용되는 경향이 있다. 그러나 우리나라에서는 보험범죄가 따로 규정되어 있지 않기 때문에 보험범죄 발생 시 적용되는 법률은 대부분 형법상 사기죄가 적용되고 있다. 그러나 범죄로서 보험사기죄는 범죄의 한 분류로서 계약의 형성이 아니라 보험자에 의해서 지불되어야 할 보험금에 있는 것이다. 따라서 보험사기죄는 보험범죄의 한 부분이라 할 수 있다. 그러나 실무적으로는 이의 구별 실익이 별로 없고, 대부분의 보험사들도 보험사기와 보험범죄를 구분하지 않고 사용하고 있다.

〈표 1〉 보험사기와 보험범죄 비교

구 분	보험사기	보험범죄
대 상	–보험회사	–보험회사 –불특정 당사자
개 념	–보험제도에서 발생하는 개인의 재산적 이득을 위하여 보험회사를 속이는 제반 행위 –형법상으로는 사기죄로 보험제도에서 발생하는 죄의 통칭	–보험제도와 관련하여 본인 또는 제3자의 재산적 이익을 위하여 보험회사를 상대로 행하는 제반 불법행위 –경제범죄에 포함되는 보험용어
중 점	–사기피해 –사기방지시스템구축 –사기계약과 관련한 법적조치	–범죄수법 및 처벌 –범죄예방(모방, 동조범죄차단) –범죄와 보험금 청구의 차단

※ 출처: 최인섭 외, “한국금융범죄 실태와 사회적 대응방안”, 한국형사정책연구원, 2002, 518면.

보험범죄라는 행위를 통해 보험사기의 목적을 달성하는 등 양자의 관계는 매우 밀접한 관계에 있고, 실무상 양자를 구별하는 실익이 크지 않기 때문에 보험조사실무에서는 통상적으로 보험사기와 보험범죄를 동일한 개념으로 파악하면서 보험사기란 용어를 보다 많이 사용하고 있다.

실무에서 정의되는 보험사기란 보험계약자, 피보험자 또는 보험수익자가 보험혜택을 부당하게 취득하거나 보험제도를 악용하여 고액의 보험금을 수취할 목적으로 고의적으로 행하는 불법행위를 말하고 있다. 보험사기는 적극적 보험사기(경성 보험사기, Hard fraud)와 소극적 보험사기(연성 보험사기, Soft fraud)로 구분할 수 있다. 전자는 계획적으로 보험사고를 야기하여 보험금을 편취하는 것이라 할 수 있고, 후자는 합법적인 보험사고의 일부만이 조작되거나 이미 발생한 보험사고를 매개로 하여 보다 많은 보험금을 수령하기 위해 보험사고를 과장하여 통고하고 보험금을 청구하는 것을 말한다. 소극적인 보험사기의 경우 많은 보험계약자는 자신이 사기행위를 실행하는 것으로 인식하지 않는 점에서 사회적 구성원의 도덕적 해이가 크게 문제되고 있다.

II. 보험사기의 유래

기록상 세계 최초의 보험사기 사건은 1762년 영국에서 발생한 '이네스 사건'이라 할 수 있다. 이네스라는 사람이 양녀를 피보험자로 해서 생명보험에 가입한 뒤 양녀를 독살하고 자신을 유산상속자로 하는 유서를 위조하여 제출했다가 적발되어 사형에 처해진 사건이다.

우리나라에서 발생한 최초의 보험사기는 1924년 4월 2일자 매일신보 '보험외교원(보험모집인) 협잡'이라는 기사에 소개된 건이다. 그에 따르면 '보험외교원인 조씨는 1923년 8월 수원군 마도면에서 사는 이씨의 아내가 위독한 사실을 알고 다른 여자를 이씨 부인인 것처럼 속여 양로보험을 계약하였는데, 이씨 부인이 사망하지 않자, 조씨는 1923년 10월 당국에 허위 사망신고를 하고 보험금 5,000원을 편취하였다'는 것으로 보험모집인에 의한 보험사기 사건이다.

또한 우리나라 최초의 보험살인사건으로는 1975년에 발생한 '박분례사건'을 들 수 있다. 박분례는 1973년 11월부터 1976년 1월 사이에 3개의 생명보험회사와 친척을 피보험자로 한 보험계약을 체결하고, 보험금 1억 7천만 원을 노려 언니, 형부, 조카 등 일가족을 방화 살해하고, 시동생을 독살하였던 사건으로 1977년 9월 사건 전모가 밝혀져 범인에게는 사형이 집행되었다.

이러한 보험사기는 사회·경제가 발전함에 따라 물질만능주의와 한탕주의가 만연하여 더욱 지능화·교묘화·조직화되었으며, 전문화·다양화·대형화되어왔다. 이렇듯 보험사기는 보험이 생겨난 이래 보험과 서로 맞물려 발전해 왔으며 수백년의 역사를 가지고 있는 서양이나 1920년대 초에 시작하여 역사가 짧은 우리나라나 보험사기의 특징이나 유형은 비슷하다. 이는 보험의 사행계약성으로 인하여 저위험, 고소득 유혹을 유발하기 때문일 것이다.

Ⅲ. 보험사기의 유형

보험사기 범죄는 크게 사보험인 손해보험, 생명보험 관련 보험사기 범죄와 공보험인 건강보험, 산업재해보험, 고용보험 등과 관련된 보험사기 범죄로 구분할 수 있다. 보험사기 범죄는 각 보험의 종류에 따라 상당히 세분화되고 복잡한 형태의 범죄로 발전하고 있으며, 단순 사기 범죄 외에 다른 유형의 범죄를 포함하는 포괄적 유형의 사기 범죄로 발전하고 있다. 이와 같은 여러 종류의 보험사기 범죄를 유형별로 세분화하면, 대체적으로 (1) 사보험인 손해보험, (2) 생명보험과 관련하여 자동차 관련 보험사기 범죄, (3) 의료기관 관련 보험사기 범죄가 대부분을 이루고 있으며, 공보험과 관련해서는 (1) 건강보험 관련 보험사기 범죄, (2) 산재보험 관련 보험사기 범죄, (3) 고용보험 관련 보험사기 범죄로 구분할 수 있다. 다음에서는 사보험인 손해보험, 생명보험에 대한 보험사기를 살펴본다.

〈표 2〉 보험사기의 대표적인 유형 분류

주 체	유 형	내 용
피보험자 피해자	사고허위 조작	• 고의로 사고유발(자살, 자해, 살인, 상해, 방화) • 사고 후 보험가입(암, 뇌졸중 등 치명적 질병을 숨기고 의도적 보험가입, 보험가입 전 장해를 숨기고 장해보험금 청구, 대리진단, 사고일자 조작 등 보험금 수령을 목적으로 보험가입) • 피해자, 피해물 끼워 넣기 • 질병 및 재해로 인한 피해 과장 • 소득, 장해 및 피해 과장 • 운전자, 차량 바꿔치기(과다청구) • 허위·가해자불명 사고 • 발생하지 않은 사고나 내용을 허위 조작 • 가해자 또는 피해자 바꿔치기 • 허위 차량도난 신고 등으로 보험금 청구
거래업체	정비공장	• 편승수리·금품제공(일명 '통값')차량유치·수리비 허위청구 • 가해자 불명사고 위장
	부품상회	• 비순정품 납품 후 순정품 가격 청구
	견인업체	• 사고현장에서 위장사고 조작 및 배후조종
보험모집 보험계약	공조 및 조작	• 사고 후 보험가입, 사고조작

※ 출처: 박세민, "보험사기에 대한 대응방안 분석과 그 개선책에 대한 연구", 「저스티스」 통권 제111호, 한국법학원, 2009, 145면.

1. 보험계약 관련 보험사기

보험계약 관련 보험사기는 사기로 보험계약을 체결하는 형태이다. 보다 적은 보험료를 지급하기 위해 실제 위험을 은폐(불고지)하거나 부실하게 고지하여 보험계약을 체결하는 경우가 있다. 그러나 문제가 되는 것은 보험사고로 인한 손해배상을 위해 보험계약을 체결하는 것이 아니고, 보험사고로 이득을 얻기 위해, 즉 사기를 목적으로 의도적으로 보험계약을 체결하는 경우이다. 손해보험에서 피보험이익이 없는 보험계약을 체결하거나 초과보험 또는 중복보험의 형태로 가입하거나, 생명보험에서는 실제 소득에 비해 과중한 보험료를 지불하는 고액의 생명보험에 가입하거나 여러 보험회사에 고액의 생명보험에 가입하는 경우이다.

2. 보험사고 관련 보험사기

보험사고 관련 보험사기는 보험사고를 사전에 계획하여 고의적으로 일으키거나 다른 사고를 보험사고로 위장·날조하는 형태이다. 보험사기 범죄 중 가장 악의적인 형태로서 보험계약을 이용하여 의도적인 사고로 금전적인 이득을 취하는 경우이다. 자해 또는 자상행위, 살인 또는 자살행위, 방화, 선저(船底)에 구멍을 뚫어 고의로 침몰시키는 행위, 고의적인 교통사고 유발행위 등이 이에 속한다. 또한 전통적 보험범죄로서 허위진단서 발급과 같이 보험사고가 발생하지 않았음에도 발생한 것으로 꾸미거나, 일반사고를 보험사고로 위장하는 경우, 타인의 시체를 피보험자의 시체로 위장하는 것과 같이 실재하지 않는 보험사고를 발생한 것으로 위장하는 경우가 이 범주에 포함된다.

3. 손해액 또는 보험금 관련 보험사기

손해액 또는 보험금 관련 보험사기는 보험사고 발생 시 보상하지 않는 손해를 보상이 가능한 손해로 바꾸거나, 보험사고 발생 후 더 많은 보험금을 받으려고 피해사실을 부풀려 청구하는 과잉청구, 기존 진단서에 추가로 날조한 진단내용을 기재하는 등의 편승 보험금 청구가 보험금을 더 받기 위하여 허위·과다 청구하는 경우이다.

Ⅳ. 보험사기의 일반적 특징

1. 지능성

보험사기는 우발적인 것이 존재하는 일반범죄와는 달리 사전에 치밀한 계획에 따라 고도로 발달한 지능적인 방법으로 범죄를 저지른다는 특징이 있다. 보험사기가 성립하기 위해서는 보험에 대한 사전 지식이 있어야 가능한 것도 그러한 이유 때문이다. 그런 의미에서 본다면 보험사기는 타인의 재산을 교묘한 방법으로 기망하여 탈취하는 사기범과 매우 유사하다고 볼 수 있다.

예를 들어 보험약관의 내용, 보험 관련 법규에 대한 규정을 잘 알고 있어야 하며, 이를 역이용할 줄 아는 특별한 지능이 요구된다. 이에 따라 일반적으로 고학력이나 고도의 지능을 가진 자가 보험사기를 야기하는 경향이 많다. 그러나 범죄심리학적인 측면에서 볼 때 범죄가 인간의 범죄성향과 이를 자극하는 환경, 범죄의 충동성과 동기 등의 상호작용에 의해 발생한다고 볼 때 보험사기가 반드시 고도의 지능 및 학력을 가진 자만이 행하는 행위라고 보기는 어려운 측면도 있기는 하나, 일반범죄와 비교하여 보면 사전에 상당히 은밀하고 치밀한 계획에 의해 지능적이고 적발하기 어려운 특성이 있다. 따라서 사회·경제제도가 발전하면 그 시대의 니즈에 따른 새로운 보험상품이 만들어지고, 이에 따라 보험사기 범죄는 신기술을 활용하여 더욱더 지능적이고 은밀하게 이루어질 것이다.

2. 죄의식 결여

보험사기 범죄자들은 보험살인이나 방화 등 강력범죄의 경우를 제외하고는 일반범죄와는 다르게 행위자가 범죄에 대한 죄의식이 높지 않다. 이는 보험금을 편취하는 행위가 선의의 다른 보험계약자들에 직접적으로 피해를 주는 것이 아니기 때문에 행위자와 피해자가 느끼는 가해와 피해의식이 심각하지 않기 때문이다. 따라서 보험사기 행위자의 죄의식이 없는 이유로 사회 일반인 누구나 보험범죄의 유혹에 빠질 수 있다. 그래서 연성 보험사기의 경우는 피해규모는 작지만, 건수는 많아 보험범죄의 대부분을 차지하고 적발은 어려우면서 그 비용은 과다하게 지출될 수 있다.

보험회사도 연성사기는 방치하는 경향이 있다. 여기에는 보험사기 및 보험범죄에 대한 사회의 관용적 태도도 그 한 요인이 될 수 있다. 따라서 보험범죄자들은 경영평가 하위의 보험회사나 소규모의 보험회사, 공제조합 등을 선택하는 경향이 있는데, 그것은 이들 경영악화 또는 소규모 보험회사와 공제조합들은 영업실적만을 중요시하기 때문에 계약심사에 그다지 까다로운 조건들을 내세우지 않기 때문이기도 하다.

그리고 불특정 다수의 보험계약자가 피해를 보게 됨에도 불구하고 특정 피해자가 없다고 생각하여 죄의식이 상당히 결여되어 있고, 죄책감을 못 느끼는 경우가 많다는 것이 특징이다. 또한 생명보험에서는 보험범죄자들이 가족을 포함하여 친한 주위 사람 등 보험사기 범죄자와 친밀한 관계에 있는 사람들을 보험사기의 대상으로 하고 있어 다른 범죄보다도 비도덕적인 범죄라고 할 수 있다.

3. 입증의 곤란성

보험사기 범죄 혐의가 있는 모든 사람에 대하여 보험사의 한정된 보험금지급 심사능력 및 조사능력 한계로 인하여 철저한 조사가 이루어지지 못하고 있고, 민원발생 및 회사의 대외 이미지 저하를 우려하여 협상 등을 통한 조기 해결을 꾀하기 때문에 이러한 소극적인 대처 자세들이 원인이 되어 범행증거의 확보·유지가 제대로 이루어지지 않는다. 최근 화재보험의 의무가입 대상이 확대되면서 방화를 수단으로 하는 보험범죄도 증가하고 있으나 화재사건은 각종 증거가 모두 사라질 뿐 아니라 방화수법도 갈수록 지능화하여 다른 사고에 비하여 입증이 어렵고 조사에 전문성을 요구한다.[1)]

손해보험에 있어서 보험사기는 주로 자동차보험과 장기보험의 일상생활배상책임보험에서 발생하고, 생명보험과 관련하여서는 질병·재해 관련 보장성보험에서 자주 발생하고 있다. 이 중 질병 또는 재해 관련 보험사기는 그 성질상 장기간의 수사를 필요로 하고 보험금을 청구하고 나서야 보험사기에 대한 조사가 착수되기 때문에 증거를 확보하기가 상당히 어렵다. 비록 초기에 혐의가 인정되어 경찰서에 보험사기 범죄조사를 의뢰한다고 해도 수사의 우선순위에서 다른 강력범죄에 밀리는 상황에 놓여 있다.

또한 입증을 더 어렵게 하는 요인은 복합적인 범죄의 존재이다. 보험사기는 보험가입 이전에 이미 발생한 질병을 알리지 않고 보험가입 후에 보험금을 청구하는 고지의무위반과 같이 보험계약의 성립과 유지, 보험금청구와 관련한 그 본

1) [다바뉴스] 경남경찰청 '법안전 과학수사 연구회' 다양하고 지능화되는 범죄대응에 범행도구별 충격형태분석, 방화현장 증거수집연구 등으로 미래치안 우수사례선정. 2024. 10. 20. (2024. 12. 8. 최종검색).

연의 행위들을 기망하여 발생하는 경우도 있지만 다른 범죄행위를 유발하여 보험금을 편취하는 유형들도 있다. 이 경우 대부분 강력범죄가 많다. 즉, 다수의 사망보험에 가입하고 보험금을 받으려고 교통사고를 유발하거나 독극물을 음식에 넣어 살해하거나 방화하여 살인하는 등 선행범죄를 유발하는 것이다. 이렇듯 보험사기 범죄는 다른 강력범죄를 수반하는 경우가 비일비재하다.

보험사기 범죄가 성립되려면 사전에 의도적으로 재산상의 이득을 얻을 목적으로 사기행위를 하였다고 입증하여야 하는데, 보험사기의 조사나 수사 과정에서 이를 입증하기가 쉽지 않고, 또한 경찰서에 보험사기 업무를 전문적으로 하는 보험 전담 수사관이 많지 않다. 더욱이 보험범죄 수사권이 없는 금융감독기관의 담당자는 행정조사권만 갖고 있고, 수사권과 행정조사권도 없는 보험협회나 보험회사의 보험사기특별조사팀(SIU) 실무자들은 권한이 아예 없기 때문에 보험사기 범죄 혐의를 입증하는 것은 매우 어렵다. 특히, 소액의 보험사기나 치밀하게 사전에 계획한 복잡한 사기의 경우는 증거자료를 구득하기도 어렵거니와 적발도 곤란하다.

4. 전방위적인 피해 발생

보험사기 범죄에 대한 보험사의 보험금지출은 선량한 보험소비자들에게 보험료를 인상하는 현상으로 나타나고, 보험회사에는 기준 보험료율보다 더 많은 보험금지출에 따른 당기순이익 감소로 나타나 경영실적의 악화와 대책을 위한 추가적인 비용지출이 불가피하게 된다. 보험사기의 피해는 다른 경제범죄와 마찬가지로 그 피해자가 사회의 구성원이거나 일반 국민인 경우이기 때문에 피해자들이 자기가 가해자인 동시에 피해자가 되고 있다는 사실을 전혀 알지 못하고 있다. 따라서 보험사기 범죄로 인하여 발생하는 피해는 같은 경제활동을 하는 집단의 보험계약자·보험회사·국가에 모두 피해를 주게 된다.

5. 피해자의 특정성

보험사기 범죄의 피해자는 행위자와 일정한 관계를 유지하는 경우가 많다는 점이 특징이다. 범인과 피보험자 간에는 가족관계, 친족관계, 내연관계, 친구관계 등 특수한 신분관계를 형성하는 경우가 많다. 특히, 인(人)보험의 경우 보험금의 수령자가 특수 신분관계에 있는 사람이 되는 경우가 대부분이기 때문에 보험금을 노린 범죄는 가까운 관계에 있는 사람이 될 수밖에 없다. 그러나 교통사고 등 사고를 이용한 범죄는 다른 사람이 피해자가 될 수도 있으나 이 역시 범행의 용이성 때문에 가까운 사람들끼리 밀약하여 일으키는 경우도 많다. 보험범죄는 경제범죄의 성격을 가지고 있다. 경제범죄는 피해자의 집합성과 불특정성으로 인하여 피해자는 피해의식이 거의 없다. 그러나 자신도 모르는 사이에 피해자가 되는 특징이 있다. 이러한 특징을 피해자의 특정성이라 한다.

이러한 보험사기 범죄의 특징은 범죄의 대상을 가족이나 근친으로 하고 있다는 것이며, 그 행위의 잔악성이 그 어떤 범죄보다도 크고 비도덕적이라는 점이다. 그래서 비르겐은 “범인은 그의 처 또는 자식을 희생시켜 고액의 금전을 얻으려고 범행하며, 그에게 있어서 가족은 황금 이외의 아무것도 아니다”라고 개탄하였다. 독일학자 화니도 “보험범죄의 가해자는 희생자를 가족 중에서 물색하게 되는데 그 대상자로는 자신을 방어할 능력이 없는 자를 주로 하기 때문에 비열하고 잔악하기 그지없는 성격의 소유자”라고 비탄하였다. 이렇듯 보험사기 행위자는 금전적인 이득을 취할 목적으로 가장 사랑스럽고 친밀하여야 할 가족을 무참히 살해하는 등 비도덕적이며 반인륜적인 행위도 마다하지 않는다.

6. 사기행위자의 집단화

보험사기의 적발사례를 보면 단독범행보다는 다수인이 가담한 범죄가 많다. 단독 보험사기는 적발이 어려운 반면에 공동 보험사기의 적발사례를 보면 다수인이 가담한 유발자 중에 여러 가지 이유로 나중에 감독기관 등에 제보를 통하여 적발한 경우가 많기 때문이다. 이는 범행 이익 분배의 문제와 관련이 있었으며, 또 다른 이유는 일부 가담자가 음주상태에서 전쟁에서 전공을 자랑하듯이 지인들에게 자랑하다가 포상금을 노린 범행 정보취득자들의 제보를 통하여 보험회사나 감독기관에 알려지는 것들이다.

보험사기 범죄는 다양하게 발전하며 증가하는 보험종목이나 계약내용 등의 복잡함으로 인하여 보험회사 내의 직원과 모집인의 묵인·방조·공모 행위가 많아

지고 있다. 또한 보험상품의 담보내용을 이해하기 어려운 보험약관의 특성상 담보하는 내용과 보상절차를 알고 있는 보험설계사·손해사정담당자·보상담당자·손해사정업체 직원 등이 보험사고 조사, 손해액 산정과 보험금지급 업무에 개입하는 경우가 있을 수 있다.

7. 보험사기 국제범죄화

최근 해외여행이 증가함에 따라 해외여행 중에 보험사기가 증가하고 있다. 문서의 위·변조가 상대적으로 용이한 동남아나 중국 등에서 허위사망, 실종을 위장하거나 이미 장해가 발생하였던 것을 숨기고 보험가입 후 해외여행 중 사고로 위장하거나 고의로 사고를 유발하여 고액의 장해보험금을 청구하는 등 해외 보험사고에 대한 청구 및 지급보험금도 증가하고 있다.

또한 국내 거주 외국인들의 보험사기가 증가하고 있다. 특히, 중국 국적의 조선족이나 탈북자의 장기상해·질병보험의 허위청구와 사고조작 등이 보도자료에서도 나타났다. 따라서 국내인의 해외여행과 외국인들의 국내여행이 증가하여 보험사기 범죄가 국제화되어 가고 있는 추세이다.

Ⅴ. 보험사기의 폐해

1. 인명경시 풍조의 조장

보험사기는 보험금을 수령하기 위해 혈연·지연 등의 인적 신뢰관계를 악용하여 귀중한 생명과 재산을 고의적으로 살상하고 훼손하여 돈을 목적으로 인간관계를 악용하여 생명을 해칠 수 있다는 불건전한 사고를 사회에 전염시킴으로써 건전한 윤리의식과 생명존중의 가치관을 파괴하고 있다.

2. 배금·기회주의자 양산

경제적인 수익은 적법하고 정당한 생산활동에 의하여 이루어져야 하는데, 불법적인 행위에 의하여 경제적 이득을 취하게 되면 손쉽게 재산을 축적하게 되어 정신을 나태하게 하고 기회주의자로 만든다.

3. 보험료율의 인상

보험은 단체성으로 운영되는데 보험사기로 인하여 사고 발생이 증가하고 지급보험금이 늘어나면 보험사는 예상되는 손해율이 증가하므로 보험료를 인상할 수밖에 없으며 이는 결국 전체 다수의 선량한 보험계약자들에게 추가로 보험료를 부담하게 하는 악영향으로 나타난다.

4. 보험제도 존립 기반 약화

보험회사는 보험사기 범죄로 인해 보험금이 많이 지급되어 수지가 악화되면 보험상품 판매를 할 수 없다. 이는 일부 보험사기 범죄자의 불법적인 행위 때문에 보험단체인 전체 선의의 계약자들이 위험에 대비하는 것을 제한하는 결과를 초래할 뿐만 아니라 위험에 대비하는 보험료를 상승하게 하여 보험제도의 본질을 위태롭게 한다.

제 2 장

보험사기의 현황과 관련 법률

제 2 장

보험사기의 현황과 관련 법률

제1절 보험사기의 현황

보험사기는 1921년 우리나라 최초의 보험회사인 조선생명이 설립된 이후 3년 뒤인 1924년 4월 2일자 매일신보 '보험외교원(보험모집인) 협잡'이라는 기사에 소개된 건을 시작으로 1997년 IMF 금융외환위기를 기점으로 급격히 증가하였으며, 사기의 수법이 더욱 기업화·지능화·다양화·조직화의 특성을 띠고 있다.

수사기관에 의해 적발되는 보험사기에 수십 명에서 수백여 명이 가담하고 있기도 하고, 그들의 직업도 회사원이나 자영업자뿐만 아니라 병원 관계자, 구급차 운전기사, 보험설계사 또는 대리점, 정비업체 등 다양하며 심지어는 조직폭력단 및 전문브로커가 개입된 보험사기 사건이 발생하기도 한다. 보험사기 가담자의 직업 유형이 전문성을 가지는 경우 사전 준비 및 사후 대책의 치밀화 등으로 인해 보험사기의 입증과 적발은 현실적으로 대단히 어렵다. 또 다른 특징은 과거와 달리 보험범죄가 경기침체와 대량실직 등으로 인한 생계형 범죄화되고 있다는 것이다.

1998년 보험사기 적발통계가 시작된 첫해 300억 원의 적발금액과 2,700명의 적발자를 시작으로 해마다 꾸준히 증가하여 2024년에는 보험사기 적발금액은 1조 1,502억 원, 적발인원은 108,997명으로 적발금액·인원 모두 역대 최고 수준으로 증가했다. 특히, 2024년 보험사기는 보험종목별로는 자동차보험의 적발금액이 전년대비 228억 원 증가하여 가장 크게 증가하였으며, 사기유형별로는 허위사고가 전년대비 201억 원이 증가하였고, 고의사고가 91억 원이 증가하였다. 또한 연령별로는 60대 이상이 13.0% 증가하고, 직업별로는 회사원이 13.9%, 보험설계사가 13.2% 및 운수업종사자가 13.3%로 전년대비 각각 증가하였다.

이에 금융감독원은 최근 증가하는 보험사기의 특징에 따라 향후 대책으로 첫째, 고령층 보험사기 증가에 대응하여 고령층이 보험사기를 중대 범죄로 인식할 수 있도록 고령층을 대상으로 하는 보이스피싱 예방교육[1] 시 보험사기 연루 피해 사례 및 대응 방법을 안내하는 등 예방 활동을 강화하고, 둘째, 청년층 보험사기 증가에 대응으로 자동차 고의사고 및 알선·유인 등에 대한 기획조사를 지속적으로 실시하고 청년층의 인식개선[2]을 위해 노력하며, 셋째, 보험설계사 보험사기 증가에 대응하여 보험사기 연루 보험설계사는 즉시 퇴출 등의 보험업법 개정안[3]에 대한 입법을 지원하고, GA소속 보험설계사를 대상으로 전국 순회교육을 실시하는 등 대응책을 강구하였다. 그리고 넷째, 보험연관업종 보험사기 증가에 대응하여 건강보험공단·자동차손해배상진흥원 등 유관기관과의 협력을 강화하여 새로운 유형의 보험사기를 발굴하는 한편, 보험연관업종 종사자에게 즉각 전파하여 경각심을 제고시키고 보험사기에 가담하거나 동조하는 행위를 목격할 경우 적극적으로 신고할 것을 독려하였다.

---

1) 금융감독원이 실시하는 금융사기 예방교육과 시니어금융교육협의회의 '시니어금융사기 예방교육'에 보험사기 내용 포함.
2) 금융감독원이 진행하고 있는 대학생·군인 등 청년층을 대상으로 하는 금융교육 내용에 음주·무면허 운전 보험사기 사례, 처벌규정 등을 포함.
3) 강준현 의원(2025.2.19.), 박상혁 의원(2025.2.25.), 유영하 의원(2024.8.12.) 발의.

Ⅰ. 보험사기 적발현황

<표 3>에서 볼 수 있듯이 2020년 보험사기 적발금액이 8,986억 원에서 2022년 처음으로 1조 818억 원으로 1조 원을 넘어섰으며, 2024년은 1조 1,502억 원의 적발금액으로 해마다 상승 폭이 역대 최고 수준으로 증가하고 있다. 적발인원은 2020년 98,826명에서 2021년 97,629명으로 소폭 감소하는 듯했으나 2022년 102,679명으로 첫 10만 명을 돌파하여 2024년은 108,997명으로 증가하였다(<표 3> 참조).

〈표 3〉 보험사기 적발현황

〈 보험사기 적발금액 〉

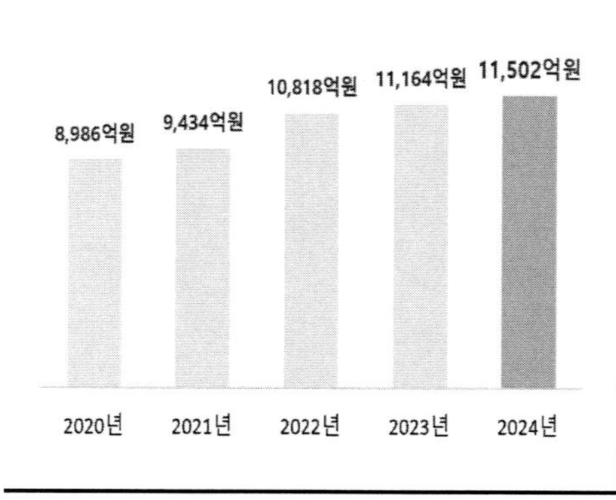

〈 보험사기 적발인원 〉

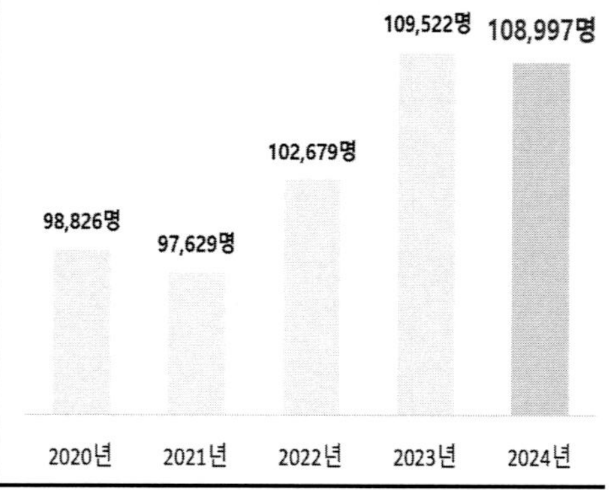

※ 출처, 금융감독원, 보험사기 적발통계, 2024, 참고.

Ⅱ. 보험사기 주요 특징

1. 보험사기 유형별 특징

보험사기 주요 특징으로 첫째, 보험사기 유형별을 보면 진단서 위·변조 등을 통해 보험금을 과장 청구하는 사고내용조작 유형이 적발금액의 58.2%(6,690억 원)

로 가장 많으며, 허위사고 202.2%(2,325억 원), 고의사고 14.7%(1,691억 원) 순으로 적발되었다.

2024년 적발금액은 2023년 대비 각각 허위사고 201억 원(9.4%) 증가하고, 고의사고는 91억 원(5.7%) 사고내용조작은 74억 원(1.1%)이 증가하였다(<표 4> 참조).

〈표 4〉 보험사기 유형별 적발현황

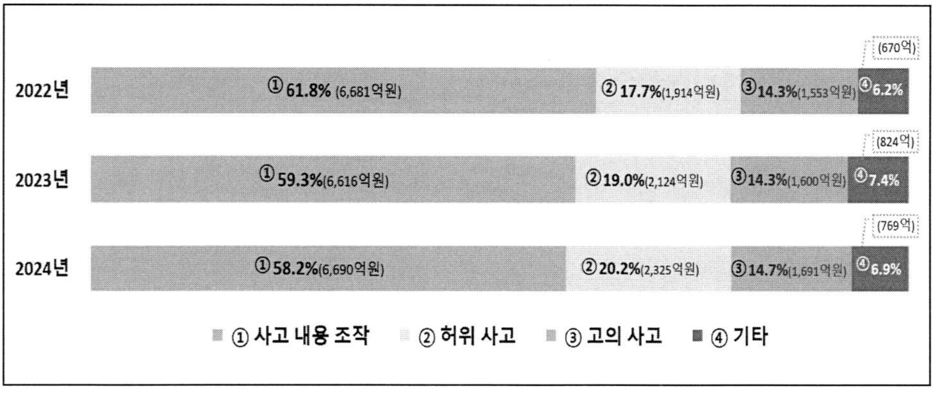

※ 출처: 금융감독원, 보험사기 적발통계, 2024, 참고.

2. 보험사기 종목별 특징

보험사기 주요 특징으로 둘째, 보험사기 종목별 적발현황을 <표 5>에서 보면 자동차보험이 49.6%(5,704억 원), 장기보험이 42.2%(4,853억 원)으로 적발실적 대부분을 차지하고 있으며, 2023년 대비 2024년에 가장 증가가 큰 종목은 자동차보험으로 228억 원이 증가하였다(<표 5> 참조). 그 내용을 보면 자동차보험의 자동차 사고조작의 유형이 126억 원이 증가하였고, 고의 충돌사고가 85억 원이 증가한 영향이었다.

〈표 5〉 보험사기 종목별 적발현황

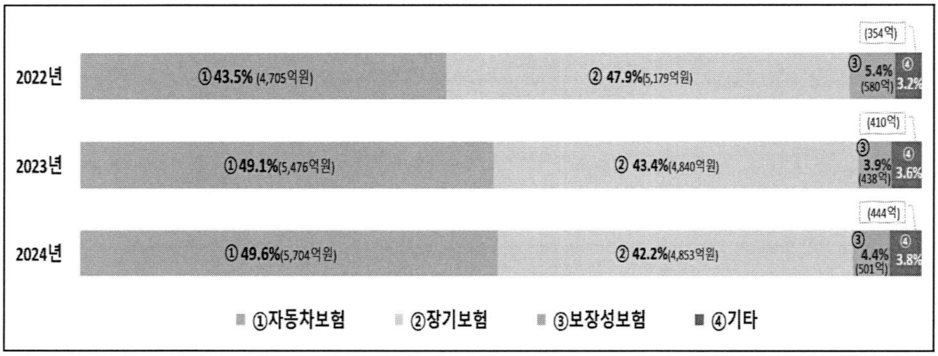

※ 출처: 금융감독원, 보험사기 적발통계, 2024, 참고.

3. 보험사기 적발자 현황

보험사기 주요 특징으로 셋째, 보험사기 적발자를 연령대별로 <표 6>을 보면 60대 이상이 25.7%(27,998명)이었고, 50대가 22.5%(24,528명), 40대가 19.3%(21,055명), 30대 18.1%(19,746명), 20대 13.7%(14,884명) 순이며, 2023년 대비하여 60대 이상의 적발인원이 3,230명(13.0%) 증가하고, 50대 이하 전 연령대의 적발인원은 감소하였다(<표 6> 참조).

〈표 6〉 보험사기 연령대 적발현황

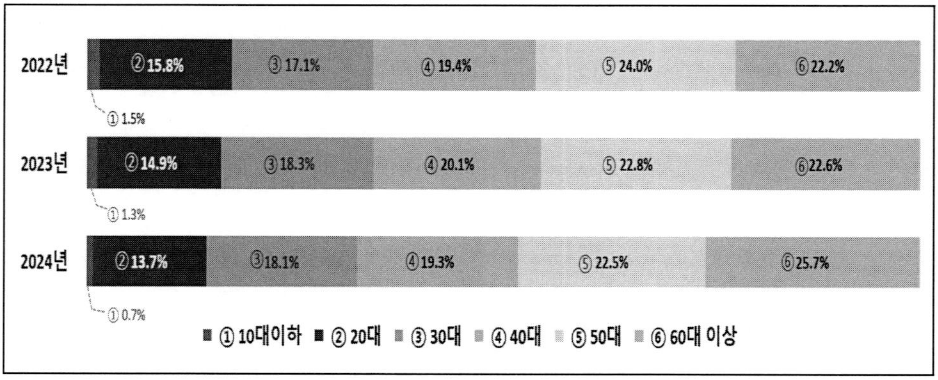

※ 출처: 금융감독원, 보험사기 적발통계, 2024, 참고.

한편, 보험사기 연령대·유형별 적발현황을 보면 20~30대는 고의충돌, 음주·무면허 운전 등 자동차 관련 사기가 다수이며, 50대 이상은 허위입원 등 병원 관련 사기가 높은 비중을 차지하였다(<표 7> 참조). 이는 나이가 들수록 젊은이들보다 위험을 회피하려는 영향인 것으로 보인다.

〈표 7〉 2024년 보험사기 연령대별·유형별 적발현황

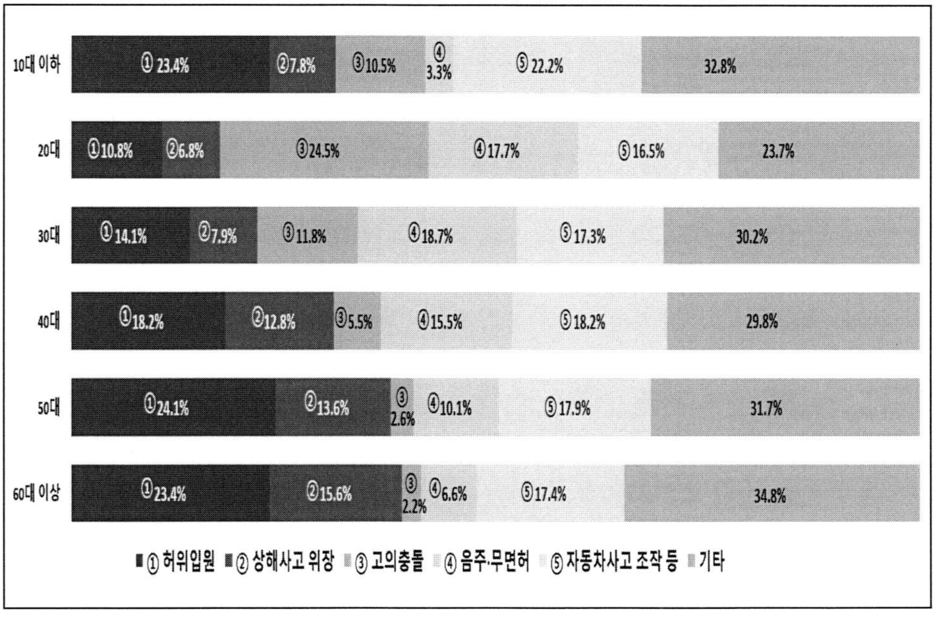

※ 출처: 금융감독원, 보험사기 적발통계, 2024, 참고.

4. 보험사기 직업별 적발현황

보험사기 주요 특징으로 넷째, 보험사기 직업별로 적발자의 비중을 <표 8>에서 보면 회사원이 24.3%, 무직·일용직은 11.0%, 주부는 9.2%, 운수업 종사자 4.3%, 학생은 4.3% 순으로 나타났다. 2023년 대비 2024년은 무직·일용직 보험사기자가 2,401명 줄어들어 16.6% 감소하였고, 학생이 814명 줄어 14.9% 감소하였다. 반면에 보험업종사자는 221명 늘어나 11.1% 증가하였고, 보험업 연관 직종자

도 582명 늘어나 8.2% 증가하였다(<표 8> 참조).

〈표 8〉 보험사기 직업별 적발현황

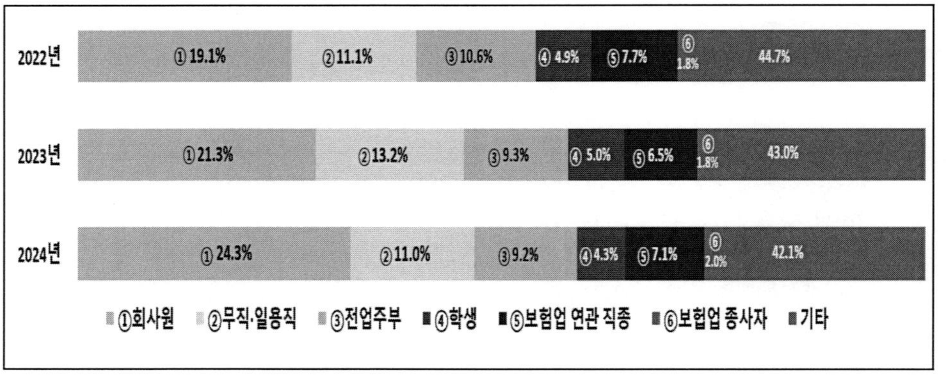

※ 출처: 금융감독원, 보험사기 적발통계, 2024, 참고.

제2절 보험사기 관련 법률

Ⅰ. 보험사기방지 특별법

1. 법률 제정과정

2016년 9월 제정된 「보험사기방지 특별법」(이하, '보험사기방지법'이라 한다)은 17대 국회에서부터 다양하게 제시된 입법안 중 하나이다. 국회에서는 「상법」 제4편 보험편, 「보험업법」, 「형법」, 「특정경제범죄 가중처벌 등에 관한 법률」 등 기존 법률의 개정을 통해 보험사기를 예방하자는 의견과 특별법 제정을 통해 보험사기를 예방하자는 의견이 나뉘었다. 세부 논의로는 2013년 8월 27일 박대동 의원이 대표 발의한 보험사기방지 특별법안을 제320회 국회 제10차 정무위원회(2013.12.6.)에 상정한 후 제안설명, 전문위원 검토보고 및 대체 토론을 거쳐 법안심사소위원회에 회부하였고, 2012년 8월 1일 안효대 의원이 대표 발의한 보험업법 일부개정 법률안을 제315회 국회(임시회) 제1차 정무위원회(2013.4.10.)에 상정한 후 제안설명, 전문위원 검토보고 및 대체토론을 거쳐 법안심사소위원회에 회부하였으며, 2013년 12월 23일 조원진 의원이 대표 발의한 「보험업법」 일부개정안을 「국회법」 제58조 제4항에 따라 법안심사소위원회에 직접 회부하였다. 제340회 국회(임시회) 제1차 정무위원회(2016.2.18.)에서 이상 3건의 법률안을 병합하여 심사한 결과, 이를 통합·조정하여 대안을 제시하였고, 제340회 국회(임시회) 제1차 정무위원회(2016.2.18.)는 법안심사소위원회에서 심사 보고한 대로 이상 3건의 법률안에 대해서는 각 본회의에 부의하지 않고, 법안심사소위원회가 심사 보고한 대로 위원회 대안으로 제안하기로 의결하였다. 이렇게 우리나라 보험사기방지법이 제정되어 2019년 9월부터 시행되었다.

2. 주요 내용

제정 당시 보험사기방지법은 총 16조문과 1개의 부칙으로 이루어졌다. 동법은 보험사기 행위의 조사·방지·처벌에 관한 사항을 정함으로써 보험계약자, 피보험자, 그 밖의 이해관계인의 권익을 보호하고 보험업의 건전한 육성과 국민의 복리 증진에 이바지함을 그 목적으로 하여 제정되었다.

이 법의 주요 내용으로는 제2조 제1호에서 '보험사기행위'에 대하여 그동안 논의가 되었던 정의를 정리하여 규정하였고, 제4조(보험사기행위의 보고 등)에 보험회사는 보험계약자 등의 행위가 보험사기행위로 의심할 만한 합당한 근거가 있는 경우에는 금융위원회에 이를 보고할 수 있도록 하였다. 또한 제6조(수사기관 등에 대한 통보)에서 금융위원회, 금융감독원, 보험회사는 보험계약자 등의 행위가 보험사기 행위로 의심할 만한 합당한 근거가 있는 경우에는 관할 수사기관에 고발 또는 수사의뢰하도록 규정하였다. 또한, 동법 제7조(수사기관의 입원적정성 심사의뢰 등)에서 수사기관은 보험사기행위 수사를 위하여 보험계약자 등에 대한 입원적정성 심사가 필요하다고 판단되는 경우 검강보험심사평가원에 그 심사를 의뢰할 수 있도록 하였다.

그리고 그동안 보험사기범죄는 「형법」의 사기죄로 처벌할 수밖에 없었으나 동법 제8조에 보험사기죄를 제정하여 보험사기 행위로 보험금을 취득하거나 제3자에게 보험금을 취득하게 한 자는 10년 이하의 징역 또는 5천만 원 이하의 벌금에 처하도록 규정하게 되었다.

3. 법의 개정

2016년에 제정된 보험사기방지법은 그동안 개정의 요구가 수차례 있었으나 개정되지 않다가 2024년 개정(법률 제20303호, 시행 2024.8.14.)이 이루어졌다.

주요 법률 개정의 내용을 살펴보면, 첫째, 보험사기행위를 알선·유인·권유 또는 광고하는 행위를 금지하였다. 둘째, 금융위원회가 보험사기행위 및 보험사기행위의 알선·유인·권유 또는 광고하는 행위를 조사하기 위하여 관계 기관 등에 자료의 제공을 요청할 수 있는 근거를 마련하였다. 셋째, 건강보험심사평가원이 입원적정성에 대한 체계적인 심사를 위하여 그 기준을 마련하도록 하였다. 넷째, 보험회사가 자동차보험사기로 인해 보험료가 부당하게 할증된 사실을 발견한 경우 피해사실 및 후속 처리절차 등을 보험계약자 또는 피보험자에게 고지하도록 하였다.

이 중에서 보험사기죄의 양형에 있어서 종전에는 징역형 또는 벌금형만 가능하였으나, 개정을 통하여 징역형과 벌금형을 병과할 수 있도록 하였다(동법 제8조 제2항). 그리고 제15조에서는 보험회사가 적법한 사유없이 보험금을 지체 또는 거절하거나 보험금을 삭감하여 지급한 경우, 금융위원회의 자료제공의 요청 등에 정당한 사유없이 자료를 제출하지 아니하거나 거짓으로 제출한 정보통신서비스 제공자의 경우에는 1천만 원 이하의 과태료를 금융위원회가 부과·징수하도록 규정하였다.

II. 상법

보험계약은 원래 우연한 사고(위험)를 전제로 하여 이루어지는 사행계약이므로 자칫하면 투기·도박·사기 등으로 악용될 위험, 즉 도덕적 위험이 항상 존재한다. 따라서 이러한 위험을 방지하기 위하여 보험계약법에서는 특히 당사자의 윤리성과 선의성을 강하게 요구하고 있다.

현행 「상법」에서도 이러한 도덕적 위험을 방지하기 위하여 보험계약자 등에게 고지의무 등을 부과하고(「상법」 제651조), 보험사고가 보험계약자 등의 고의 또는 중대한 과실로 인한 때에는 보험자에 대하여 보험금지급 책임이 없는 것으로 하고 있다(「상법」 제659조). 그리고 「상법」은 보험사기와 관련하여 손해보험의 통칙규정으로서 초과보험(「상법」 제669조)과 중복보험(「상법」 제672조)이 보험계약자의 사기로 인하여 체결된 때에는 그 계약은 무효로 하며 보험자는 그 사실을 안 때까지의 보험료를 청구할 수 있도록 규정하고 있다.

또한 「상법」에서는 계약 당시 보험사고가 이미 발생하였거나 발생할 수 없는 것일 때에는 그 계약을 무효로 하고(「상법」 제664조) 계약체결하는 과정에서 중요한 사항에 관하여 보험계약자의 고지의무위반이 사기에 해당하는 경우 「상법」 규정에 의하여 보험자는 계약을 해지할 수 있는 동시에 「민법」 제110조에 따라서 그 보험계약을 취소할 수 있다. 즉, 보험계약은 우연한 사고를 대비하는 사행계약의 특징이 있어 보험계약자 또는 피보험자는 보험계약 당시에 보험사고 발생에 영향을 미칠 수 있는 사실에 대해서 보험자에게 고지하여야 한다. 이를 손해보험에서 '고지의무', 인보험 또는 생명보험에서는 '계약 전 알릴의무'라고 하는데, 이러한'고지의무'와 관련하여 「상법」 제651조에서는"보험계약 당시에 보험계약자 또는 피보험자가 고의 또는 중대한 과실로 인하여 중요한 사항을 고지하지 아니하거나 부실의 고지를 한 때에는 보험자는 그 사실을 안 날로부터 1월 내에, 계약을 체결한 날로부터 3년 내에 한하여 계약을 해지할 수 있다"라고 규정하고 있고, "그러나 보험자가 계약 당시에 그 사실을 알았거나 중대한 과실로 인하여 알지 못한 때에는 그러하지 아니하다"라고 규정하고 있다.

한편 보험자의 보험계약에 대한 승낙이 불고지 또는 부실고지에 의한 경우 그러한 승낙의 의사표시는 「민법」상의 착오 또는 사기에 의한 의사표시가 될 수 있다. 이 경우 「상법」상 해지권과 더불어 착오 또는 사기로 「민법」에 따라 당해 보험계약을 취소할 수 있는지 문제가 되는데, 이에 대한 판례는 착오나 사기 모두 「상법」의 해지권과 중첩적 적용을 긍정한다. 이 경우 보험계약자는 보험회사가 사기의 사실을 안 때까지의 보험료를 지급하여야 하며, 보험자는 이를 반환할 필요가 없다.

Ⅲ. 보험업법

2008년 3월 14일 자로 보험사업에 대한 감독법인 「보험업법」 제102조의2에 보험계약자 등의 의무조항이 신설되어 보험계약자 또는 보험금을 취득할 자는 보험사기 행위를 하여서는 아니 된다라고 규정하고 있다.

그리고 보험회사의 임직원, 보험설계사, 보험대리점, 보험중개사, 손해사정사 그 밖의 보험 관계업무에 종사하는 자는 각호의 어느 하나에 해당하는 행위를 금지하고 있다. 첫째, 보험계약자, 피보험자, 보험금을 취득할 자, 그 밖에 보험계약에 관하여 이해관계가 있는 자로 하여금 고의로 보험사고를 발생시키거나 발생하지 아니한 보험사고를 발생한 것처럼 조작하여 보험금을 수령하도록 하는 행위, 둘째, 「보험업법」 제102조의3에 "보험계약자, 피보험자, 보험금을 취득할 자, 그 밖에 보험계약에 관하여 이해관계가 있는 자로 하여금 이미 발생한 보험사고의 원인, 시기 또는 내용 등을 조작하거나 피해의 정도를 과장하여 보험금을 수령하도록 하는 행위"를 규정하여 보험에 관련된 종사자들에게 보험사기 행위를 금지하고 있다.

이를 위반할 경우 제86조 보험설계사, 제88조 보험대리점, 제90조 보험중개사의 6개월 이내의 업무정지 또는 등록취소 규정을 두어 제재를 가하고 있다. 그리고 제204조(벌칙) 조항에 의거 제86조 제2항, 제88조 제2항, 제90조 제2항에 따른 업무정지의 명령을 위반하여 모집을 한 자는 1년 이하의 징역 또는 1천만 원 이하의 벌금에 처한다. 제162조에서 보험사기를 인지하였을 때 금융위원회가 관계자를 조사할 수 있고, 조사 권한 중 제162조 1항과 2항의 조사 및 자료 제출 요구 업무를 금융감독원에 위탁하고 있다.

Ⅳ. 형법

「형법」 제347조에서 사기죄는 사람을 기망하여 재물의 교부를 받거나 재산상의 부당한 이익을 취득하거나 제3자로 하여금 얻게 함으로써 성립하는 범죄라고 하고, 기망이란 재산거래 관계에서 지켜야 할 신의성실의 의무를 저버리는 행위로서 사람으로 하여금 착오를 일으키는 것을 말한다. 이러한 사기죄는 경제적 자유주의 경제체제와 함께 형성된 범죄로써 단순히 개인의 재산권을 보호하는 역할에서 경제체제의 기능을 보호하는 경제범죄로 바뀌어 가고 있다. 즉 각종 사기의 「형법」상 처벌은 단지 사유재산 보호뿐 아니라 신용거래의 중요성과 자본시장에 대한 신뢰와 같은 관심사도 보호한다는 것이다. 보험계약에서의 사기에 해당하는 경우 보험자 측에서 보험계약자를 상대로 사기계약을 체결하는 것과 반대로 보험계약자 측에서 보험자를 상대로 기망하여 청약을 하는 경우가 있다. 「형법」 제347조는 "사람을 기망하여 재물의 교부를 받거나 재산상의 이익을 취득한 자는 10년 이하의 징역 또는 2천만 원 이하의 벌금에 처한다"고 규정하고, 「특정경제범죄 가중처벌법」 제3조는 "이득액이 5억 원 이상인 때에는 금액 구분에 따라 가중처벌한다"고 규정하여, 보험사기 유발자는 보험계약이 해제되고 형사처벌의 대상이 된다.

V. 민법

보험사기를 목적으로 피보험자를 고의로 살해 또는 상해를 입히거나, 보험목적물이 되는 재물에 방화하는 등 고의로 훼손하는 것은 보험계약 당사자 간의 신뢰를 저버리는 것으로 이것은 「민법」 제2조의 신의성실의 원칙에 반하는 것이다.

「민법」 제2조 1항은 권리의 행사와 의무의 이행은 신의에 따라 성실히 하여야 한다고 규정하고 있다. 권리와 의무는 사법관계 자체라고 할 것이므로 그 규정은 법률 및 법률행위의 해석에 의하여 당사자에게 어떠한 권리가 생기는지를 결정하는 데에도 적용된다고 하여야 한다. 다른 한편 이러한 규정은 「민법」의 첫 부분에 두어진 것으로 보아 모든 사법관계에 대하여 일반적으로 적용되어야 한다. 즉 채권관계뿐만 아니라 물권관계, 가족관계, 상속관계에도 적용된다. 이처럼 「민법」 전체에 적용되지만, 실제로는 채권법 분야에서 가장 실효성이 크다. 나아가 이 규정은 「민법」 외에 「상법」과 같은 특별사법과 공법에도 널리 적용된다. 대법원 판례[4]에서도 "신의성실의 원칙이 법질서 전체를 관통하는 일반원칙으로 작용하고 있다"라고 하였다.

이러한 신의칙은 계약내용의 확정과 계약상의 의무의 확장에도 영향을 미치고 그 밖에 계약의 내용이나 효력이 사후적으로 수정될 수 있다는 사정변경의 원칙도 신의칙에 기한 것이다. 보험계약도 보험소비자와 보험사 간의 특별한 법적 계약관계를 형성하는 것이므로 각 당사자는 상대방에 대한 역할기대를 신뢰하게 된다. 따라서 보험사기를 위해 피보험자를 고의로 살해하거나 상해를 입히는 경우, 보험목적물인 재물에 방화하는 등 고의적 훼손은 보험계약 당사자 간의 신뢰를 저버리는 행위로 「민법」 제2조의 신의성실의 원칙을 위반하는 것이다. 그러므로 이러한 행위로 결과를 발생시키거나 그러한 결과에 근거하여 보험금을 청구하고 수령을 시도하는 것은 민법상의 기본 원칙에 반하는 것이다.

「민법」 제103조는 선량한 풍속 기타 사회질서에 위반하는 경우 반사회 질서의 법률행위로 보험계약을 무효화시키는 근거가 되고, 제109조(착오로 인한 의사표시)와 제110조(사기, 강박에 의한 의사표시)는 보험회사가 착오·사기로 인한 보험계약을 취소할 수 있는 근거가 된다. 「민법」상 사기로 인한 계약에 대한 취소권은 제146조에 따라 "추인할 수 있는 날로부터 3년 이내에 법률행위를 한 날로부터 10년 이내에 행사하여야 한다." 따라서 사기에 의해 의사표시를 한 자는 기망상태에서 벗어난 때부터 3년 이내에 또는 법률행위를 한 날로부터 10년 이내에 취소권을 행사하여야 하고 이 중 어느 기간이라도 먼저 도래하면 더 이상 취소할 수 없게 된다.

보험사고의 발생 및 보험금청구와 관련하여 보험계약자 등이 보험금청구 단계에서 보험사고를 고의로 야기하는 등 보험자를 기망하는 행위로 보험금을 수령하면 「민법」 제750조에 의하여 보험자는 불법행위자에게 손해배상청구가 가능하며, 「민법」 제741조에 의해 보험회사가 지급한 보험금에 대하여 보험금 수익자에게 부당이득금 반환청구를 행사할 수 있게 된다. 일반적인 보험사기 내에 재물보험과 배상책임보험 보험사기가 포함되므로 기본적인 관련 법률는 다르지 않고 같다.

4) 대법원 2021. 10. 28, 2017다224302 판결.

Ⅵ. 다른 법률과의 관계

우리나라는 보험사기에 대한 법적대응으로 보험사기방지법 제2조 제1항 보험사기의 정의를 규정하고 있고 동법 제8조(보험사기죄)와 제9조(상습범), 제10조(미수범), 제11조(보험사기죄의 가중처벌), 제14조(벌칙), 제15조(과태료)에 처벌규정이 있다. 그러나 일반법인 「상법」에는 보험사기 금지와 처벌에 대한 규정은 없고, 「보험업법」에는 보험사기 금지의 규정은 있으나 보험사기의 처벌규정은 없다. 따라서 일반법인 「상법」과 「보험업법」에 보험사기의 금지에 대한 규정과 처벌에 대한 규정을 삽입하는 입법으로 법체계의 조화와 균형을 맞추는 것이 필요하다.

또한 위의 법률에 보험관계 업무종사자의 사기에 대하여는 가중처벌 규정은 달리 없고, 보험사기방지법 제12조(비밀유지의무), 제14조(벌칙)에 "보험사기행위 조사업무에 종사하는 자 또는 해당 업무에 종사하였던 자는 직무수행 중 취득한 정보나 자료를 타인에게 제공 또는 누설하거나 직무상 목적 외의 용도로 사용하여서는 아니 된다"라고 하고 그의 행위에 대한 벌칙으로 3년 이하의 징역 또는 3천만 원 이하의 벌금에 처한다고만 되어 있다. 그리고 「형법」 제347조는 사기죄의 처벌은 10년 이하의 징역 또는 2천만 원 이하의 벌금으로 하고 있어, 보험사기 행위자의 처벌에 대한 보험사기방지법의 처벌규정이 10년 이하의 징역 이외에 다른 점은 5천만 원 이하의 벌금 밖에 없다. 따라서 보험관계 업무종사자의 사기에 대하여는 일반인들과 거의 동일하므로 형벌의 차이를 느끼지 못한다. 이러한 이유로 일반인들의 사기와 다르게 적발하기 어려운 전문적인 보험업 종사자의 보험사기가 증가하고 있고 밝혀내기도 힘들다. 이에 보험관계 업무종사자의 사기행위에 대하여는 가중된 처벌규정이 필요하다.

제3장
보험의 종목과 종목별 보험사기 유형

제 3 장

보험의 종목과 종목별 보험사기 유형

보험은 공보험(公保險, Social Insurance)과 사보험(私保險, Private Insurance)으로 나누며, 공보험은 국가나 공공기관이 운영하는 사회보장제도의 성격의 보험으로 국민건강보험, 고용보험, 산업재해보상보험 등이 있다. 그리고 사보험은 민영보험회사가 영리를 목적으로 운영하는 보험으로 생명보험은 종신보험과 정기보험 등을 손해보험은 자동차보험과 화재보험, 배상책임보험 등을 운영하고 있으며, 생명보험(제1보험)과 손해보험(제2보험)이 겸업이 가능한 제3보험(Gray Zone Insurance)으로 상해보험, 질병보험, 간병보험, 실손의료보험 등이 있다.

이 책에서는 손해보험에서 재물보험인 화재보험과 특종보험으로 배상책임보험을 주로 다루도록 하겠다.

제1절 사보험(私保險)의 종목

Ⅰ. 생명보험

생명보험(生命保險, Life Insurance)은 사람의 생명을 대상으로 하는 보험으로, 사람이 사망하거나 일정기간 이상 생존했을 때 보험금이 지급되는 경제제도이다.

주요 형태로는 첫째, 정기보험으로 피보험자가 일정기간 동안에 사망 시 보험금을 지급하는 것으로 만기 시에 생존보험금은 없는 보험이고, 둘째, 종신보험은 피보험자가 언제든지 사망하더라도 보장이 되며 피보험자의 유족이 생활을 할 수 있도록 하는 가족 생활자금 보장용 상품이다. 셋째, 생존보험은 보험기간이 종료 시 피보험자가 생존하면 보험금을 지급하는 것으로 연금보험과 저축성 보험상품이며, 넷째, 혼합보험은 보장성과 저축성이 결합된 형태로 사망하면 사망보험금을 지급하고, 생존하면 생존보험금을 지급하는 상품이다.

Ⅱ. 자동차보험

자동차보험(自動車保險, Automobile Insurance)은 차량의 소유자나 운전자가 자동차의 사고로 발생할 수 있는 손해인 대인배상책임보험, 대물배상책임보험, 자기차량손해보험, 자기신체상해보험, 무보험차상해보험, 자동차상해보험 등의 보험상품이다.

이러한 자동차보험은 대인배상손해와 대물배상손해를 보장하는 보험인 배상책임보험, 자기차량손해를 보장하는 재물보험, 자기신체상해(자동차상해) 또는 무보험차상해를 보장하는 상해보험 등 여러 가지 손해보험의 종목을 한 가지 상품에 묶어서 판매하여 자동차종합보험이라고도 한다. 이 중에서 대인배상책임보험은 대인배상Ⅰ(의무보험)과 대인배상Ⅱ(임의보험)으로 나뉘어 있으며, 대물배상도 2,000만 원까지는 강제보험인 의무보험으로 가입하여야 한다.

Ⅲ. 화재보험

화재보험(火災保險, Fire Insurance)은 화재사고로 인한 재산상의 손해를 보상하는 보험으로 아파트를 포함한 주택이나 상가건물, 공장, 창고에서 불로 인한 화재사고가 발생하였을 때 피보험자의 재산손괴로 인한 경제적인 손해를 보상해 주는 보험이다. 보험가입은 건물만 할 수도 있고 동산을 포함한 건물을 할 수도 있다. 따라서 보상대상은 아파트나 주택, 상가, 공장, 창고 등 건물 및 그 안에 있는 가재도구, 기계, 재고물품 등 동산이다. 보상내용은 화재로 인한 손해, 낙뢰로 인한 손해, 폭발로 인한 손해를 보장하며, 특별약관으로는 도난손해, 가스사고, 전기적 사고, 풍수재(태풍, 홍수로 인한) 등도 선택적으로 보장이 가능하다.

화재보험의 종류로는 주택화재보험, 일반화재보험, 기업화재보험, 풍수재보험 등이 있으며 일반적으로 화재보험의 보험기간은 1년의 단위로 가입하지만 임시적 사용 건물, 공사 중 건물, 임시 보관물품 등과 단기간의 행사 및 전시회로 인한 1일부터 수개월의 기간으로 보험기간으로 하는 단기보험부터 보험기간이 1년 이상에서 십 년 이상 유지되는 장기보험과 여러 가지 보험이 합하여진 종합보험이 있다.

Ⅳ. 해상보험

해상보험(海上保險, Marine Insurance)은 선박이 해상에서 사고 또는 해상운송 과정에서 발생할 수 있는 손해를 보상하기 위한 보험이다. 현재는 보험대상이 선박과 해상에 국한되지 않고 적하(積荷, 화물), 운임 등과 항공, 육상 운송까지 확장되어 운송보험의 성격도 포함한다.

해상보험의 종류로는 첫째, 선박보험(船舶保險, Hull Insurance)으로 선박 자체의 손상·멸실, 충돌, 좌초, 화재, 폭풍우 등으로 손실되는 위험을 보상한다. 둘째, 적하보험(積荷保險, Cargo Insurance)으로 수출·입 무역거래에서 필수적으로 이용되며 육로나 해상, 항공 등으로 운송되는 화물의 멸실, 도난, 손상 등을 담보한다. 셋째, 운임보험(運賃保險, Freight Insurance)은 운송계약에 따른 운송료의 손실을 보상한다.

보상하는 위험은 해상고유위험(Perils of the Sea)인 선박의 침몰, 충돌, 해일, 풍랑, 좌초 등으로 인한 손해와 손해보험의 우연한 사고인 화재, 폭발, 도난과 화물의 적재와 하역 중의 사고로 인한 손해를 보상한다. 그리고 절대적 면책위험인 전쟁위험(War Risks)과 파업위험(Strikes Risks) 등은 특별약관으로 담보가 가능하다.

V. 보증보험

보증보험((保證保險, Surety, Guarantee Insurance)은 계약이행이나 채무이행을 보증해 주는 보험이다. 어떤 사람이 약속한 의무를 제대로 이행하지 못했을 때 보증보험회사가 대신하여 책임을 져주는 보험이다.

일반적으로 피보험자가 채무 또는 의무를 불이행했을 경우 보험회사가 채권자에게 손해를 대신 보상해 주는 계약보증, 채무보증 등에 사용된다. 이러한 보증보험을 통하여 채권자는 거래 상대방의 신용상태를 일일이 확인하지 않아도 되므로 안전하게 개별적인 거래를 용이하게 할 수 있게 된다.

종류로는 계약이행보증보험은 건설, 용역, 물품 공급 계약에서 계약자가 의무를 지키지 못할 경우에 보상한다. 입찰보증보험은 입찰자가 낙찰 후 계약을 체결하지 않으면 손해를 보상하는 것이고, 하자보증보험은 건설 공사에서 완공 후 일정기간 내에 발생하는 하자에 대하여 보장해 주며, 선급금보증보험은 발주자가 공사비 일부를 먼저 지급했는데, 시공사가 공사를 제대로 이행하지 않을 경우를 보장한다. 지급보증보험은 대출금이나 외상대금의 지급의무를 보증하는 상품이다. 이외에도 신원보증보험(취업·교육훈련), 인허가보증보험(법령상 의무), 납세보증보험, 공탁보증보험, 보석보증보험, 생활안정자금보증보험 등 다양한 상품이 있다.

이렇듯 보증보험은 계약이 필요한 보험소비자의 이행 약속을 대신 보장해 주는 안전장치로 담보제공이 어렵거나 신용도가 낮은 기업이나 개인도 계약체결에 참여할 수 있도록 도와주는 보험상품으로 부동산, 금융, 전자상거래 등 다양한 거래에서 신용위험을 줄이기 위해 활용된다.

VI. 제3보험

제3보험(Gray Zone Insurance)은 생명보험과 손해보험의 중간에 위치하는 보험으로 보험의 객체가 사람의 신체로서 질병·상해 또는 이로 인한 간병 등에 관하여 약정한 급여나 손해를 보장하기로 한 보험으로 상법상 인보험에 속한다.

제3보험이란 용어는 1965년 일본의 대삼충부(大森冲夫, 오오모리 타다오) 교수가 “상법상의 상해보험의 지위”라는 논문을 발표하면서 처음으로 쓰기 시작한 용어이며, 우리나라는 2003년 8월 29일 「보험업법」의 개정으로 처음으로 제3보험이 제정되었다. 우리나라 제3보험업에 대한 법률적 근거는 「보험업법」의 제2조[1] 및 제4조 3항[2]에서 그 정의와 보험종목을 명확히 하고 있다. 따라서 생명보험과 손해보험 모두 영업이 가능하고 각 보험영역에서 상품을 개발하여 판매하고 있으며 대표적인 상품이 상해보험, 질병보험, 간병보험, 실손의료보험, 치아보험, 암보험 등이 있다.

Ⅶ. 특종보험

오늘날 급속하게 발전하는 산업기술의 진보에 따라 새롭게 인식되거나, 나타난 위험을 담보하기 위한 각종 보험상품으로 전통적인 보험상품과 달리 담보약관 및 부보조건이 표준화, 일반화되어 있지 않으며, 보험수요자의 요구에 부합하도록 별도의 담보조건 등이 설정된다. 이러한 수요에 의하여 생겨난 특종보험(特種保險, Special kind Insurance)은 자동차보험, 화재보험, 해상보험, 보증보험, 재보험 등 널리 보편적으로 운영되는 손해보험을 제외한 손해보험 상품을 의미하며, 전통적인 보험에서 담보하지 않는 다양한 새로운 종류의 위험을 담보하는 상품이다.

대표적으로 각종 배상책임보험이 가장 수요가 많으며 운송보험, 기계보험, 건설공사보험, 조립보험, 도난보험, 레저스포츠보험, 전자기기보험, 휴대폰보험,

---

1) 「보험업법」 제2조(정의) 이 법에서 사용하는 용어의 뜻은 다음과 같다. <개정 2015. 7. 31.> 1. “보험상품”이란 위험보장을 목적으로 우연한 사건 발생에 관하여 금전 및 그 밖의 급여를 지급할 것을 약정하고 대가를 수수(授受)하는 계약(「국민건강보험법」에 따른 건강보험, 「고용보험법」에 따른 고용보험 등 보험계약자의 보호 필요성 및 금융거래 관행 등을 고려하여 대통령령으로 정하는 것은 제외한다.)으로서 다음 각 목의 것을 말한다. 가. 생명보험상품 ~ 중략 ~ 다. 제3보험상품: 위험보장을 목적으로 사람의 질병·상해 또는 이에 따른 간병에 관하여 금전 및 그 밖의 급여를 지급할 것을 약속하고 대가를 수수하는 계약으로 대통령령으로 정하는 계약.

2) 「보험업법」 제4조(보험업의 허가) ① 보험업을 경영하려는 자는 다음 각 호에서 정하는 보험종목별로 금융위원회의 허가를 받아야 한다. ~ 중략 ~ 3. 제3보험업의 보험종목 가. 상해보험 나. 질병보험 다. 간병보험 라. 그 밖에 대통령으로 정하는 보험종목.

각종 비용보험, 신원보증보험, 잔존가치보장보험, 신종종합보험, 상금보상보험, 날씨보험, 유리보험, 원자력보험, 동물보험, 펫보험 등이 있다.

제2절 사보험의 종목별 보험사기 유형

Ⅰ. 생명보험의 보험사기 유형

생명보험은 피보험자의 생존·사망과 관련된 보험이므로 보험사기 역시 다른 손해보험과 달리 사망·질병·장해 등을 중심으로 발생한다.

1. 고의적 사고유발

피보험자가 자살을 사고로 위장하거나, 제3자가 살해 후 사고로 위장하여 사망보험금을 청구하는 유형이다. 또한 보험계약 후 일정기간이 지나면 자살도 면책이 해제되는 점을 악용한다.

2. 허위·과장 진단서 제출

피보험자가 실제로는 건강한데 허위진단서를 발급받아 질병·장해 보험금을 청구하거나 경미한 질환을 중증 질환으로 부풀려 과다한 보험금을 청구하는 경우이다.

3. 병력·직업 은폐

보험계약자, 피보험자 등이 보험계약 체결 시에 중대한 병력(암, 고혈압, 당뇨, 혈관질환 등)이나 위험 직업을 고의적으로 숨기고 가입한 후 해당 사유로 사망이나 질병이 발생 시 과도한 보험금을 청구하는 경우이다.

4. 중복보험으로 보험금 다중 청구

여러 보험회사에 같은 피보험자 명의로 중복보험을 가입한 뒤 사망·장해 발생 시 과도한 보험금을 청구하는 경우이다.

5. 해외 사망·실종으로 조작하는 위장사고

피보험자가 해외에서 신분 세탁 후 사망·실종한 것으로 꾸며 사망보험금을 청구하는 유형으로 해외에서 교통사고, 화재사고를 가장하여 사망한 것으로 조작하는 방식으로 사기를 하는 경우이다.

6. 제3자의 계획적 범행

보험계약자, 피보험자 등이 피보험자를 고의로 해치거나 사망하게 한 뒤 살인사건을 사망사고로 위장하여 보험금을 청구하는 경우이다.

7. 허위 후유장해 청구

피보험자 등이 실제로는 회복이 가능하거나 경미한 장해임에도 불구하고 영구장해진단서를 제출하는 경우, 시력·청력 손상, 신체 일부를 절단하는 등 사고를 위장하거나 과장하는 유형이다.

Ⅱ. 자동차보험의 보험사기 유형

자동차보험은 자동차를 운전하는 모든 소유자가 가입해야 하는 의무보험으로 다수의 보험계약으로 보험사고도 많이 발생하고 있어, 교통사고 피해의 신속한 배상을 통하여 국민을 보호하는 중요한 역할을 담당하고 있다. 자동차보험에서 자주 발생하는 보험사기의 유형은 다음과 같다.

1. 고의사고 유발형

보험소비자가 계획적으로 일부러 교통사고를 야기하고 보험금을 청구하는 유형으로 비보호좌회전 중 사고는 신호위반으로 처리되는 것을 악용하여 비보호좌회전 차량을 기다렸다가 고의로 비보호좌회전 차량과 부딪혀 사고를 만들고 보험금을 노리는 행위이다.

2. 허위사고 조작형

보험소비자가 실제로 사고가 없었음에도 불구하고 자동차사고가 발생한 것처럼 꾸미는 것으로 이미 파손된 차량을 구입하고 보험가입 후 새로운 사고가 발생한 것처럼 조작하여 보험처리로 수리를 하는 경우 등이다.

3. 손해액 부풀리기형

실제 사고로 손해를 입은 피보험자나 피해자가 발생한 손해액보다 금액을 크도록 조작하여 보험금을 더 받아내는 유형으로 경미한 접촉사고임에도 불구하고 수리를 확대하여 청구하거나 장기간 입원치료를 하는 경우이다.

4. 나이롱환자·허위진단서 이용형

보험소비자가 사무장병원 또는 교통사고 전문병원과 결탁하여 경미한 사고로 인한 경우에 필요 이상으로 장기간 치료를 받거나 허위진단서를 발급받아 계속적으로 입원 또는 통원치료를 하고 보험금을 청구하는 유형이다.

5. 차량 절도 또는 고의 전손처리형

사고가 많이 발생한 차량은 중고시세가 하락하므로 피보험자 등이 고의로 불태우거나 하천에 빠뜨려 고의사고 야기 후 전손처리로 차량가액 전부에 해당하는 전손보험금을 수령하거나 차량을 도난당했다고 하고 분해하여 매각하고 전손보험금을 청구하는 유형이다.

6. 공범 결탁형

보험소비자가 운전자, 병원, 정비업체 등이 함께 결탁하여 고의로 접촉사고를 내고 병원에 장기치료를 유도하고, 정비업체는 과잉 수리비를 청구하여 보상받는 유형이다.

7. 최근 자동차보험사기 유형[3)]

가. 사고부담금 미납(회피) 목적 음주사고 은폐

교통사고를 일으킨 음주운전자는 사망사고 야기 시 피해자 1명당 1억 5천만 원, 상해사고는 3천만 원, 대물사고는 사고건 당 2천만 원 등을 의무보험 한도 내 지급금을 사고부담금으로 납부하여야 한다.[4)] 그러나 사고부담금을 납입을 회피하려고 사고내용을 단순사고로 조작하는 경우이다.

나. 음주운전자를 대상으로 한 고의사고 유발

보험소비자가 보험금을 편취할 목적으로 유흥가, 주점 밀집지역에서 음주운전자들을 대상으로 고의사고를 유발한 뒤 합의하는 방식[5)]으로 교통사고의 우연성을 조작하는 경우이다.

다. 미성년자, 노모 등 가족 동승 고의사고 유발

보험사기자는 교통량이 많은 곳에서 진로를 변경하는 피해차량의 측면이나 후미를 추돌하는 사고를 계획하고, 노모 또는 미성년 자녀를 동승시키고, 차선을 변경하는 차량의 방향지시등을 확인하고도 일부러 감속하지 않고 후미 추돌하거나, 불법유턴 차량 방향으로 직진하여 측면 충돌 교통사고를 야기하고 합의금 목적으로 미미한 충격에도 노약자의 취약함을 주장하며 상대를 협박하거나, 사고경위 및 상해 정도를 허위 진술하는 등 사고를 조작하는 유형이다.

라. 경미한 사고 환자의 허위입원 중 택시영업

경미한 교통사고를 당한 택시기사가 통원 수준의 상태인데도 불구하고 병·의원 상담실장과 공모하여 입원치료를 받은 것처럼 서류를 조작하여 보험회사에

---

3) 금융감독원, "조간 보도자료", 보험사기대응단 특별조사팀, 2025. 9. 25.

4) 자동차보험표준약관 제 11조.

5) ① 음주운전 무마 조건으로 협박하여 금전을 갈취하거나, ② 협박을 거부하는 경우에는 경찰에 신고하여 음주운전자의 불리함을 악용하는 방식.

제출하고, 환자는 입원기간 중 택시영업을 하였음에도 허위입원서류를 발급받아 장기보험금도 수령한 사고로 보험사기방지법 위반 및 유가보조금 부당수령(여객자동차 운수사업법 위반) 혐의로 적발된 유형이다.

마. 영업목적 은폐 후 가정용 이륜차보험으로 보험사고 신고

배달대행업 이륜차(오토바이)기사가 평소 배달영업용으로 사용하던 이륜차의 보험료가 높게 산정되자,[6] 동 비용을 절감하고자 본인의 이륜차를 비영업용차량(출퇴근·가정용)으로 보험회사에 허위등록 후, 계속하여 배달업에 종사하다가 영업 중에 보행자를 충격하자 교통사고처리를 위하여, '출퇴근'중 교통사고 발생으로 사고원인 및 내용을 조작한 경우이다.

III. 화재보험의 보험사기 유형

화재보험에서 발생하는 보험사기 유형은 주로 인위적으로 화재를 발생시키거나 손해의 규모를 과장하여 부당한 보험금을 청구하는 경우이다. 대표적인 유형은 다음과 같다.

1. 고의적 방화

계획적으로 주택이나 상가건물, 공장 또는 창고물건에 팔리지 않는 재고상품 등을 넣어두고 일부러 화재를 일으키는 방화이다. 통상적으로 사업의 실패, 과다한 채무 등으로 재정적 어려움을 겪는 사람이 직접 방화를 하거나 직원이나 친인척 등 제3자를 시켜 화재사고를 야기하는 경우이다.

2. 자작극 형태의 부분손해

전소(全燒)가 아닌 부분적으로 불을 내어 실제 피해보다 큰 손해가 난 것처럼 꾸며 보험금을 청구하는 것이다.

---

6) 영업용 이륜차(오토바이) 보험료가 약 187만 원으로 산정되자 이륜차의 용도를 가정용으로 고지하여, 보험료 약 44만 원의 가정용 이륜차보험에 가입함.

3. 재고자산의 과대평가나 허위기재

불을 내기 전에 미리 고가품이나 재고자산 등을 구입한 것처럼 꾸미거나 존재하지 않은 물품을 장부에 허위기재 후 방화하여 보험금을 청구하는 경우이다. 또는 팔리지 않는 오래된 재고상품을 쌓아 두고 불을 내는 경우도 포함된다.

4. 손해의 과장청구

실제로 발생한 화재의 피해액보다 훨씬 크게 부풀려 보험금을 청구하는 경우이다.

5. 중복보험 악용

동일한 동산이나 재고자산에 대하여 여러 보험사에 화재보험을 가입한 후 사고 발생 시 중복하여 보험금을 타내려고 하는 경우이다.

6. 사전 고의적 준비행위

화재 발생 건에 보험 가입금액을 과도하게 부풀리거나 평소에 사용하지 않던 고가의 물품을 임의로 반입한 후 고의로 불을 내어 보험금을 청구하는 경우이다.

7. 전기·가스 사고 위장

고의로 전기 합선이나 가스 누출을 유발하도록 하여 화재사고로 위장하고 자연발화나 사고로 인한 화재라고 허위로 청구하는 경우이다.

8. 공모형 사기

동일한 보험목적물을 건물주, 세입자, 협력업체 등이 공모하여 보험을 가입한 후 화재를 발생시켜 보험금을 분할하여 각자가 가입한 보험회사에 개별적으로 각각 보험금을 청구하는 유형이다.

Ⅳ. 해상보험의 보험사기 유형

해상보험은 가장 오래된 형태의 보험으로 선박, 적하(積荷), 화물(貨物), 해상운송 과정에서 발생하는 손해를 담보하는 보험으로, 특수성이 있다 보니 보험사기도 여러 유형으로 발생한다.

1. 고의적 침몰(Scuttling Fraud)

선박의 소유자가 노후화된 상태로 운항하거나, 해상사고를 가장하여 침몰시키는 방식으로 보험금을 노리고 의도적으로 선박을 침몰시켜 보험금을 청구하는 유형이다.

2. 가공 해상사고(Phantom Ship / Fake Accident)

실제 존재하지 않은 선박이나 화물에 대해 허위로 보험을 가입한 뒤, 사고가 난 것처럼 꾸며 보험금을 청구하는 것으로 선하증권, 선적서류 등을 허위로 위조하여 사용하는 경우이다.

3. 과적 및 고의적 손상

적재화물을 실제의 가치보다 부풀려 신고하거나 규정된 적재중량 또는 적재용적을 넘어 화물을 싣는 법률위반행위와 화물운송 중 일부러 손상을 입힌 뒤 보험금을 청구하는 것으로 부패하거나 손상되기 쉬운 화물을 이용하는 경우가 많다.

4. 이중보험(Double Insurance)

동일한 선박이나 화물에 대해 여러 보험회사에 중복하여 보험을 가입하고 사고 발생 시 각각의 보험회사로 사고접수하고 보험금을 청구하는 경우이다.

5. 위험증가 은폐(Misrepresentation & Non-disclosure)

선박의 노후화로 내항능력이 떨어진 선박의 운항, 기상 악조건, 위험항로 운항 등 해상사고의 위험이 높다는 사실을 숨기고 정상적인 조건으로 보험에 가입하고 사고가 발생하면 이러한 은폐된 사실을 숨기고 보험금을 청구하는 유형이다.

6. 허위 적하보험(Fictitious Cargo insurance)

존재하지 않는 화물, 혹은 고가품으로 위장한 저가품을 보험에 가입시킨 후 손실이 발생한 것처럼 꾸미는 유형이다.

7. 불법·밀수 화물 관련 사기

불법 화물이나 밀수품을 적하보험에 가입시키고, 단속이나 압수로 인해 손실이 발생했을 때 정당한 사고인 것처럼 보험금을 청구하는 경우이다.

8. 선박의 고의 좌초(Grounding Fraud)

선박을 의도적으로 얕은 바다에 좌초시켜서 고의적으로 보험사고를 유발하고 보험금을 편취하는 경우이다.

Ⅴ. 보증보험의 보험사기 유형

보증보험은 채무자가 계약상 의무를 이행하지 못했을 때 보증보험회사가 대신 채무를 이행하거나 손해를 보상해 주는 보험이다. 이러한 계약이행, 선급금, 하자보수, 납세 등 다양한 보증을 제공하는 특수한 보험이므로 사기유형도 일반 손해보험과 다소 차이가 있다.

1. 허위계약을 통한 보험가입

실제 계약이나 거래가 없는데도 불구하고 있는 것처럼 꾸며 보증보험에 가입하여 보험증권을 발급받고, 채무불이행 상황을 인위적으로 만들어 보험금을 청구하는 방식이다. 예를 들면, 유령회사(Paper company)를 설립하여 가짜 계약서(가공 납품계약, 허위 공사계약)를 제출하여 보증보험증권을 발급하는 경우이다.

2. 이중·중복계약을 통한 사기

동일한 계약에 대하여 여러 건의 보증보험을 가입한 후 채무불이행 시 다수의 보험회사에 동시에 보험금을 청구하여 부정한 이득을 취하려고 하는 것으로 이미 보증보험증권을 발급한 후에도 다른 보험회사에도 동일한 보증을 요구하는 경우이다.

3. 고의적 채무불이행(공모형 사기)

보험계약자가 처음부터 채무를 이행할 의사가 없이 보증보험에 가입하고 보증채권자가 청구할 경우 보험회사에 손실을 전가하는 것으로 선급금보증보험을 가입 후 고의로 공사를 중단하고 선급금을 유용하는 경우이다. 채무자와 채권자가 공모하여 채무불이행 상황을 연출하고 보험금을 편취하는 것이다.

4. 허위 서류 제출로 보험증권 발급

허위로 납세증명서, 계약서, 공사이행 증빙자료 등을 제출해 발급조건을 충족하는 것처럼 속여 보증보험증권을 발급받은 뒤 채무불이행으로 보험금을 노리는 방법이다.

5. 연체·부도 은폐 후 보험가입

이미 채무불이행 상태이거나 부도 직전임에도 이를 숨기고 보증보험에 가입해 보험금을 청구하는 유형이다.

6. 담보목적 외 사용

원래의 계약상 의무보증이 아닌 다른 사적 목적이나 범죄적 용도로 보증보험을 악용하는 것으로 불법 다단계, 유사수신 등에서 투자자를 모집할 때 보증보험증권을 보여주며 신뢰를 얻고 자금을 편취하는 유형이다.

Ⅵ. 제3보험의 보험사기 유형

제3보험은 자동차보험, 화재보험과 달리 사람의 신체적 손해를 보장하는 보험이다. 제3보험은 생명보험과 손해보험에 속하지 않는 보험을 말하며, 이러한 제3보험 영역에서도 보험사기는 다양한 형태로 발생하고 그 유형이 생명보험의 보험사기를 포함하며, 또 다른 점이 있다.

1. 허위사실을 만들어내는 허위청구 유형

허위청구는 발생하지 않은 보험사고를 거짓으로 꾸며내 보험금을 편취하는 형태의 보험사기이다. 여기에는 다음과 같은 유형들이 포함된다.

가. 허위진단 및 입원

가장 대표적인 수법으로, 실제로는 질병이나 상해가 없음에도 불구하고 병원과 공모하여 허위진단서를 발급받거나, 경미한 증상임에도 불구하고 불필요하게 장기간 입원하여 입원일당 및 치료비를 청구하는 경우이다. 특히, 최근에는 진료기록을 조작하거나 가짜 환자를 모집하는 등 병원과 브로커, 보험설계사까지 가담하는 조직적인 범죄로 확대되고 있다.

나. 허위사고 조작

고의로 신체를 자해하거나, 경미한 사고를 과장하여 상해를 입은 것처럼 꾸며 상해 관련 보험금을 청구하는 유형이다. 심지어는 동승자를 친구 등 지인이나 광고, SNS를 통해 모집하여 교통사고를 조작하고, 탑승자 모두가 상해를 입은 것처럼 속여 보험금을 타내는 경우도 비일비재하다. 또한, 해외에서 장해나 사망사고가 난 것처럼 꾸미거나 신원을 바꿔 허위사망 신고 후 보험금청구, 과거 장애자를 정상인으로 보험가입한 뒤 장해판정을 허위로 받아 고액 보험금을 타내려는 경우가 있다.

다. 허위 간병인 고용

간병보험의 허점을 노린 신종사기 수법으로 실제 간병인을 고용하지 않았음에도 불구하고, 가족이나 지인을 간병인으로 등록하고 허위 영수증을 발급받아 간병비를 청구하는 형태이다. 이는 간병서비스의 필요 여부나 실제 제공 여부를 보험회사가 일일이 확인하기 어렵다는 점을 악용한 것이다.

2. 실제사고를 부풀리는 과장청구 유형

과장청구는 실제로 발생한 보험사고를 부풀려 실제손해보다 더 많은 보험금을 청구하는 행위이다. 경미한 사안으로 치부될 수 있지만, 이 역시 명백한 보험사기에 해당한다.

가. 과잉진료 및 치료비 부풀리기

실제 질병이나 상해에 대한 치료를 받으면서, 불필요한 검사나 시술을 추가하여 진료비를 과다하게 청구하는 유형이다. 특히, 미용목적의 시술을 도수치료 등 치료 목적인 것처럼 속여 실손의료보험금을 청구하는 사례가 대표적이다. 또한, 불필요한 입원·장기입원으로 피보험자가 실제로는 건강한데 진단서를 발급받아 질병·상해 보험금을 청구하거나 경미한 질환을 중증 질환으로 부풀려 과다한 보험금을 청구하는 경우이다.

나. 후유장해 등급 조작

상해나 질병으로 인한 후유장해 발생 시 실제 장해 상태보다 더 높은 등급의 진단서를 발급받아 과도한 장해보험금을 청구하는 경우이다. 이는 의사의 전문적인 판단이 개입되는 영역이어서 적발이 쉽지 않다는 특징이 있다.

다. 실손의료보험 악용

보험계약자, 피보험자 등이 보험계약 체결 시에 중대한 병력(암, 고혈압, 당뇨, 혈관질환 등)을 숨기고 보험가입 후 보험사고로 꾸미고 계속적으로 불필요한 검사나 치료를 반복적으로 받고 과잉진료 후 보험금청구하는 경우이다.

Ⅶ. 특종보험의 보험사기 유형

특종보험은 생명보험이나 손해보험에 속하지 않는 다양한 특수위험을 보장하는 보험으로 대표적인 보험이 배상책임보험이다. 다양한 특종보험의 보험사기의 유형은 크게 보면, 첫째, 허위·과장된 손해, 둘째, 고의적 사고유형, 셋째, 문서위조·허위신고, 넷째, 계약 불이행·횡령공모 등으로 나눌 수 있다.

이러한 보험사기는 단순히 보험회사의 손실로 그치지 않고, 보험료 인상으로 이어져 결국 선량한 대다수의 보험가입자에게 피해를 전가하는 심각한 사회적 문제로 이어져 보험의 단체성을 해친다. 따라서 금융당국과 보험업계는 보험사기 조사강화, 보험사기 조사시스템의 고도화 등을 통해 적극적으로 대응하고 있으며, 국민들의 인식개선과 자발적인 신고 또한 절실히 요구되고 있다. 다음장부터 재물보험과 배상책임보험에 대하여 자세히 설명한다.

제 4 장
재물보험과 배상책임보험에 관한 일반론

제 4 장

재물보험과 배상책임보험에 관한 일반론

제1절 재물보험과 배상책임보험의 의의

Ⅰ. 재물보험

1. 의의

재물보험(財物保險, Property insurance)은 동산 또는 부동산의 물건을 보험의 목적으로 한 보험으로 자산 혹은 재산에 관한 보험을 일컫는다. 이는 손해보험상품 중 한 종류이며, 재산상의 손해를 담보하는 보험계약이다. 예를 들면, 재산종합보험은 대규모 산업시설에 대한 종합적인 위험관리의 방안으로 고안된 상품으로, 상업시설에서 발생 가능한 이익상실, 기계, 배상책임 등에 대한 포괄적인 담보를 할 수 있다. 따라서 재물보험은 개인 또는 기업 등 보험소비자의 재산과 물건에 대한 보험으로 급격하고도 우연한 외래의 사고 발생으로 인한 경제적 손실을 보상하는 보험을 말한다. 재물보험은 보험가입자 소유의 재물이 화재, 폭발, 풍수재 등으로 인해 손해를 입는 경우 보험사고 이전 상태로 복구하는 비용과 보험사고로 상실된 영업이익과 고정비의 손해를 담보한다.

2. 종류

재물보험의 종류는 해상보험과 항공보험을 제외한 화재보험, 아파트주택화재보험, 단독주택화재보험, 재산종합보험, 기업종합보험, 동산종합보험, 박물관종합보험과 기술보험인 기관기계보험, 건설공사보험, 조립보험, 원자력보험 등이 있다. 개인이나 기업이 소유하여 운영 중인 자산의 담보는 재산종합보험, 완성토목공사물보험, 화재보험, 기관기계보험 등이 있고, 시공 중인 자산의 담보는 건설공사보험, 조립보험 등이 포함된다. 그리고 장기재물보험은 보험기간이 중·장기적인 보험을 말한다.

첫째, 여러 종류의 화재보험은 보험에 가입한 물건의 화재(벼락 포함)로 인한 직접손해, 소방손해, 피난손해를 보상하는 보험으로, 선택적으로 풍수재 관련 위험, 전기적 위험, 도난위험 등에 대한 재산상의 피해도 보상받을 수 있다. 주요 가입대상으로 건물(주택, 아파트, 사무실, 공장), 기계, 시설, 집기, 동산(원자재, 제품 등) 등이 있다.

둘째, 재산종합보험은 대규모 산업시설과 상업시설에 대한 종합적인 위험관리를 위해 개발된 상품이다. 금속, 전자, 화학, 정유 등의 공장시설은 물론 대형쇼핑센터, 병원 등 상업시설에서 발생할 수 있는 재산종합, 기계, 기업휴지(이익상실) 및 배상책임 등의 위험을 계약자가 원하는 조건으로 설계하여 포괄 담보하는 종합보험이다.

셋째, 기업 또는 동산종합보험은 개인 또는 기업의 동산을 보험의 목적으로 하며, 이를 보관 중, 사용 중 또는 운송 중이거나를 불문하고 약관상 특별히 면책으로 규정되어 있지 않은 한 모든 사고로 인하여 보험의 목적에 생긴 손해를 포괄적으로 담보하는 종합보험이다.

넷째, 박물관 종합보험이란 박물관이나 미술관 등에 전시·보관되는 작품들에 생기는 손해를 포괄적으로 담보하는 종합보험이다. 재산종합보험, 동산종합보험과 마찬가지로 약관상 면책규정에 해당하는 손해를 제외하고 급격하고 우연한 사고로 발생하는 모든 손해를 보상하는 보험이다.

다섯째, 기술보험은 계약의 인수, 요율결정, 보유책정, 손해사정 등 고도의 기술적 지식을 필요로 하는 보험분야를 통칭하는 보험이다. 이는 기관보험, 기관기계보험, 조립보험, 건설공사보험, 원자력보험이 대표적이다. 이 보험의 가장 큰 특징은 재해의 예방에도 역점을 두어 보험인수 전에 보험의 목적에 대한 검사제도를 중시한다는 점이다. 기관기계보험은 기계에서 일어나는 손해를 보상하는 보험이고, 조립보험은 기계설비, 장치 및 각종 강구조물 등의 조립공사를 대상으로 하여 조립건물인 재료, 자재 등의 보험목적이 조립공사 현장에 하역이 끝난 직후부터 조립공사를 완성한 후 시운전을 마칠 때까지의 공사과정에 있어서 예기치 못한 우연한 사고로 인하여 공사목적물 자체에 발생한 물적손해를 보상하는 보험이다.

그리고 건설공사보험은 각종 건축공사 및 토목공사 중 공사장 내에서 예기치 못한 돌발적인 사고로 인하여 본공사, 가공사, 공사용재료 등에 발생한 손해를 보상하는 보험이다. 이렇듯 재물보험은 보험소비자의 자산 또는 재산에 관한 손해를 보험의 목적으로 한다.

II. 배상책임보험

1. 의의

배상책임보험(賠償責任保險, Liability insurance)이란 피보험자가 타인의 신체장해(장해에 기인하는 사망을 포함) 또는 재물의 멸실·훼손 혹은 오손에 관하여 법률상의 손해배상책임을 부담하는 것으로 입는 손해를 보상하는 보험이다(배상책임보험 보통보험약관 제1조). 이 보험은 법률상의 손해배상책임을 부담하는 것으로 인하여 입는 손해를 보상하는 보험이지만, 배상책임의 발생원인을 신체장해와 재물손괴에 한정하고 있는 것에 유의할 필요가 있다. 따라서 명예훼손, 비밀 폭로, 불법구금 등에 기초한 배상책임이라든가, 타인에게 일반재산상의 손해를 끼친 경우(예컨대 공인회계사가 잘못 감사를 하고 그 결과를 신용하여 거래를 한 자에 대하여 재산상의 손해를 끼치는 경우)의 배상책임 등은 이 보험의 담보범위에서 제외된다. 더욱이 이 보험은 '신체장해 또는 재물손괴에 관하여' 법률상의 손해배상을 부담하는 것으로 입는 손해를 보상하는 것이다. 따라서 피해자가 사망한 경우에 피해자 자신의 배상청구권만이 아니라 그 배우자·자녀 등의 고유의 배상청구권에 대하여도 보험자는 보상의 책임을 진다. 또 재물의 손괴배상에서는 재물을 손괴시킨 자 이외에 재물손괴 사고와 상당인과관계가 있는 손해를 입은 그 밖의 자에 대한 배상책임에 대하여도 보험자는 보상할 책임을 부담한다.

2. 종류

배상책임보험의 종류는 일반배상책임보험과 전문인배상책임보험, 임의배상책임보험과 의무배상책임보험, 손해사고기준 배상책임보험과 배상청구기준 배상책임보험으로 분류할 수 있다.

첫째, 일반배상책임보험은 시설소유관리자배상책임보험, 도급업자배상책임보험, 생산물배상책임보험이 있고, 전문인배상책임보험은 의사(병원)배상책임보험, 변호사배상책임보험, 임원배상책임보험, 회계사배상책임보험, 공인중개사배상책임보험, 건축사배상책임보험 등으로 구분된다.

둘째, 임의배상책임보험은 시설소유관리자배상책임보험, 생산물배상책임보험, 영업배상책임보험, 음식물배상책임보험 등이고, 의무배상책임보험은 가스사고배상책임보험, 유도선사업자배상책임보험, 체육시설업자배상책임보험, 학원시설소유자배상책임보험, 다중이용업소 화재배상책임보험 등으로 구분한다.

셋째, 손해사고기준 배상책임보험은 보험기간 중 발생한 보험사고에 대해 보험기간이 종료되어도 보험금청구 시 보상하는 보험을 말하며, 선주배상책임보험, 정비업자배상책임보험 등이고 배상청구기준 배상책임보험은 보험기간 중 보험사고가 발생하고 보험기간 중에 보험금이 청구되는 경우에만 보상하는 보험이며, 전문인배상책임보험이 대표적이다.

한편, 배상책임보험에서 배상책임의 발생사유는 여러 가지이다. 따라서 보통보험약관에서는 공통적 사항만 규정하고, 따로 특별약관에서 각종의 배상책임보험에 관하여 개별적으로 자세하게 규정하고 있다. 특별약관으로서는 시설소유(관리)자 특별약관, 도급업자 특별약관, 승강기 특별약관, 생산물 특별약관, 수탁자 특별약관, 자동차 항송선 특별약관, LP가스업자 특별약관, 개인 특별약관, 스포츠

특별약관, 골퍼 특별약관, 헌터 특별약관, 선박수선자 특별약관, 여관 특별약관, 의사 특별약관 등이 있다.

이러한 특별약관은 개별 보험상품이 아니고 부가약관으로 보통보험약관에 첨가하여 판매하고 있다. 최근 많이 판매하는 특별약관은 급배수누출손해특별약관과 일상생활배상책임특별약관이다. 이 특별약관은 보험사가 주택화재보험이나 운전자보험의 판매 건수를 늘리기 위하여 주보험계약인 주택화재보험이나 운전자보험 등에 끼워서 판매하며, 특히 부가약관인 일상생활배상책임특별약관의 보장내용 설명을 집중적으로 하고 있음에 보험가입이 증가하고 보상청구 건도 늘어나고 있다. 예를 들면, 쇼호스트(Show host)가 TV홈쇼핑의 운전자보험을 판매하는 상품 설명할 때에도 일상생활배상책임특별약관의 세부적인 보상내용을 강조하여 설명하고, TM(전화통신판매)계약할 때에도 모집인이 추가로 설명하고 있다. 따라서 다음은 일상생활배상책임보험에 대하여 자세히 알아보고 특징적인 사항들을 설명한다. 그리고 이하 이 책에서는 일상생활배상책임특별약관을 일상생활배상책임보험이라 지칭하고자 한다.

3. 일상생활배상책임보험

가. 일상생활배상책임보험의 개요

현시대에 사보험인 민영보험은 여러 가지 각종 사고로 인하여 일반 국민들의 경제적인 수요를 충족함으로써 사회의 안전망의 기능을 수행한다. 이 국민들은 개별적으로 각각 복잡한 사회환경에서 생활한다. 그 과정에서 타인에게 손해배상책임을 지는 일이 보통 있는 예사로운 일로 발생하고 있다. 이와 같이 타인에게 배상책임을 지는 경우 이를 보험으로 보상하여 주는 제도가 책임보험이다. 우리는 주로 자동차배상책임보험만을 생각하기 쉽지만 실제로는 다양한 책임보험이 운용되고 있다. 그 중에서 일상생활을 영위하는 중에 발생하는 손해배상책임을 보험으로 보상하여 주는 것이 일상생활배상책임보험이다. 선진 외국에서는 일상생활배상책임보험이 보편적으로 이용되고 있다. 미국에서는 개인책임보험(Personal Liability Insurance), 영국은 가정보험(Home Insurance)이나 책임보험(Liability

Insurance)이 이용되고 있으며, 독일에서는 개인책임보험(Privathaftpflichtversicherung)이 매우 인기가 높다.

이러한 일상생활배상책임보험에서 보상하는 손해는 배상책임보험의 일반적인 손해를 포함하여 '일상생활'이라는 특별한 상황에 대하여 보상하는 것을 말한다. 첫째, 피보험자가 주거용으로 사용하는 보험증권에 기재된 주택의 소유, 사용 또는 관리로 인한 우연한 사고를 보상한다. 둘째, 피보험자의 일상생활로 인한 우연한 사고를 보상한다. 여기서 '일상생활'이란, 의식주를 포함하는 기본적인 생활과 가벼운 취미생활을 포함하는 개념으로 직무수행 중이거나 전문적인 스포츠활동 중은 해당하지 않는다. 이렇듯 일상생활배상책임보험은 사람들이 일상생활 중 우연한 사고로 발생할 수 있는 피보험자의 법률상 배상책임을 보상하는 보험이다. 즉, 일상생활 중 뜻하지 않게 타인의 신체, 재산에 피해를 입혀 발생하는 법률상의 배상책임에 따른 손해를 보상하는 보험상품으로 월 500원에서 2,500원 미만의 비교적 적은 보험료로 일상 속에서 발생할 수 있는 다양한 배상책임손해를 보상받을 수 있는 보험이다. 이러한 일상생활배상책임보험은 단독상품이 아니고 주 보험상품에 추가된 부가약관인 특별약관으로 삽입되어 저렴한 보험료로 판매되고 있다.

나. 일상생활배상책임보험의 종류

일상생활배상책임보험의 종류로는 이 보험으로 보상받는 대상인 피보험자의 범위에 따라 기본형인 일상생활배상책임보험, 자녀형인 자녀일상생활배상책임보

〈표 9〉 피보험자에 따른 일상생활배상책임보험의 종류

구 분	기본형	자녀형	가족형
피보험자	• 본인 • 배우자	• 자녀	• 본인 • 배우자 • 생계를 같이하는 동거친족 • 생계를 같이하는 별거중 미혼자녀

※ 출처: 금융감독원 "일상생활배상책임보험 가입 시 알아야 할 유익정보 및 분쟁조정사례를 알려드립니다", 보도자료, 2024. 5. 29.

험, 가족형인 가족일상생활배상책임보험으로 나누어지며 현재는 가족형 보험이 주로 판매되고 있다.

기본형은 보험가입자와 배우자가 피보험자가 되며, 자녀형은 보험증권에 기재된 피보험자와 배우자를 포함하여 피보험자 본인의 만 30세 이하 미혼의 자녀가 피보험자가 된다. 가족형 일상생활배상책임보험은 본인, 배우자, 자녀뿐만 아니라 주민등록상의 동거친족과 생계를 같이하는 별거 중인 미혼 자녀까지 포함해 피보험자 대상이 넓다. 다만, 구체적인 피보험자의 범위 및 보상하는 손해는 각 보험사 및 상품별로 상이할 수 있으므로 해당 약관을 참고해야 한다.

다. 일상생활배상책임보험의 가입방법 및 주요 사항

일상생활배상책임보험의 가입방법은 주로 상해보험, 운전자보험 등 가입 시 특약의 형태로 가입이 가능하므로, 이미 상해보험이나 운전자보험 등으로 가입한 보험이 있는 경우에는 해당 보험에 일상생활배상책임특약을 추가로 가입할 수가 있다. 그리고 이 보험은 갱신형 보험의 경우 보험가입 후 일정기간이 경과하면 보험료가 인상될 수 있으며, 보험사고 등에 따라 자기부담금이 있다. <표 10>은 현재 판매 중인 상위보험사의 통계로 보험사나 상품별로 다르다.

〈표 10〉 일상생활배상책임보험의 주요 사항 예시

구분		내용
가입연령		만 0 ~ 90세
보험만기		최대 100세
보험료	보험료(월)	약 500 ~ 2,500원
	갱신주기	1 ~ 30년
자기부담금		누수사고 50만 원, 이외 사고 20만 원 등
보상한도		1억 원

※ 출처: 금융감독원, 앞의 자료, 보도자료, 2024. 5. 29.

라. 일상생활배상책임보험의 보험가입 전·후 유의사항

일상생활배상책임보험은 일반보험과는 다르게 유의할 사항이 있는데, 첫째, 일상생활배상책임보험은 가족형이 주로 판매되고 있어서 주거를 같이하는 배우자나 부모, 자녀가 운전자보험을 개별로 각각 가입하여 두 개 이상 가입한 경우가 일반적이다. 이렇듯 복수로 가입하고 있더라도 보상금액은 보험가입금액 한도액 내에서 실제 부담한 손해배상금을 비례보상한다. 예를 들면, 손해배상금이 금 3,000,000원이 발생하였고, 아버지, 어머니, 자녀 1명이 운전자보험에 일상생활배상책임보험을 각각 가입하였다면 아버지가 가입한 보험사, 어머니가 가입한 보험사, 자녀가 가입한 보험사에서 각각 금 1,000,000원씩 보상한다. 따라서 보험가입기간 중 보상한도 증액이 필요할 시 가족의 중복보험 여부를 확인하여 추가가입을 하여야 한다. 둘째, 보험증권에 기재된 주택의 소유, 사용 또는 관리 중에 발생한 배상책임을 보상하기 때문에 보험가입 후 이사를 하거나, 소유권이 변경되는 경우에는 분쟁을 방지하기 위하여 보험회사에 이를 즉시 알려야 하는 통지의무를 이행하여야 한다. 보험계약자 등은 이를 확실히 하기 위하여 통지의무 이행 후 보험회사에 보험증권을 재교부받는 것이 좋다.

마. 일상생활배상책임보험의 주요 보험사고

일상생활배상책임보험의 주요 보험사고는 보험증권에 기재된 주택의 소유·사용·관리 중에 타인의 재물에 발생한 배상책임을 보상하기 때문에 주택의 누수로 인하여 발생하는 손해, 가족이나 자녀가 놀이나 일상생활 중 타인에게 손해를 끼친 경우, 반려견이 타인에게 가해한 손해 등 일상생활 중 다양하게 발생하는 손해를 보상한다. 그 중에서 가장 빈발하는 보험사고는 누수사고이다.

누수사고가 발생하여 타인에게 손해배상책임이 발생하는 경우 보험회사에서 이를 보상하는 종목은 일상생활배상책임보험(가족일상생활배상책임보험)과 시설소유관리자배상책임보험이 있다. 이 두 종류의 보험은 단독상품으로 판매되는 것이 아니고 장기보험의 특별약관 형식으로 판매되고 있다. 그리고 일상생활배상책임보험은 개인주택의 누수사고를 담보하며, 개인주택이 아닌 일반물건인 경우에는 시설소유관리자배상책임보험으로 담보하고 있다. 따라서 주택이 아닌 건물의 누수사고는 영업배상책임보험의 부가약관인 시설소유관리자특별약관으로 가입하고, 개인주택인 경우는 장기보험의 운전자보험이나 상해보험 내의 일상생활배상책임특별약관으로 추가로 보험가입하여 일련의 누수사고를 보험처리하고 있다.

(1) 주택의 누수로 인한 타인의 재물손해

피보험자가 소유하거나 거주하는 주택의 누수로 인하여 아래층에 발생한 피해의 복구비용(도배, 장판, 가구, 가전제품, 의류 등) 및 손해방지비용 등을 보상한다. 다만, 주택의 소유자가 단독주택에 거주하는 경우 누수사고가 발생하여 본인 주택에 손해가 발생하였다면 본인이 소유한 물건에 피해가 있으므로 타인에 대하여 배상책임이 발생하지 않는다. 따라서 주택에서 누수사고가 발생하여 타인에게 배상책임이 발생하는 경우는 아파트와 다세대주택이다. 앞서 설명한 단독주택의 경우는 본인 소유의 주택에 대한 누수손해의 보전을 목적으로 하는 보험에 가입할 수 있는데 그것은 재물보험으로 주택(아파트)화재보험의 '급배수시설누출손해 특별약관'에 가입하여 보상받을 수 있다.

이 보험약관은 '피보험자가 주거하는 보험증권에 기재된 주택'이라는 전제를 보상의 조건으로 규정하고 있다. 이는 개인의 주거형태와 장소가 다양할 수 있으므로 보험증권에 기재된 주택으로 한정하는 것이다. 만약 피보험자가 1주택의 소유가 아니라 복수의 주택의 소유자인 경우나 평일과 주말을 나누어 2곳 이상의 주택에 거주할 경우도 있을 수 있으므로 보험증권에 기재된 주택으로 제한하여

〈표 11〉 2020년 4월 1일 일상생활배상책임보험 약관개정 전후 비교

구 분	개정 전	개정 후
보험금 지급사유 (주택)	피보험자가 주거하는 보험증권에 기재된 주택의 소유, 사용 또는 관리로 인한 우연한 사고	피보험자가 주거하고 있는 주택과 주택소유자인 피보험자가 임대 등을 통해 주거를 허락한 자가 살고 있는 주택 중 보험증권에 기재된 하나의 주택의 소유, 사용 또는 관리에 기인한 우연한 사고

※ 출처: 금융감독원, 앞의 자료, 보도자료, 2024. 5. 29.

보상하겠다는 의미이다. 일부 보험사에서 이 주택을 피보험자의 주민등록등본에 기재되어 있는 주소를 기준으로 하고 있는데, 보상원칙은 피보험자가 거주하고 있고 보험증권에 기재되어 있는 주택을 의미하는 것이다.

이에 대한 분쟁이 증가하자 보험회사는 금융감독원의 권고로 <표 11>과 같이 약관개정을 하였다. 즉, 2020년 3월 31일 이전에 보험에 가입한 경우는 거주 주택 누수 등으로 인한 손해만 보상하였으나, 2020년 4월 1일 이후에는 피보험자가 거주하지 않더라도 소유한 주택으로 인한 손해도 보상된다. 즉, 일상생활배상책임보험에서는 피보험자가 주거용으로 사용하는 주택의 소유, 사용 또는 관리 중의 배상책임손해에 대해서만 보상하므로 임대한 주택은 이 보험에서 담보하지 않았다. 그러나 2020. 4. 1. 약관개정으로 주택의 소유자인 피보험자가 임대한 주택의 누수사고도 피보험자의 일상생활배상책임보험으로 보상할 수 있게 됐다. 이 보험이 '일상생활배상책임 III'이다. 이 보험에서는 보상하는 손해를 <표 11>으로 개정 후와 같이 "피보험자가 주거하고 있는 주택과 주택소유자인 피보험자가 임대 등을 통해 주거를 허락한 자가 살고 있는 주택 중 보험증권에 기재된 그 주택의 소유, 사용 또는 관리에 기인한 우연한 사고"로 하였다. 피보험자의 소유는 논의가 필요 없고 '소유, 사용 또는 관리'라고 약관에 표현이 되어 있어 여기에서 콤마를 '및'의 개념이 아니라 '또는'의 개념으로 하는 것이 보험약관의 언어표현과 문법구조 등에 맞는다. 다만, 피보험자가 소유 또는 거주하는 주택이 다수인

〈표 12〉 주택 누수손해 담보 보험상품 비교

구 분	상품	자기 집 보상	남의 집 보상
배상책임보험	일상생활배상 책임 특별약관	× (단, 손해방지비용○)	○
재물보험	급배수시설누출손해 특별약관	○	×
※ 상가의 경우는 시설소유관리자배상책임, 임대인의 경우 임대인배상책임 특별약관에서 보상이 가능하다.			

※ 출처: 금융감독원, 주요 분쟁사례로 알아보는 소비자 유의사항 –누수사고 보상관련(일상생활배상책임특약을 중심으로)– 보도자료. 2024. 8. 7.

경우는 보험증권에 기재 여부나 주택의 사용 용도 및 사고 위험성 등에 따라 보상되지 않을 수도 있다.

위의 <표 12>에서는 주택의 누수손해를 담보하는 보험상품을 재물보험과 일상생활배상책임보험으로 구분하여 보았다. 피보험자가 소유, 사용 또는 관리하는 주택의 누수로 인한 손해 중에 자기의 집의 손해에 대한 보상은 전술한 재물보험의 급배수시설누출손해 특별약관으로 담보가 가능하다.

아래의 <표 13>을 보면 누수 관련 공사비 중 손해방지와 경감에 필요 또는 유익한 비용으로 인정되는 항목인 누수탐지비용, 배관 철거·교체비, 물받이 설치비 등은 보상이 되나, 자기 주택의 수리비인 타일 공사비, 폐기물 처리비 등은 보상이 되지 않는다. 또한 누수원인 탐지 행위는 성공 여부와 무관하게 보상이 가능하다. 문제는 피해자의 주택 수리비가 아니라 누수지점인 피보험자 주택의 수리비이다. 이를 손해방지비용으로 지급해야 한다는 주장과 피보험자의 본인 주택의 수리비는 손해방지비용이 아니라 다음 사고의 예방비용, 자기 주택 보수비용이므로 지급대상이 아니라는 주장이 있다.

〈표 13〉 손해방지비용의 보상가능 여부 비교

구 분	손해방지비용해당(보상○)	손해방지비용非해당(보상×)
시간적 범위	이미 발생한 손해관련	향후 발생할 손해의 예방관련
장소적 범위	누수 발생 및 원인 지점	누수 지점이 아닌 부분, 장소
공사항목(例)	손해의 방지·경감을 위한 비용 (누수탐지비, 배관철거비·교체비 등)	손해의 방지·경감과 무관한 공사 (타일공사비, 폐기물처리비 등)

※ 출처: 금융감독원, 앞의 자료, 보도자료. 2024. 8. 7.

판례는 피보험자 주택 수리비는 누수를 일시적으로 방지하는 비용뿐만 아니라 그 원인을 제거하는 비용도 손해방지비용이므로 보험회사가 지급하라고 한 판례,[1] 보험계약자 또는 피보험자의 이익을 위하여 행하여지는 보험목적물의 수리는 간접적으로 손해가 방지 또는 경감된다고 하더라도 손해방지행위에 포함되지

1) 서울남부지방법원 2018. 6. 28. 선고 2017가합104799 채무부존재확인.

않는다고 한 판례[2])로 나뉘고 있고, 금감원 금융분쟁 조정사례[3])는 2회의 조정결정을 하였고, 2회의 조정에서 누수지점의 수리비용을 손해방지비용으로 보험회사에서 지급하라고 결정하였다. 「상법」 제680조 제1항에서 "보험계약자와 피보험자는 손해의 방지와 경감을 위하여 노력하여야 한다. 그러나 이를 위하여 필요 또는 유익하였던 비용과 보상액이 보험금액을 초과한 경우라도 보험자는 이를 지급하여야 한다"고 규정하고 있다. 보험계약자 등은 보험사고 발생 이전에 제652조(위험변경증가의 통지와 계약해지)나 제653조(보험계약자 등의 고의나 중과실로 인한 위험증가와 계약해지)에 의한 의무를 부담하고 있는데 보험사고가 발생한 이후에도 손해방지 및 경감의무를 부담하도록 한 것은 보험의 목적에 대한 손해의 발생과 확대를 막는 것이 신의성실의 원칙에 부합하고 국민경제적인 면에서 유익하다는 공익측면이 강조된다고 한다. 또한, 이 손해방지 및 경감의무는 보험사고가 발생하여야 비로소 생겨나는 의무이다. 따라서 손해예방의무가 아니다.

〈표 14〉 누수사고 원인장소의 구분에 따른 배상책임의 주체

구 분	공용부분	전용부분
의 미	입주자가 공동으로 사용하는 공간 (옥상, 복도, 주차장 등)	입주자가 세대에서 단독으로 사용하는 공간
관리책임 주체	입주자대표회의 등	개별 세대
관련보험	입주자대표회의 등이 가입한 단체보험	개별 세대 가입 보험

※ 출처: 금융감독원, 앞의 자료, 보도자료. 2024. 8. 7.

「상법」에서 말하는 손해방지경감의무는 위험관리에서 일반적으로 사용되고 있는 손해방지와는 달리 보험사고 발생 자체를 예방하는 것은 포함하지 않고 보험사고로 인하여 발생한 손해의 확대를 방지하는 것만을 의미한다. 따라서 누수

2) 서울동부지방법원 2019. 2. 15. 선고 2018가합107631 채무부존재확인 2019가합112084(반소) 보험금; 광주지방법원 2019. 10. 8. 선고 2018가단535165(본소) 채무부존재확인 2019가단507921(반소) 보험금.
3) 금융분쟁 조정결정서 제2013-17호; 금융분쟁 조정결정서 제2020-7호.

사고 시 피보험자 주택의 누수탐지비용만 지급하는 것이 타당하다. 그리고 누수지점의 사고 재발방지를 위한 방수처리 등 손해의 수리비는 건물과 배관의 노후화로 인한 자연소모적인 것이므로 피보험자가 재물보험인 급배수시설누출손해보험의 가입으로 처리가 가능하다.

다음으로는 아파트나 공동주택의 누수사고는 원인장소의 구분에 따라 배상책임의 주체가 구별되어진다. <표 14>를 보면 누수사고의 원인장소가 '공용부분' 또는 '전용부분'인지에 따라 배상책임의 주체가 달라진다. 아파트나 공동주택의 입주자 세대에서 단독으로 사용하는 공간은 개별 세대의 관리부분이고, 입주자가 공동으로 사용하는 공간인 계단, 복도, 주차장, 옥상 등은 입주자대표회의 등이 가입한 단체보험으로 보상처리가 가능하다.

(2) 가족이나 반려견 등이 타인의 신체 및 물건에 끼친 손해

피보험자나 피보험자의 자녀가 놀다가 친구의 물건을 파손한 경우에 친구에게 발생한 물건의 수리비를 보상하며, 기르는 반려견이 타인 또는 타인의 반려견을 다치게 한 경우 치료비 등을 보상하며, 반려견이 타인의 물건을 파손시킨 경우도 동일하다. 판례에 따르면 "견주가 공공주택의 복도에 애완견이 짖으면서 달려들어 놀라 도망가다 넘어져 상해를 입은 사람에게 손해배상책임을 인정한 사례[4)]"가 있고, "견주가 마트에서 배변을 위해 소형 반려견을 바닥에 내려놓자 지나가던 대형견이 물어 죽인 사건으로 대형견의 견주가 70%의 손해배상책임을 인정한 사례[5)]"도 있다. 다만, 이러한 경우는 피해자 측의 과실이 있는 경우 가해자와 피해자 간의 과실 비율에 따라 일부만 보상받을 수 있다. 이 경우도 피보험자가 반려견을 떼어 놓다가 부상하는 등의 피해는 보상되지 않는다.

(3) 행인이나 타인에게 끼친 손해

피보험자나 피보험자의 가족이 길을 걷다가 우연히 타인과 부딪히면서 타인의 핸드폰이나 소지품, 물건 등을 파손시킨 경우 보상이 가능하다. 다만, 정식 축구, 태권도 시합 등 운동경기 중 타인과 신체접촉으로 발생한 손해는 보상되지 않

4) 부산지방법원 2008. 4. 16. 선고 2007가단82390 손해배상(기).
5) 대구지방법원 서부지원 2022. 1. 26. 선고 2021가소308564 손해배상(기).

을 수도 있다. 이 경우 운동경기의 종류, 사고 상황, 규칙 준수 여부 및 위반 정도 등을 감안할 때 사회적인 상당성을 벗어나지 않았다면 보상되지 않을 수도 있다. 축구경기와 이와 비슷한 운동경기 등은 신체접촉 등이 내재한 부상위험을 예상할 수 있으므로 그렇다. 그리고 피보험자나 자녀가 전동킥보드나 전기자전거를 이용하여 이동 중에 발생한 사고는 보상하지 않는다. 다만, 무동력 보드나 일반자전거 사고는 보상한다.

제2절 재물보험과 배상책임보험의 보상

개별 보험에서는 보통보험약관에 보상하는 손해를 먼저 규정하고 있고, 연이어 거대위험이나 보험에서 담보하기 어려운 위험, 또는 타보험에서 담보가 가능한 위험에 대해서는 '보상하지 아니하는 손해'로 정해 놓고 면책(免責)하고 있다. 이는 위험단위 당 보험료율이 달라 보험자가 동일한 보험료 조건으로 위험을 담보하기에 곤란하기 때문이다.

또한 사기에 의한 보험계약이나 보험계약을 맺을 때 이미 보험사고가 발생한 경우는 '계약의 무효'로 하고 있으며, 계약자 또는 피보험자가 보험금을 지급받을 목적으로 고의로 보험금지급 사유를 발생시킨 경우와 보험금청구에 관한 서류에 고의로 사실과 다른 것을 기재하였거나 그 서류 또는 증거를 위조·변조한 경우에 보험회사는 그 보험계약을 해지할 수 있도록 하여 보험사기에 대처하고 있다. 보험자의 면책손해는 보상하지 않는 손해 조항으로 보험약관에 정해 놓았다. 이는 보험사기의 주요 수단으로 이용되며, 각 보험종목에 공통적인 위험인 무효와 중대사유로 인한 해지 조항을 제외한 아래의 (1) 재물보험, (2) 배상책임보험, (3) 일상생활배상책임보험의 보상하지 아니하는 사항(면책조항)은 종목마다 다르다.

Ⅰ. 재물보험

1. 보상하는 손해

재물보험의 대표적인 보험상품은 화재보험이다. 화재보험의 보상하는 손해에 대하여는 「상법」 제4편 보험의 제2장 손해보험의 제2절 화재보험의 제683조(화재보험자의 책임)항이 있고, 제684조(소방 등의 조치로 인한 손해의 보상)에 "보험자는 화재의 소방 또는 손해의 감소에 필요한 조치로 인하여 생긴 손해를 보상할 책임이 있다"라고 규정하고 있고, 다음과 같이 금융감독원 업무자료의 표준보험약관 화재보험 제3조(보상하는 손해)에 세부적으로 정하고 있다.

첫째, 보험의 목적이 화재로 입은 직접손해를 보상하고, 둘째, 화재사고에 따른 소방손해(화재진압과정에서 발생하는 손해를 포함)를 보상하며, 셋째, 화재사고에 따른 피난손해를 보상한다. 이 피난손해는 피난지에서 5일 동안에 보험의 목적에 생긴 직접손해와 소방손해를 포함한다. 넷째, ① 사고현장에서의 잔존물의 해체비용, 청소비용 및 차에 싣는 잔존물 제거비용과 ② 손해의 방지 또는 경감을 위하여 지출한 필요 또는 유익한 비용인 손해방지비용, ③ 제3자로부터 손해의 배상을 받을 수 있는 경우 그 권리를 지키거나 행사하기 위하여 지출한 필요 또는 유익한 권리보전 행사비용, ④ 잔존물을 보전하기 위하여 지출한 필요 또는 유익한 잔존물 보전비용, ⑤ 회사의 요구에 따르기 위하여 지출한 필요 또는 유익한 비용의 기타 협력비용의 손해도 보상한다.

2. 보상하지 아니하는 손해

재물보험의 보상하지 아니하는 사항은 첫째, 계약자, 피보험자 또는 이들의 법정대리인의 고의 또는 중대한 과실, 둘째, 화재가 발생했을 때 생긴 도난 또는 분실로 생긴 손해, 셋째, 보험의 목적의 발효, 자연발열, 자연발화로 생긴 손해. 그러나 자연발열 또는 자연발화로 연소된 다른 보험의 목적에 생긴 손해는 보상한다. 넷째, 화재에 기인하지 않는 수도관, 수관 또는 수압기 등의 파열로 생긴 손해, 다섯째, 발전기, 여자기(정류기 포함), 변류기, 변압기, 전압조정기, 축전기,

개폐기, 차단기, 피뢰기, 배전반 및 그 밖의 전기기기 또는 장치의 전기적 사고로 생긴 손해, 그러나 그 결과로 생긴 화재손해는 보상한다. 여섯째, 원인의 직접, 간접을 묻지 않고 지진, 분화 또는 전쟁, 혁명, 내란, 사변, 폭동, 소요, 노동쟁의, 기타 이들과 유사한 사태로 생긴 화재 및 연소 또는 그 밖의 손해, 일곱째, 핵연료 물질 또는 핵연료 물질에 의하여 오염된 물질의 방사성, 폭발성 그 밖의 유해한 특성 또는 이들의 특성에 의한 사고로 인한 손해, 여덟째, 위 일곱째 이외의 방사선을 쬐는 것 또는 방사성 오염으로 인한 손해, 아홉째, 국가 및 지방자치단체의 명령에 의한 재산의 소각 및 이와 유사한 손해이다.

Ⅱ. 배상책임보험

1. 보상하는 손해

배상책임보험의 보상하는 손해는 타인의 생명·신체 또는 재산상의 손해에 대하여 피보험자가 부담하는 법률상 손해배상금이다. 즉, 피보험자나 피보험자가 소유·사용·관리하는 물건으로 인한 일상의 생활 중 사고 또는 기업 등의 영업활동 중 사고로 인하여 타인의 인명, 재산 등에 피해를 입혔을 때 생기는 법률상의 배상책임이 보상하는 손해이다.

각 배상책임보험의 상품별로 보상하는 내용이 조금씩 다르다. 예를 들면, 생산물배상책임보험은 제품의 하자 및 결함으로 인한 고객의 피해에 대하여 생산자가 법률상 배상책임을 짐으로써 입는 손해를 보상하는 보험이고, 전문인배상책임보험은 전문직(의사, 변호사, 회계사, 세무사 등) 종사자가 업무상의 과실로 타인에 대한 법률상의 배상책임을 짐으로써 입는 손해를 보상하는 보험이며, 주차장배상책임보험은 건물소유자, 임차인 등이 주차장 내 주차차량에 입힌 재물손해 및 주차장 업무와 관련된 사고로 제3자에게 입힌 손해에 대한 배상책임을 보상하는 보험이다.

2. 보상하지 아니하는 손해

배상책임보험의 보상하지 아니하는 사항은 첫째, 계약자, 피보험자 또는 이들 법정대리인의 고의로 생긴 손해에 대한 배상책임, 둘째, 전쟁, 혁명, 내란, 사변, 폭동, 소요, 노동쟁의, 기타 이들과 유사한 사태로 생긴 손해에 대한 배상책임, 셋째, 지진, 분화, 홍수, 해일 또는 이와 비슷한 천재지변으로 생긴 손해에 대한 배상책임, 넷째, 피보험자가 소유, 사용, 관리하는 재물이 손해를 입었을 경우에 그 재물에 대하여 정당한 권리를 가진 사람에게 부담하는 손해에 대한 배상책임, 다섯째, 피보험자와 타인 간의 손해배상에 관한 약정이 있는 경우, 그 약정에 의하여 가중된 배상책임, 여섯째, 핵연료 물질 또는 핵연료 물질에 의하여 오염된 물질의 방사성, 폭발성 그 밖의 유해한 특성 또는 이들의 특성에 의한 사고로 인한 손해에 대한 배상책임, 일곱째, 위 여섯째 이외의 방사선을 쬐는 것 또는 방사성 오염으로 인한 손해, 여덟째, 티끌, 먼지, 석면, 분진 또는 소음으로 생긴 손해에 대한 배상책임, 아홉째, 전자파, 전자장(EMF)으로 생긴 손해에 대한 배상책임, 열째, 벌과금 및 징벌적 손해에 대한 배상책임이다.

다음으로 일상배상책임보험의 보상하지 아니하는 사항은 첫째, 피보험자의 직무수행이 원인인 배상책임, 둘째, 보험증권에 기재된 주택을 제외하고 소유, 사용, 관리하는 부동산으로 인한 배상책임, 셋째, 피보험자의 피용인이 피보험자의 업무에 종사 중에 입은 신체의 장해로 인한 배상책임, 넷째, 피보험자와 타인 간의 손해배상에 관한 약정이 있는 경우 그 약정에 따라 가중된 배상책임, 다섯째, 피보험자와 세대를 같이하는 친족에 대한 배상책임, 여섯째, 피보험자가 소유, 사용 또는 관리하는 재물이 손해를 입었을 경우 그 재물에 대하여 정당한 권리를 가진 사람에게 부담하는 손해에 대한 배상책임. 단, 호텔의 객실이나 객실 내 동산에 끼친 손해에 대해서는 그러하지 아니하다, 일곱째, 피보험자의 심신상실로 인한 배상책임, 여덟째, 피보험자 또는 피보험자의 지시에 따른 폭행 또는 구타로 인한 배상책임, 아홉째, 항공기, 선박, 차량(원동력이 인력에 의한 것은 제외), 총기(공기총은 제외)의 소유, 사용 또는 관리로 인한 배상책임, 열째, 주택의 수리, 개조, 신축 또는 철거공사로 생긴 손해에 대한 배상책임. 그러나 통상적인 유지, 보수작업으로 생긴 손해에 대한 배상책임은 보상한다, 열한째, 폭력행위로 인한 배상책임, 열두째, 주택에서 발생한 화재사고로 인하여 타인의 재물을 망그러뜨려 발생한 배상책임, 열셋째, 티끌, 먼지, 석면, 분진 또는 소음으로 생긴 손해에 대한 배상책임, 열넷째, 전자파, 전자장(EMF)으로 생긴 손해에 대한 배상책임, 열다섯째, 벌과금 및 징벌적 손해에 대한 배상책임이다.

이러한 보상하지 아니하는 손해에 대한 조항은 보험계약자나 피보험자가 위·변조하여 보험금을 청구하는 보험사기의 수단으로 이용된다.

제 5 장
재물보험과 배상책임보험의 보험사기

제 5 장

재물보험과 배상책임보험의 보험사기

제1절 재물보험과 배상책임보험의 보험사기의 의의

보험사기의 정의에 대하여 「상법」상의 명문 규정은 없다. 다만, 「상법」 제4편 보험 제669조 제4항, 제672조 등을 통하여 보험계약이 사기로 초과보험이나 중복보험이 체결된 경우를 규정하여 그 효과로서 계약의 무효를 정하고 있다. 또한 「보험업법」 제102조2에 보험사기 금지의무를 규정함으로써 감독법상 보험사기에 대한 선언적 의미를 부여하고 있다. 그리고 보험사기방지법 제2조 제1항에서'보험사기 행위'란 "보험사고의 발생, 원인 또는 내용에 관하여 보험자를 기망하여 보험금을 청구하는 행위를 말한다"라고 정의하고 있다.

반면에 보험실무에서 정의되는 보험사기란 보험계약자, 피보험자 또는 보험수익자가 보험혜택을 부당하게 취득하거나 보험제도를 악용하여 고액의 보험금을 수취할 목적으로 고의로 행하는 불법행위를 말하고 있다. 또한 보험사기는 사고발생의 우연성을 기준으로 적극적 보험사기(경성 보험사기, hard fraud)와 소극적 보험사기(연성 보험사기, soft fraud)로 나눌 수 있는데 전자는 고의적인 충돌과 같이 사고 발생을 계획하여 적극적으로 유발한 경우이며, 후자는 우연히 발생한 보험사고를 이용하여 보다 많은 보험금을 수령하기 위해 보험사고를 과장하여 접수하고 보험금을 청구하는 것을 말한다. 연성 보험사기의 경우 과다 입원치료, 피해자·피해물 끼워넣기, 정비대금 부풀리기 등 허위 또는 과장 청구하여 재산상의 이득을 얻는 것이다. 많은 보험계약자는 자신이 사기행위를 합리적으로 이용하는 것이 문제시되지 않는 것으로 인식한다는 점에서 사회적 구성원의 도덕적 해이가 크게 문제되고 있다. 따라서 이 글에서는 「보험사기방지 특별법」 제2조 1호에서 정의한 보험사기의 용어를 한정하여 사용한다.

보험사기란 보험계약자, 피보험자 또는 보험수익자가 보험혜택을 부당하게 취득하거나 보험제도를 악용하여 보험금을 수취할 목적으로 고의로 행하는 불법행위와 사고발생 후 보험가입하는 것으로 나뉜다. 재물보험과 배상책임보험의 보험사기도 기본적인 보험사기 형태에서 벗어나지 않는다. 첫째, 고의적인 보험사기, 둘째, 보험사고의 허위신고로 나누어지고 보험사고의 허위신고는 다시, 첫째, 사고 後 보험가입의 경우인 보험계약 이전의 사고, 둘째, 사고내용의 조작으로 발생하지 않은 사고나 내용을 허위조작, 셋째, 직무수행 중 사고, 넷째, 실거주지 조작사고가 있다.

제2절 재물보험과 배상책임보험 보험사기의 실태와 원인 및 특징

Ⅰ. 실태

최근 보험회사의 보상실무에서는 재물보험의 주택화재보험에서 급배수누출사고와 배상책임보험 종목의 일상생활배상책임보험에서 누수사고가 증가하고 있다. 예를 들면, 본인이 소유한 아파트, 빌라, 상가 등이 건물의 노후화, 배관의 파손과 결함으로 인하여 아래층에 누수 피해가 발생하였다면 자기 집의 배관과 도배, 장판이 오손되어 수리가 필요하고, 아래층도 누수피해로 수리를 해야 한다. 자기 집의 수리는 재물보험인 '급배수시설누출손해보험'으로 보험처리를 하여야 하고, 아래층은 '배상책임보험'과 '일상생활배상책임보험'으로 보험처리를 해야 한다. 물론 상가인 경우는 '시설소유관리자배상책임보험'으로 임대인인 경우 '임대인배상책임특별약관'을 가입하였으면 보험처리가 가능하다.

우리나라는 1958년에 한국산(產) 첫 아파트가 지금으로부터 약 60년 전 세워졌다. 이때부터 아파트는 전후(戰後) 주택난 해소를 위해 대규모로 지어진다. 이 아파트는 2019년 기준 국내 전체 주택 1,812만 7,000가구 가운데 1,128만 7,000가구(62%)를 차지하는 대중적인 주거형태이다. 최근 10여 년을 전후로 이 건물들이 노후화되어 수도배관이 녹슬어 파손되고, 겨울에는 동파되어 누수사고가 발생함과 동시에 이 사고와 관련한 보험접수가 증가하고 보상처리 시 분쟁이 자주 발생하고 있다.

금융감독원은 누수사고와 관련한 금융소비자의 민원제기가 증가하자 2024년 5월과 8월의 2회에 걸쳐 국민들이 알기 쉽도록 자료를 통하여 주요 보상내용을 보도하였다. <표 15>는 2024년 보험종목별 보험사기 적발금액을 보여준다. 이

〈표 15〉 보험종목별 보험사기 적발금액 (단위 : 백만원, %)

구 분	2022년		2023년		2024년		증감	
	금액	비율	금액	비율	금액	비율	금액	비율
손해보험	1,023,740	94.6	1,072,575	96.1	1,100,061	95.6	27,486	2.6
자동차	470,487	43.5	547,608	49.1	570,402	49.6	22,794	4.2
장기	517,854	47.9	484,038	43.4	485,309	42.2	1,271	0.3
화재	3,254	0.3	9,164	0.8	5,812	0.5	△3,352	△36.6
해상	619	0.1	45	0.004	282	0.02	237	526.6
기타 특종	31,526	2.9	31,720	2.8	38,256	3.3	6,536	20.6
생명보험	58,101	5.4	43,829	3.9	50,203	4.4	6,374	14.5
보장성	58,031	5.4	43,812	3.9	50,115	4.4	6,303	14.4
연금보험	70	0.01	17	0.002	88	0.01	71	414.2
교육보험	1	0.0001	–	–	–	–	–	–
전 체	1,081,841	100.0	1,116,404	100.0	1,150,264	100.0	33,860	3.0

※ 출처: 금융감독원, 보험사기 적발통계, 2024. 3. 6. 보도자료.

중에서 재물보험과 배상책임보험에 해당하는 부분은 손해보험의 장기보험과 화재보험, 기타(특종)보험에 포함된다. 2024년 이 부분의 적발금액의 합계는 약 5,294억 원으로 전체 보험사기 적발금액 중 구성비가 약 46%에 해당한다. 그리고 보험사기 적발금액은 2021년 약 4,676억 원, 2022년 약 5,526억 원, 2023년 약 5,249억 원, 2024년 약 5,294억 원으로 서서히 증가하는 추세이다.

II. 원인

1. 보험계약의 사행성

보험계약은 그 특성상 우연한 사고를 전제하고 있어서 보험이 본래의 순기능적인 목적이 아닌 역기능적인 보험사기로 나타나는 것이 증가원인이다. 보험사기는 보험제도를 이용하는 전 과정에서 발생하는데, 보험계약 체결단계에서 보험사기자는 주로 보험계약자로 한정되고, 보험계약의 유지 중에는 재물보험에서 방화 등의 경우와 같이 피보험자나 보험수익자 등이 주로 보험사기의 문제를 일으키며, 배상책임보험 영역에서는 피해자가 보험사기를 악용하기도 한다. 이러한 보험계약의 사행계약적 성격과 함께 보험급부와 반대급부의 현저한 차이로 인하여 사기적인 보험금청구로 나타나고, 실제 비용과 보험금의 현저한 차이에서 보험사고의 인위적 야기 및 조작의 용이성 등의 특성이 보험사기를 유발하는 강한 동기로 작용한다. 특히, 배상책임보험에서는 피해자(주 보험사기자)가 자기의 재물에 손해가 발생한 경우 지인의 배상책임보험을 이용하여 자기의 손해를 보전할 목적으로 보험제도를 악용한다.

2. 보험사의 사건 축소

보험사기는 보험가입자의 경제력에 비해 예상 기대 보험금액이 엄청나게 고액이거나 사기자가 사기를 위하여 지출하는 비용과 성공했을 때 받을 수 있는 보험금액을 경제적으로 비교, 평가하여 보험회사로부터 얼마만큼의 보험금을 받을 수 있는지를 계산한 후 행해지는 것이 보통이다. 보험금액이 적으면 위험부담에 비해 범행으로서 가치가 없으므로 보험사기 범죄가 증가하는 이유는 고액의 보험금에 기인한다고 할 수 있는데 이는 보험사기가 증가하는 또 다른 이유이다.

또한, 보험사기는 개인인 일반 국민과 거대기업인 보험회사와의 문제로 인식하여 약자인 개인에 대하여 보험회사의 처우가 관대한 경향이 있다. 보험회사는 보험사고 조사와 손해액산정 시 보험사기자의 행위가 사기로 적발되어도 형사처벌까지 진행이 되지 않는 경우가 비일비재하다. 보험사기자가 보험사기 행위를 인정하고 보험금청구를 포기하면 보험회사는 '보험사기 자인서'와 '보험금 청구포기서'만 받고 사건을 축소하거나 은폐하는 것이 통상적이다. 특히, 소액 재물보험이나 배상책임보험에서는 흔히 발생하는 일이다. 다만, 확인하고 적발한 보험사기는 고액 건이 아니어서 형사 고소한 건은 단 한 건도 없고, 모두 보험금 청구포기서만 받고 보험사기 사건을 종결하고 문서를 파기하였다.

3. 빠른 전파력으로 모방사기의 증가

재물보험이나 일상생활배상책임보험의 보험사기는 젊은 층을 통하여 유튜브나 페이스북 등 소셜네트워크서비스(SNS)를 통해 손쉽게 보험사기 수법을 접하고 이를 시행하는 추세도 강해지고 있어 빠르게 전파되고 모방범죄가 증가하는 현상을 초래한다. 즉, 여행을 다녀온 또래의 친구들이 SNS를 통하여 보험사기를 전파하여, 또 다른 보험사기를 통하여 휴대폰과 휴대용 전자기기의 파손, 도난을 이용한 소액 재물보험이나 배상책임보험 사기가 증가하고 있다. 그리고 금융감독원에 따르면 2021년에 국내에서 적발된 보험사기범 중에서 20대의 비중은 19%로 2019년 15% 대비 크게 증가했고, 10대 이하 보험사기범도 전체의 2%를 차지하고 있는 것[1)]을 보면 SNS를 항상 접하는 젊은 층의 보험사기 전파와 모방의 효과이다.

4. 저조한 적발률

보험사기 범죄는 다른 경제범죄와 마찬가지로 보험이라는 범죄의 도구를 악

---

1) 금융감독원, <www.fss.or.kr> "2023년 보험사기 적발현황 및 향후 계획" 2023. 3. 6. 석간보도자료, 보험사기대응단, 참고.

용하거나 역이용해야 하고, 보험설계사 등과 같이 보험의 구조를 잘 알고 있거나 서로 잘 아는 사람들끼리 사전에 치밀한 계획을 세우고 보험처리가 되는 사고로 완벽하게 위장해야 하므로 대부분 수법이 은밀하고 지능적으로 이루어진다. 하지만 이러한 고도의 치밀하고 지능적인 범행 수법이 일반인들이 예상한 것처럼 고학력자나 고도의 지능을 겸비한 사람에 의해서만 일으켜지지 않기 때문에 보험사기 범죄의 유형이나 형태가 예상을 벗어나서 행하여지는 특징이 있다.

보험사기가 고학력자인 화이트칼라 범죄(White－collar crime)라고 말하는 사람들도 있지만 이와는 달리 일반인이 자신의 필요에 따라 보험과 관련된 지식을 어느 정도 습득하였을 경우 보험사기는 가능하다고 본다. 또한 보험사기는 보험제도에 대하여 잘 알아야 하고, 보험금을 쉽게 받아낼 수 있는 범행수법을 사용해야 하므로 보험회사 내부종사자가 공모하거나 묵인·방조 하에 저지르는 경우가 증가하고 있다. 특히, 각 보험대리점이나 각 보험설계사 사이의 과도한 실적경쟁과 수수료 조정은 보험모집인들의 경제적 기반을 약화하고 비도덕적 행위를 부추기게 되어 보험범죄의 유혹에 쉽게 빠지게 하고 있다.

이러한 보험모집인은 더 많은 영업을 위하여 보험지식을 이용하여 사고유형을 조작하거나 과장하는 방법을 지도하여 피보험자들에게 자신도 모르는 사이에 사기범죄자가 되도록 하고 있다. 특히, 보험사기가 성립되기 위해서는 보험금을 편취하기 위해 고의로 범행하였다는 것을 입증해야 하지만 대부분의 보험사기가 우연을 가장하고 있기 때문에 사기자의 고의를 입증하는 것이 어렵다. 이처럼 보험사기는 고의에 의한 재산적 이득을 취한다는 것과 중대한 과실과 고의를 구분하여 입증하는 것이 쉽지 않고, 보험사기를 조사하는 담당자는 중요한 초동조사에서 수사권이 없는 현실적인 한계가 있다. 이외에도 고의를 입증하기 더욱 어렵게 하는 것은 관련기관 사이의 정보공유가 되지 않아 더욱 가중되는 경우가 많다. 재물보험과 배상책임보험에서도 다르지 않다.

Ⅲ. 특징

1. 재물보험의 고액사기화

재물보험의 보험사기는 방화가 대표적이다. 방화는 목표물을 넘어 아무 관련 없는 다른 사람의 인명과 재물까지 피해를 주는 사회의 악질범죄이다. 단 한 건이라도 화재사고는 규모가 큰 탓에 보험회사에서 지급하는 보험금의 규모도 크다. 따라서 '방화 보험사기'가 끊임없이 발생하는 이유다. 소방방재청 자료에 따르면 방화의심과 원인미상의 화재사고의 건당 피해액은 1억 5,000만 원으로 전체 화재 발생 건당 피해액인 5,300만 원의 3배에 달한다고 한다. 금융감독원은 최근 화재보험 사기 적발금액이 2021년 17.9억 원, 2022년 32.5억 원, 2023년 91.6억 원으로 증가하고 있다는 통계를 발표하기도 했다.[2] 실제 사례로는 2010년도에 경남 마산에서 A 씨가 보험사기를 벌인 것으로 호프집을 운영하던 주인이 보험금 편취 목적으로 방화를 지시하면서 19명의 사상자를 낸 사건이 터졌고, 영업부진으로 빚을 갚기 위해 식당에 직접 불을 지르고 견적서를 조작해 보험금을 청구하는 사건도 발생했었다. 또한, 보험금을 노리고 자신의 공장이나 영업장에 방화하는 화재보험사기는 현재 진행형이다. 특히, 경제상황이 악화하거나 추운 겨울철 집중적으로 발생하는 경향이 있다.

지난 2023년 70대 남성이 새집을 짓기 위해 화재보험금을 목적으로 고의로 불을 지른 혐의로 재판에 넘겨졌고, 코로나19로 경영난을 겪은 리얼돌 숍 운영자도 방화범으로 법정에 섰다. 붕어빵 재료 공장주는 2018년부터 2021년까지 공장에 세 차례 불을 지르고 보험금을 타간 혐의로 검찰에 송치된 바도 있다.[3] 또한, 방화는 과거 1975년 최초의 보험사기 연쇄살인 사건인 박분례의 친족 방화 살인 사건, 2000년 엄인숙 친족 방화 살인사건, 2005년 강호순은 네 번째 아내와 장모

---

2) 금융감독원, <www.fss.or.kr> "2023년 보험사기 적발현황 및 향후 계획" 2023. 3. 6. 석간보도자료, 보험사기대응단, 참고.

3) 이데일리, https://www.edaily.co.kr/News/Read?newsId=01292326638791504, "방화, 살인, 보험금… 노숙자 불태워 살해, 시신 바꿔치기[보온병], 1건당 피해규모 '억' 보험사기 쇼 단골 주제 '방화', 2024. 2. 17", (2024. 10. 5. 최종검색).

앞으로 거액의 생명보험을 든 지 얼마 안 돼 그들을 방화로 살해해 4억에 달하는 보험금을 탔다. 이와 같이 방화로 인한 보험사기는 인명 및 재물에 고액의 손해를 끼친다.

2. 소액 배상책임보험 사기의 증가

최근 휴대폰과 휴대용 전자기기의 파손, 도난을 이용한 소액 재물보험이나 배상책임보험 사기가 증가하고 있다. 특히, 해외여행 시 여행자보험에 가입하고 여행 중 태블릿 PC와 휴대폰을 도난 또는 파손을 당했다며 보험금을 청구하여 1차 보상받고, 5개월 뒤 견적서와 영수증의 날짜만 위조하여 다른 보험회사에 같은 휴대품에 대해 추가로 보험금을 청구하는 보험사기가 증가하고 있다. 또 다른 사례로는 모친과 서로 다른 보험회사에 여행자보험 계약을 체결하고 이어폰, 크로스백, 지갑 등 파손과 도난으로 동일한 휴대품에 대해 보험금을 각각 청구하는 수법도 나타났다. 이에 금융감독원은 거리두기 해제로 국내외 여행 수요가 증가하여 여행자보험 관련 보험사기에도 쉽게 노출될 우려가 있다고 하고, 보험사기는 중대한 범죄인데 여행자보험의 경우 편취금액이 상대적으로 적다는 이유로 휴대품 도난·파손 관련 서류조작, 중복청구 사례가 지속적으로 발생하고 있다고 했다. 실제로 금감원은 2017년 6월부터 2020년 7월까지 여행 중 휴대품 도난, 파손을 사유로 보험금을 부당하게 수령한 여행자보험 사기 혐의자 20명을 적발했다. 사고발생 건수와 보험금 수령금액이 과도한 사고다발자를 조사 대상으로 선정한 후 분석한 결과 서류조작, 피해물 끼워넣기, 동일 물품 허위청구 등이 확인됐다. 부당 수령 건수는 총 191건, 편취 보험금 규모는 1억 2,000만 원에 이른다. 혐의자들은 매 여행할 때마다 서로 다른 보험회사와 여행자보험 계약을 체결한 후 전손 또는 도난을 이유로 보험금을 수령했던 휴대품에 대해 보험금을 다시 청구하는 방식을 썼다.[4)]

보상 실무상 또 다른 사례로는 본인의 휴대폰이나 태블릿 PC가 손상되자 친척이나 지인이 실수로 파손시킨 것으로 하여 지인이 가입한 일상생활배상책임보

4) 서울파이낸스, https://www.seoulfn.com/news/articleView.html?idxno=454708 "소액인데 어때?… 휴대폰 도난, 허위 청구도 보험사기", 2022. 5. 7. (2024. 10. 5. 최종검색).

험으로 보험사고 처리를 받는 사기의 유형이 증가하고 있다. 이렇듯 최근 소액 보험사기가 젊은이들 사이로 입에서 입으로 전파되어 급속히 증가하고 있다. 이러한 소액 보험사기의 문제점은 소액이므로 보험사기를 적발하기가 더욱 곤란하고 젊은 층 사람에게 입소문을 통해 전파되어 젊은이들의 생계형 보험사기가 되고 재범률도 증가한다는 것이다.

3. 다른 범죄와의 연계성

보험사기는 보험회사 또는 상대 피보험자를 기망하여 재산상의 이득을 취하는 것으로 끝나는 것이 아니라 거의 대부분의 보험사기 범죄가 다른 범죄를 수반하여 발생하고 있다. 보험금을 편취하기 위하여 계획하여 거짓으로 타인의 명의를 도용하여 보험에 가입한 후에 타인을 자동차사고나 화재사고, 추락사고로 위장살해하여 보험금을 편취하거나 위장자살 또는 고의로 다른 사고를 유발하여 보험금을 편취하는 수법이 많이 이용되고 있다. 또한 각종 보험사기 관련 서류를 위조·변조하거나 재물을 파손하는 행위 등을 동시에 수반하고 있다. 따라서 보험사기 범죄는 보험사기 이외에 살인, 방화, 재물파손, 문서위조 등의 범죄를 동반하여 발생시키는 등 순수한 사기범죄가 아닌 여러 종류의 범죄를 동시에 수반하는 복합된 형태의 범죄이다. 특히, 재물보험의 보험사기는 보험사고를 가장한 방화 살인사고 등으로 나타나 흉악한 범죄로 이용되고 있다.

제3절 재물보험과 배상책임보험 보험사기가 미치는 영향

Ⅰ. 사회경제와 보험제도 전반에 영향

재물보험과 배상책임보험의 보험사기 범죄는 운수업, 제조업, 창고업 등 다양한 산업분야에서 발생하며, 의료, 자동차, 여행, 골프 등 개인의 일상생활 전반에서 발생하고 있다. 2021년 택시·버스·렌터카 등 운수업 분야 보험사기는 전년대비 2.5배 증가한 89억 원에 이르고,[5] 보험금을 노리고 자신의 공장이나 영업장에 방화하는 등 제조업·자영업 부문의 보험사기 범죄도 지속적으로 발생하고 있다.[6] 이렇듯 보험사기는 형사·민사·행정 분야에 걸친 복합적 법적쟁점을 야기하고, 다른 금융사기와 달리 다양한 산업분야 및 일상생활 전반에서 발생하고 최근에는 업무상 지위나 지식을 이용하는 사례 및 브로커 조직이나 사무장병원에 의한 조직적 보험사기 사례가 증가하는 등 지능화, 조직화 경향을 보인다. 이러한 보험사기의 특성을 고려할 때 보험사기에 효과적으로 대응하기 위해서는 법 영역별 대응의 연계성을 제고하고, 관련 산업 주무부처의 역할을 확대하여 선제적·실효적 방안을 마련할 필요가 있다.

또한 보험사기의 증가는 심각한 사회문제로 복지국가의 틀인 상호부조의 정신을 흔들리게 하고 사회연대의 정신을 어지럽힌다. 이렇듯 사회 구성원들이 공적부조에 해당하는 보험금을 부정하게 수급하는 것에 익숙해진다면 보험의 사회제도 시스템이 유지될 수 없다. 보험회사는 보험사기로 인하여 손해율이 증가하여 경영수지가 악화하면 보험계약을 제한하거나 보험상품의 판매를 중단할 수도 있다. 이는 일부 보험사기 범죄자의 부도덕한 행위로 인하여 대다수 선의의 국민들이 위험에 대비하는 것을 제한하는 결과를 초래하고, 나아가 사회의 일반적인 위험에 대비하는 보험의 본질을 흔들어 보험제도의 기반을 약화시킨다. 결국 보험사기는 법률을 포함하여 각종 산업 분야에 걸쳐 사회제도 전반에 영향을 미친다. 이는 보험사기 범죄를 억제하여야 할 또 다른 이유인 것이다.

Ⅱ. 보험료 인상

보험사기는 보험가입자의 경제력에 비해 보험가입 금액이 엄청나게 고액이거나 범죄자가 범행을 위하여 지출한 비용과 범행을 통하여 보상받을 수 있는 보험금 편취금액을 경제적으로 비교, 평가하여 보험회사로부터 어느 정도의 보험금

5) 자동차손해배상진흥원, (2022. 5. 25.), "자동차 공제 보험사기 적발금액 2년 만에 2.5배 증가."

6) 녹색경제신문, https://www.greened.kr/news/articleView.html?idxno=296293 "공장에 점화장치 설치하고 퇴근한 대표… 보험금 노린 방화'실형'", 2022. 6. 24. (2024. 10. 5. 최종검색).

을 받아낼 수 있는가를 미리 계산한 후 행해진다. 보험금 편취금액이 적으면 범행의 위험부담을 감수할 가치가 없기 때문에 보험사기 범죄에 있어서 보험금 편취금액이 고액이라는 것은 논리적으로 보험사기의 당연한 특징이라고 볼 수 있다. 따라서 보험사기로 인한 보험금액의 증가는 결국 보험금의 누수로 나타나고 보험회사의 경영악화를 야기함과 동시에 보험가입자인 일반 국민의 보험료를 증가시켜 심각한 사회경제적 문제로까지 확대된다.

특히, 재물보험과 배상책임보험은 국민 대부분이 가입하고 있는 운전자보험과 주택화재보험의 특별약관인 일상생활배상책임보험과 급배수시설누출손해보험이므로 이러한 보험사기의 증가는 사고발생이 증가하고 지급보험금이 늘어나면서 보험사의 예상손해율이 증가하여 보험료를 인상할 수밖에 없으며, 이는 결국 전체 보험계약자들에 추가로 보험료를 부담하게 하는 보험의 단체성을 위협하는 악영향으로 나타난다.

Ⅲ. 보험사기 범죄자의 증가

과거 보험사기는 경제적인 이득을 얻기 위해 단순한 교통사고를 위장하거나 방화하는 등 단순 사기형 범죄수법이 대부분이었으나 1997년 발생한 금융 사태로, IMF로부터 구제금융을 받게 된 이후에 경제적인 어려움 속에서 기업들의 줄도산, 대량 실업으로 인한 생계곤란으로 경미한 교통사고를 통하여 장기 허위입원 등으로 생계형 보험사기가 많이 증가하였다. 또한 신용불량자가 급증하면서 그 빚을 청산하기 위하여 고의로 자살하거나 나아가 타인을 생명보험에 가입하게 한 뒤 살해하거나 보험사기단을 조직하여 보험사기 범죄에 적극 개입하고, 가족상해단을 구성한 뒤 위장사고를 일으켜 보험금을 편취하는 전문범죄 집단화의 양상으로 보험범죄가 증가하여 왔다. 장기적인 경기침체는 생활이 어려운 일반 서민들에게 돈을 가장 소중한 것으로 여기게 하는 배금주의자를 양산하는 빌미가 되고, 이는 보험사기 범죄를 증가시키게 하였다. 경제적인 수익은 적법하고 정당한 생산활동에 의하여 이루어져야 하는 데 불법적인 행위에 의하여 경제적 이득을 취하게 되면 손쉽게 재산을 축적하게 되어 정신을 나태하게 하고 기회주의자로 만든다. 이렇듯 배금주의와 기회주의자들로 인하여 손쉽고 편안하게 많은 보험금을 수령하기 위하여 혈연·지연 등의 인적 신뢰관계를 악용하여 귀중한 생명과 재산을 고의로 살상하고 훼손시킨다. 따라서 사회 전반에 걸친 배금주의 현상은 일반 국민들에게 정당한 노력으로 부를 축적하려 하지 않고 한탕주의로 한몫 잡으려는 보험사기 범죄자들을 양산한다.

Ⅳ. 인명경시와 범죄의 악랄성

보험사기 범죄는 치밀한 계획에 의한 고의적인 살인, 방화 등의 방법으로 나타나고 있다. 그 범죄의 대상물은 가족, 친족 또는 친밀한 주변 인물들로 범죄자들은 거액의 보험금을 편취하기 위한 방법으로 더욱 강력하고 악랄한 범죄를 동반하여 저지르는 경향이 증가하고 있다. 이러한 인명경시 풍조하에 일어나는 보험사기 범죄는 대부분 강력범죄에 해당하고 경성보험사기에 속하여 일반 사기범죄 보다 그 폐해가 더 크다. 인명경시 풍조를 조장하는 보험사기 범죄는 첫째, 피보험자 본인이 고의로 보험사기를 야기하는 행위로 고의로 신체의 일부를 훼손하거나 주행 중인 자동차에 고의로 뛰어들어 사고를 유발하고, 고층에서 고의로 뛰어내리거나 철로에 다리를 묶어 절단시키는 등이 있다. 둘째, 본인의 가족이나 친척, 지인을 피보험자로 하고 본인을 보험금 수익자로 지정한 수개의 고액 생명보험을 가입한 후 보험금을 노리고 피보험자가 있는 건물에 고의로 방화하거나 피보험자를 살해하고 방화하는 등이 있다.

보험계약은 일면식도 없는 타인을 보험의 목적물로 임의로 가입하는 것은 불가능하다. 즉, 타인의 생명을 보험계약의 목적으로 하는 경우 피보험자의 동의를 받아야 하기 때문이다. 따라서 보험금을 목적으로 범행을 계획한 사람은 자신의 보험가입에 순순히 동의를 해주거나 이의를 제기하지 않는 피보험자 또는 보험회사에서 해당 계약에 의심하지 않을 만한 피보험자를 찾을 수밖에 없게 된다. 이 경우 피보험목적물인 대상자는 보험사기 범죄자의 주변에서 찾을 개연성이 극히 높아지고, 이는 부모, 배우자, 자녀, 형제자매, 양자, 친구, 친인척 등에서 더욱더 많은 보험사기 범죄가 행해질 수밖에 없음을 나타내는 것이다.

재물보험의 방화 등의 보험사기는 보험금을 수령하기 위해 혈연·지연 등의 인적 신뢰관계를 악용하여 귀중한 생명과 재산을 고의로 살상하고 훼손하여 돈을 목적으로 인간관계를 악용하여 생명을 해칠 수 있다는 악랄한 사고를 사회에 전염시킴으로써 건전한 윤리의식과 생명존중의 가치관을 파괴하고 있다.

보험제도가 발전하면 할수록 보험사기 범죄도 따라서 진화하고 있다. 즉, 새로운 보험상품이 개발되어 판매되면 그에 맞추어 그 상품에 맞는 새로운 보험사기도 나타나고 있다. 앞에서 살펴본 바와 같이 보험사기 범죄는 여러 가지 문제점을 노출하고 있고, 이러한 문제점으로 인하여 신종 보험사기가 증가하고 보험사기자도 늘어나고 있다.

최근에 발생하는 재물보험과 배상책임보험의 보험사기는 누수사고와 일상생활배상책임보험에 집중하여 소액사기가 증가하고 보험회사는 소액인 만큼 형사적인 처벌을 피하고 당사자가 인정하면 없었던 것으로 무마하는 것이 일상이다. 문제는 적발되지 않은 보험사기 건이다. 이러한 보험사기로 인하여 보험료율이 인상되고, 선량한 일반 보험소비자가 납부하지 않아도 될 보험료를 추가적으로 부담하게 되는 피해를 입는 것이다. 이는 보험제도와 사회경제에 심각한 악영향을 주게 된다. 재물보험과 배상책임보험의 보험사기가 증가하는 가장 큰 원인은 보험계약의 사행계약성, 보험사기범의 형사처벌의 미약, 빠른 전파력으로 모방사기 범죄의 증가, 저조한 적발률이다.

그동안 보험업계와 수사기관의 초점은 자동차보험 보험사기 범죄에 맞추어서 이를 어떻게 효율적으로 방지하고 적발할 것인가에 집중하여 왔다. 하지만 최근 손해보험에서 장기보험이 차지하는 비중이 커지고 손해율 또한 증가하면서 장기보험과 관련한 보험사기 범죄로 그 관심이 이동하고 있다. 따라서 장기보험의 재물보험과 배상책임보험의 상품이 개발되고 판매되고 있어 이와 관련한 보험사기가 여러 가지 유형으로 증가할 것으로 예상된다. 이에 대응하기 위하여 전문화된 조사와 처벌의 강화, 재발방지 노력 등 보다 적극적인 대응방안이 필요하다.

제 6 장
재물보험과 배상책임보험 사기의 유형과 사례

제 6 장

재물보험과 배상책임보험 사기의 유형과 사례

제1절 보험사기의 일반적 유형

Ⅰ. 사기 목적의 보험계약

보험사기 목적의 보험계약은 손해보험에서는 피보험자가 보험료와 보험금을 고액으로 책정하는 방법인 초과보험, 중복보험의 형태로 나타나고, 생명보험에서는 보험계약자 측이 보험계약 시에 보험계약의 주요 사항을 알리지 않거나 현저하게 부실하게 알리는 방법인 고지의무 위반으로 나타난다. 양자 모두 보험계약자 또는 보험수익자는 애초부터 자신의 경제능력보다 과도한 보험료를 책정하여 다수의 보험자와 계약을 체결하여 엄청난 보험금을 받을 목적으로 보험계약을 하는 것이 보통이다.

실무적으로 보면, 각 손해보험사는 이러한 사기적인 보험계약으로 인한 부당한 보험금지급 문제로부터 자신을 보호하기 위해 이와 관련된 보험계약 관련자료를 전산시스템으로 공유하는 등 나름의 자구책을 마련하여 대응하고 있으나, 오히려 보험사기는 더욱더 증가하는 추세이다.

「상법」 제651조에서는 '고지의무 위반으로 인한 계약해지'를 두고 "보험계약 당시에 보험계약자 또는 피보험자가 고의 또는 중대한 과실로 인하여 중요한 사항을 고지하지 아니하거나 부실의 고지를 한 때에는 보험자는 그 사실을 안 날로부터 1월 내에, 계약을 체결한 날로부터 3년 내에 한하여 계약을 해지할 수 있다. 그러나 보험자가 계약 당시에 그 사실을 알았거나 중대한 과실로 인하여 알지 못한 때에는 그러하지 아니하다"라고 정하고 있다. 즉, 보험계약 체결 시에 보험계약자나 피보험자가 보험자에게 보험목적물의 위험에 대한 사항을 고의 또는 중대한 과실로 말하지 않은 경우이다. 여기서 중요한 사항은 보험자가 적어도 동일한 보험료 조건으로 그 위험을 인수하지 않을 사항으로 보아 보험료를 증가시키는 어떠한 사항으로 보면 될 것이다.

사기에 의한 보험계약 체결은 보험계약자가 보험계약 체결 전에 이미 사기의 의도를 가지고 보험계약을 체결하는 유형이다. 이것은 첫째, 보험계약 체결 시 보험가입금액을 보험가액보다 과도하게 높은 수준으로 정하여 보험자에게 통지하고 가입하는 초과보험, 둘째, 보험기간 중 동일한 보험계약의 목적물에 여러 개의 보험을 동시 또는 이시(異時)에 가입하여 총 보험가입금액의 합계액이 보험가액을 현저히 초과하는 중복보험, 셋째, 보험계약자가 보험가입을 목적으로 보험계약을 체결 전 보험회사에 자신에 대한 중요한 사실을 알리지 않는 고지의무위반 등 최대선의의 원칙을 위반하는 행위들이다.

고지의무 위반은 보험계약자 또는 피보험자가 보험자에 대하여 행하는 기망행위이다. 사실상 계약의 체결단계에서 기망행위가 드러나면 보험자는 계약의 인수를 거절하면 될 뿐이며 보험금의 산정도 이루어지지 않아 보험금청구권의 문제가 발생하지는 않는다. 또한 이 단계에서의 기망행위 즉 악의적 고지의무 위반이 보험자에게 손해를 끼칠 의도가 포함된 경우라면 「민법」상 사기에는 해당할지라도 「형법」상 사기에는 해당하지 않는다. 보험계약자 측이 하게 되는 악의에 의한 기망행위가 미치는 인적 범위의 대상은 보험자, 또는 그의 보조자, 손해사정사뿐만 아니라 보험자에 의하여 위임업무를 담당하는 전문가를 포함한다.

그 사례로는 다음의 것들이 있다. 첫째, 피보험자는 보험청약 당시에 최근 5년 이내에 암으로 치료, 복약, 입원하였거나 또는 수술, 정밀검사를 받는 사실 여부를 묻는 질문에 대하여 "없다"라고 고지하였다. 피보험자는 보험가입 이전인

1995. 6. 14. ○○대학병원에서 대장암(선암)으로 진단받고 수술을 받고 6개월 간 항암화학요법으로 투약받았으며, 2001. 3. 6. 병원에서 CT촬영 결과 간암이 발견되어 암진단자금을 청구한 사건으로 보험청약 당시 암치료 사실 여부를 감추고 보험에 가입한 점, 간암은 원발성보다 전이성 간암이 훨씬 많은 점을 들어 피보험자의 계약 전 알릴의무 위반이 인정되고 계약전 알릴의무 위반과 보험사고 간에 인과관계가 인정되어 보험금이 지급 거절된 사례[1])이다.

둘째, 피보험자는 2006. 12. 19. 보험에 가입하였으며, 보험가입 전인 2004. 5. 27.과 2005. 9. 22.에 고혈압으로 통원치료를 받은 바 있고, 2006. 2. 23. ○○외과의원에서 치질수술을 받으면서 혈압을 측정하였다. 피보험자는 2007. 1. 20.~3. 6.과 같은 해 5. 25.~5. 28. 기간 중 자발성 뇌실질 출혈로 ○○병원에 입원하였고, 2008. 8. 30. 동일 질병으로 후유장해 진단을 받았으며, 같은 해 10. 22. 보험금을 청구하였으나 2008. 12. 8. 보험회사는 피보험자의 계약 전 알릴의무 위반으로 계약을 해지하였다. 위원회는 피보험자가 고혈압 치료사실에 대하여 보험가입 시 알리지 않은 것은 중대한 과실이라고 볼 수밖에 없으므로 피보험자의 계약 전 알릴의무 위반이 인정된다고 하였다.[2])

재물보험과 배상책임보험에서의 사기적인 보험계약의 체결은 화재보험에서의 초과보험과 중복보험으로 나타나고, 배상책임보험에서는 수개의 책임보험의 가입으로 발생할 수 있다. 사기에 의한 초과보험과 중복보험은 「상법」 제669조(초과보험)에서는 “보험금액이 보험계약의 목적의 가액을 현저하게 초과한 때에는 보험자 또는 보험계약자는 보험료와 보험금액의 감액을 청구할 수 있다”라고 정하고 있다. 어느 정도를 현저하게 초과하는 것으로 볼 것인지에 대해서는 개별 약정의 상황에 좌우되는데 독일의 판례에 따르면 보편적으로 그 차이는 10%를 기준[3])으로 그 이상인 경우 현저히 초과하는 것으로 보고 있다. 이 경우 현저하게 초과한 부분과의 관계에서 비례적으로 보험금액을 감액하여 문제를 해결하고 있

---

1) 금융감독원 분쟁조정 2001. 8. 21. 조정번호 제2001－37호.
2) 금융감독원 분쟁조정 2009. 2. 24. 조정번호 제2009－16호.
3) ChatGPT, “독일 보험사기죄가 「형법」 제263조에 규정되어 있으며 보험금을 부풀릴 시 ‘사기’로 간주되고, 일부 판례는 과다청구 비율이 10% 이상이면 사기로 기소”. (2024. 12. 8. 최종검색).

다. 보험 실무상 손해액 산정에서도 보험가액에 대한 보험금액의 비율로 비례보상하고 있다. 즉 중복보험계약이 동시에 체결된 경우와 순차적으로 체결된 경우를 구분하지 않고 각 보험자는 보험금액 한도 내에서 연대책임을 지고, 개별 보험자의 보상책임은 각 보험자의 보험금액에 비례하는 비례주의를 채택하고 있다.

그러나 문제가 되는 부분은 「상법」 제669조 "④ 제1항의 경우에 계약이 보험계약자의 사기로 인하여 체결된 때에는 그 계약을 무효로 한다. 그러나 보험자는 그 사실을 안 때까지의 보험료를 청구할 수 있다"라는 규정이다. 즉, 사기에 의한 초과보험계약은 그 전체를 무효로 하고 보험사고가 발생하더라도 계약 전체를 무효로 한다. 더욱이 이렇게 전체가 무효가 될지라도 보험계약자는 보험자가 그 기망의 사실을 안 때까지의 보험료를 지급할 의무를 부담하게 된다. 그리고 「상법」 제672조(중복보험)에서는 "동일한 보험계약의 목적과 동일한 사고에 관하여 수개의 보험계약이 동시에 또는 순차로 체결된 경우에 그 보험금액의 총액이 보험가액을 초과한 때에는 보험자는 각자의 보험금액의 한도 내에서 연대책임을 진다"라고 중복보험계약을 설명하고 제4항에서는 "제669조 제4항의 규정은 제1항의 보험계약에 준용한다"라고 앞에서 설명한 초과보험 규정을 준용한다고 정함으로써 사기로 중복보험을 체결한 경우 이를 무효로 하고 있다. 다만, 사기로 인하지 아니한 경우는 손해사정 실무상으로 각 중복보험자는 각자의 보험금액의 비율에 따라 독립책임액 비례분담방식으로 책임을 진다.

다음은 사기에 의한 수개의 책임보험으로 「상법」 제725조의2(수개의 책임보험)에서는 "피보험자가 동일한 제3자에게 배상책임을 짐으로써 입은 손해를 보상하는 수개의 책임보험계약이 동시 또는 순차로 체결된 경우에 그 보험금액의 총액이 피보험자의 제3자에 대한 손해배상액을 초과하는 때에는 제672조와 제673조의 규정을 준용한다"라고 하고 있어 사기에 의한 수개의 책임보험 계약도 무효로 하고 있다.

이렇듯 보험사 등은 보험사기의 방지를 위한 법률과 보험회사의 전산시스템, 약관의 제어 등으로 대응하고 있으나 보험사기는 꾸준히 증가하는 추세에 있다.

Ⅱ. 고의적인 보험사고의 유발

이 유형은 보험계약자 측이 보험금을 수령할 목적으로 부당하게 보험사고를 일으킨 경우를 말한다. 보험사고는 우연성을 전제로 하고 있는데 이 유형은 우연을 가장한 고의적인 범죄행위이다. 예를 들면, 영업이 부진하자 화재보험금을 편취할 목적으로 경영주가 직원들과 모의하여 고의로 방화한 경우, 고의적인 교통사고의 유발 등이다. 생명보험에서는 고의적으로 보험사고를 야기하는 경우에는 보통 고액의 생명보험에 중복가입한 후 사고를 일으키는 것이 일반적이다. 최근에는 조직폭력배 등이 개입되어 있어 그 수법이 잔인하고, 다양화되고 있으며, 또한 조직화와 집단화하는 추세이다. 이는 조직폭력단을 결성하여 렌트카를 빌려 고의로 교통사고를 유발한 후 병·의원에서 진단서를 받아 보험금을 갈취한 사례이다.[4)]

보험사고란 보험계약에서 보험자의 책임을 구체화하는 우연한 사고를 말한다. 「상법」 제638조에서는 보험사고를 '불확정한 사고'라고 규정하여 사고의 불확정성을 그 요건으로 하며 이는 일반적으로 '우연성'이라고 한다. 달리 말하면 우연성을 결여한 사고는 진정한 의미의 보험사고가 아니라고 할 수 있다. 고의로 사고를 유발하고 철저하게 보험사고로 위장하는 방법은 가장 심각한 형태의 보험사고로서 우연성을 가장하는 기망행위로 살인, 방화, 자살, 고의적 교통사고 등의 행위를 매우 잔인한 범행 방법으로 이용하는 경향을 보인다.

재물보험에서 고의사고는 보험금 수령을 목적으로 한, 방화로 인한 화재사고와 선박에 구멍을 내는 행위같이 본인의 고액물건을 고의로 파손하는 행위가 있고, 배상책임보험에서의 대표적인 고의사고는 고의로 교통사고를 유발하는 행위, 타인을 폭행하여 사망하게 하거나 상해를 입히는 사고와 타인의 물건을 고의로 훼손하는 행위가 있다. 재물보험에서 방화는 피보험자의 사업이 재정적인 어려움을 겪는 경우 피보험자가 본인과 관련이 있는 자와 공모하여 자기 건물이나 공장,

---

4) 시사저널 1834호, "인간마네킹 동승자 모집… 차량보험사기 일당검거, 경찰 보험사기방지특별법위반 56명 검거 고의 교통사고 49건으로 보험금 4억 원 편취… 용인동부경찰서" 2022. 11. 11. (2024. 12 .7. 최종검색).

제조물 보관창고를, 보험금을 취득할 목적으로 방화하는 경우가 대부분이다.

또한, 폭행사고는 일방적으로 상대방을 폭행하는 경우와 서로 싸우는 쌍방폭행의 경우가 있으나 이는 보험사고인 우연성이 없는 사고에 해당한다. 이러한 고의사고는 불법행위이고 보험자가 예측할 수 없는 위험이다. 따라서 보험자는 동일한 보험료의 조건으로 인수할 수 없는 위험에 해당하여 보상하지 않는 사항으로 보험약관에 면책사항으로 규정하고 있다.

그 사례로는 다음의 것들이 있다. 첫째, 보험사기 행위자가 야간에 횡단보도 신호를 위반하는 차량 앞으로 뛰어들어 고의로 보닛에 부딪힌 다음 차량운전자로 하여금 자동차보험 사고접수를 하게 하여 보험금을 편취한 사건으로 자동차의 운전자가 횡단보도 신호를 위반하여 보행인을 치인 경우 형사적인 처벌을 받게 되므로 경찰에 사고를 신고하지 않고 현장에서 어떻게든 처리하려는 자동차 운전자의 심리를 악용하여 횡단보도에서 우회전하는 차량을 기다렸다가 갑자기 차량 앞으로 뛰어들어 상해를 입은 것처럼 가장하여 보상받는 행위, 전통시장과 같이 인파가 많고 복잡한 지역의 신호없는 횡단보도를 걷다가 지나가는 차량에 손목치기하는 수법, 중앙선이 있는 편도 1차선 도로 갓길 양쪽에 주차한 차들이 있어 중앙선을 물고 통행할 수밖에 없는 도로에서 중앙선을 물고 진행하는 차량을 기다렸다가 고의로 차량을 들이받아 고의사고를 유발하고, 중앙선침범 사고는 형사적인 처벌을 받게 되는 것을 약용하여 경찰에 신고하지 않고 보험회사에 사고처리를 받는 경우와 이 경우에 뒷좌석에 동승한 사람이 없었음에도 불구하고 고의로 다수의 피해자를 끼워 넣어 보상받는 행위 등이 있다.

둘째, 보험사기 행위자가 생활비가 부족해지자 좁은 골목길 이면도로를 지나가는 차량에 일부러 팔이나 발을 접촉한 후 합의금 및 치료비 명목으로 보험금을 편취하고, 보험사기 혐의를 피하려고 타인의 명의로 통장을 개설한 후 보험금을 송금받은 행위이다.

셋째, 보험사기 행위자인 택시기사가 신호를 위반하거나 차선을 변경하는 차량을 상대로 고의로 교통사고를 유발하고, 충격이 경미하여 입원치료가 필요하지 않음에도 불구하고 입원치료를 받는 방법으로 여러 차례 걸쳐 보험금을 편취하는 행위 등을 예로 들 수 있다.

재물보험과 배상책임보험에서의 고의적인 사고는 재물보험에서 대표적인 것이 방화이고, 배상책임보험에서의 고의사고는 홧김에 타인의 재물이나 공동기물을 파손하는 행위 또는 남을 폭행하여 사상케 하는 사고 등이다.

Ⅲ. 보험사고의 허위신고

이 유형의 보험사고는 발생하지 않았는데도 마치 보험금을 지급하는 보험사고가 발생한 것으로 꾸며 보험금을 청구하는 경우를 말한다. 손해보험이 경우는 선주와 보험사 직원, 손해사정사 등이 짜고 허위실종, 해난사고가 난 것으로 허위로 조작하여 거액의 선박보험금을 받아 가로채는 경우이다.[5] 생명보험에서의 사례로는 사망보험에 가입하고 나서 사망 또는 실종된 것으로 위장하여 보험금을 지급받는 경우로 금융감독원 '연도별 보험사기 적발현황 통계자료'에 따르면 2019년 4명, 2020년 8명, 2021년 15명이었다.[6] 이외에도 가·피해자가 공모한 위장교통사고나 사고현장에 있지 아니한 자를 끼워 넣는 행위와 보험계약 전 이미 고가의 물품을 도둑맞았거나(또는 주인이 은닉한 경우) 파손되었는데도 마치 보험계약 이후에 이와 같은 보험사고가 발생한 것처럼 위장하는 경우이다. 또한, 최근에는 타인의 시신을 인도하고 보험금을 청구하는 사례도 있었다.[7]

보험은 보험계약자가 보험자와 보험계약을 약정하고 일정한 보험료를 납부한 후에 발생한 보험사고를 금전으로 보상받을 목적으로 가입하는 것이다. 그러나 사람들이 이미 발생한 사고를 숨기고 보험에 가입한 후에 사고 날짜를 조작하여 보험금을 청구하는 경우가 있다. 「상법」 제644조 '보험사고의 객관적 확정의 효과'에서는 "보험계약 당시에 보험사고가 이미 발생하였거나 또는 발생할 수 없

5) 이투데이, https://www.etoday.co.kr/news/view/662480, "해상보험 사기로 4년간 보험금 1천억 대 지급", 2012. 12. 5. (2024. 11. 20. 최종검색).
6) 인천일보, https://www.etoday.co.kr/news/view/662480,"[보험사기 근절하자] (2)보험금이 뭐길래… 괴물이 된 사람들, 보험사기와 관련된 허위사망, 실종 사례도 2019년 4명, 2020년 8명, 2021년 15명", 2022. 6. 12. (2024. 11. 20. 최종검색).
7) 조선일보, https://biz.chosun.com/site/data/html_dir/2017/02/01/2017020101551.html, "시신 바꿔치기에 교통사고 위장… 흉포해지는 교통범죄", 2017. 2. 2. (2024. 11. 20. 최종검색).

는 것일 때에는 그 계약은 무효로 한다. 그러나 당사자 쌍방과 피보험자가 이를 알지 못한 때에는 그러하지 아니하다"라고 정하고 있다. 따라서 보험자는 보험계약을 약정하기 전에 이미 발생한 보험사고는 계약이 무효이므로 보상할 책임이 없다.

재물보험과 배상책임보험에서 그 사례[8]로는 다음의 것들이 있다. 첫째, 자신이 소유하고 있던 주택에서 누수사고가 발생하여 아래층에 도배, 장판 등에 피해가 발생하자 아랫집 소유자와 모의하여 새로이 일상생활배상책임보험을 담보추가로 보험에 가입하고 사고 발생 1주일 후에 보험사고 접수하고 보험금을 편취한 사례, 둘째, 자기 집의 우수관(雨水管)의 손상으로 비가 배수되지 않고 역류하여 자기 집의 도배, 장판 등이 손상을 입자 보험설계사와 모의하여 '재물보험'인 '급배수시설누출손해특별약관'을 새로이 추가하여 보험에 가입하고 1주일 이후에 보험사고 발생하였다고 허위로 보험사고 접수하고 보험금을 편취한 사례, 셋째, 자녀와 동생의 집에 방문하였는데 자녀가 장난치다가 거실의 대형 TV를 넘어뜨려 파손시킨 사고가 발생하자 새로이 가족형 일상생활배상책임보험을 추가로 보험에 가입하고 사고 날짜를 조작하여 보험사고를 접수하고 보험금을 편취한 사례 등이다.

Ⅳ. 보험금의 허위·과다청구 행위

앞에서 설명한 사기적인 보험계약의 체결, 고의적인 보험사고의 유발, 보험사고의 허위신고는 보험사기 중에서 전통적이고 전형적인 보험사기라 할 수 있고 현재는 여기에 더 첨가된 교묘한 방법으로 이어지고 있다. 현재 보험사기 유형 중에서 가장 많은 부분을 차지하고 있는 유형은 실제로 보험사고가 발생하였음을 기화로 보상과정에서 실제의 피해액보다 더 많은 보험금을 지급받기 위해 차량수리비의 견적서를 과다하게 발행하고, 건물수리비 영수증의 금액을 부풀려 작성하여 보험금을 청구하는 행위 등이다.

그 사례로는 다음의 것들이 있다. 첫째, 피고인들이 도박으로 재산을 탕진한

8) 별첨 : ○○손해보험사의 2019년 2월~2023년 4월까지 기간의 장기보험의 재물보험과 배상책임보험 및 일상생활배상책임 보험사기 적발자료에서 발췌.

후 입원비가 지급되는 보험에 집중적으로 가입하고 최장 736일에 달하는 기간 동안 장기입원하여 보험금을 편취한 사건으로 가입한 보험상품의 특별약관에 따라 질병 또는 재해를 원인으로 4일 이상 계속 입원 시 입원기간에 따라 상당한 보험금이 지급된다는 점을 악용하여, 장기입원하고 불필요한 치료를 받거나, 입원 수속만 하고 외출·외박을 계속하여 정상적인 입원치료를 받지 않았음에도 정상적인 입원치료를 받은 것처럼 가장하여 1심에서 징역 3년, 2심에서 2년 6월을 선고받은 사례이다.

둘째, 피보험자가 경미한 통증으로도 입원이 가능하고 통원치료를 받아도 입원으로 처리해 주는 병원에 입원한 후 허위자료를 보험회사에 제출하여 보험금을 편취한 사건으로 좌골신경통 등의 상해로 진단을 받은 다음 수시로 개인적인 용무를 보기 위하여 병원을 이탈하였고, 위 상처가 입원할 필요가 없는 상처임에도 불구하고 병원관계자와 협의하여 동 기간 전일 입원을 하여 치료를 받았다는 등의 허위의 치료내용을 기재한 병원치료 자료를 보험회사에 제출하고 보험금을 편취한 보험사기 범죄행위로 징역 6월, 집행유예 2년을 선고받은 사례이다.

셋째, 세 모녀가 질병입원 급여금(질병으로 입원하여 치료를 받는 경우 입원 1일당에 이 특약이 지급하는 보험가입 금액을 30일 한도로 지급하는 상품)이 지급되는 보험상품에 단기간 집중적으로 보험에 가입하고 통원치료가 가능한 경미한 질병을 사유로 장기간 입원하여 보험금을 편취한 사건으로 천식, 두통 등 피고인들의 증세에 대한 치료는 통원치료로도 충분히 치료가 가능함에도 불구하고 병원을 옮겨 다니며 피고인 등을 진찰하는 의사에게 통증을 거짓으로 호소하여 장기간 입원한 후 보험회사에 보험금을 청구하여 징역 1년 6월을 선고받은 사례이다.

넷째, 일가족 5명이 입원일당 및 질병 등을 담보하는 보장성보험 53개에 집중적으로 가입한 후 경미한 질병으로 장기입원하고, 자녀까지 보험사기에 동원하여 보험금을 편취한 사건으로 피고인들은 통원이나 교정에 의하여도 충분히 치료가 가능한 질병에 대하여 수술을 받은 후 장기입원을 하거나 또는 입원치료가 필요한 질병인 경우에도 필요 이상으로 장기간 입원치료를 받아 보험금을 편취한 사건으로 1심에서 징역 2년, 2심에서 징역 1년, 집행유예 3년을 선고받은 사례 등이 있다.

이외에도 보험사기 행위자가 병원장·병원사무장 등과 공모하는 경우도 있다. 또한, 보험사기 행위자가 병원진료 중 우연히 발견한 질환(심장질환, 당뇨병, 고혈압)의 기록을 진료차트에서 삭제하는 방법으로 보험계약을 체결한 후 보험금을 수령하는 경우도 있다. 실제로 이 방법도 널리 행해지는 방법 중 하나이다. 보통의 경우 의사는 병원의 영업실적을 올리기 위해 환자의 병명이 기재된 진료차트의 기록을 삭제해달라는 요구를 현실적으로 무시하기 어려운 이유 때문이다.

「상법」 제652조 제1항에서는 "보험기간 중에 보험계약자 또는 피보험자가 사고 발생의 위험이 현저하게 변경 또는 증가된 사실을 안 때에는 지체없이 보험자에게 통지하여야 한다. 이를 해태한 때에는 보험자는 그 사실을 안 날로부터 1월에 한하여 계약을 해지할 수 있다"라고 하고 있다. 만약 보험자가 위험변경 증가 통지를 받은 때에는 1월 내에 보험료의 증액을 청구하거나 계약을 해지할 수 있다. 위험변경 증가 통지의무 해태 또는 이행 시 보험자가 계약을 해지하면 해지 이후의 사고에 대하여 보험자의 보험금지급 책임이 발생하지 아니하며, 보험사고가 발생한 후에 계약을 해지한 때에는 보험자의 책임은 소급하여 소멸하므로 보험금액을 지급할 책임도 없고, 이미 지급한 보험금액이 있다면 그 반환을 청구할 수 있다. 그러나 위험변경 증가가 보험사고에 영향을 미치지 아니하였음이 증명된 때에는 그 사고에 대한 보험금지급 책임을 면하지 못한다.

보험자는 발생한 사고에 대하여 보험계약자 측의 통지에 의존하여 손해의 확대를 최대한 막고 더불어 이미 발생한 손해를 조사하고 손해액을 산정하여야 하는데 이는 보험계약자 측의 협조에 따라 이루어지는 부분이다. 그러나 이때 발생한 손해에 대한 보험계약자에 의한 잘못된 통지 내지는 정보의 제공으로 인하여 보험계약 관계에서 있어야 하는 상호 간 관계에서 필수적인 신뢰가 깨어지게 되고 전체적인 계약관계에 문제가 생기게 된다. 이러한 부당이득을 취할 의도로 통지의무를 위반했다면 보험자로서는 이러한 특별이익을 억제하려 할 것이고 어느 단계에서든 악의에 의한 기망행위는 성공으로 이어져서는 안 되고, 그 시도의 경우에도 사실상 제재받아야 마땅한 것이다.

「상법」 제657조(보험사고 발생의 통지의무)도 보험사고 발생 시 보험계약자 측이 보험자에서 지체없이 사실대로 통지하도록 하고 있다. 그러나 보험계약자 측이 악의적으로 사실과 다르게 통지하거나 보험금을 더 많이 수령할 목적으로 증거자료를 위조·변조한 경우 보험자를 기망하는 것으로 이는 보험사기이다. 이러한 보험사기의 방법론상 유형으로는 피보험목적물의 개수에 대한 잘못된 통지, 피보험목적물의 가치에 대한 잘못된 통지, 보험사고 후 다시 찾은 목적물에 대한 사실의 은폐, 구입과정 내지 구입관련 서류 또는 원산지 내지 출처에 대한 잘못된 정보 등을 제공함으로써 보험금의 청구를 현저히 과다하게 청구하는 것이 사기의 하나의 형태이다. 예를 들면, 피보험자가 보험가입 시 사무직 회사원이었으나 보험가입 후 택시기사로 직업이 변경되었으면 보험회사에 직업변경 사실을 통지하지 않고 이득을 보는 경우 등이 있다.

보험사기의 일반적인 유형은 위와 같고, 이와 다르게 보험사기의 주체와 유형으로 정리하면 앞의 <표 2>와 같이 분류할 수 있다. 주체는 보험소비자와 거래업체, 보험설계사로 구분하였고, 주체가 보험소비자인 개인인 경우 보험사기 유형은 고의사고 유발, 사고 후 보험가입, 운전자나 피해물 바꿔치기, 피해과장 등 사고의 내용을 허위로 조작하는 것이고, 주체가 정비공장, 부품상회, 병의원인 경우는 수리비, 부품, 치료비 허위청구와 위장사고의 배후조정 등으로 나타난다.

그리고 가장 문제가 되는 보험설계사가 주체인 경우는 보험사기의 유형이 보험사기의 공조와 보험사기의 조작으로 보험계약을 이용하거나 사고를 조작하는 형태로 나타난다.

제2절 재물보험과 배상책임보험 사기의 유형

보험에 있어서 보험사기 범죄의 일반적인 유형과 사례를 설명하고 재물보험과 배상책임보험(일상생활배상책임보험)의 보험사기에 대한 유형과 사례에 대해서도 앞에서 설명한 바와 같다. 그런데 최근 보험회사의 보험금 손해사정 실무현장에서 나타나는 실제적인 보험사기는 어떤 유형으로 얼마만큼 발생하는지에 관하여 확인하고자 ○○손해보험회사가 보험사고 접수창구인 콜센터로 보험사고 접수를 하여 종결처리한 장기보험의 재물보험과 배상책임보험(일상생활배상책임보험)

〈표 16〉 ○○손해보험회사 재물, 배상책임보험의 사고종결 현황 Ⅰ

(기간 : 2019년 2월~2023년 4월) (단위 : 건)

구 분	2019년	2020년	2021년	2022년	2023년	합 계
회사센터	3,872	4,116	5,126	5,456	2,128	20,698
위탁법인	37,404	69,167	74,711	76,421	27,620	285,323
합 계	41,276	73,283	79,837	81,877	29,748	306,021

※ 출처: ○○ 손해보험회사 장기손해사정센터 통계자료.

의 사고 건 중에서 소수의 고액 손해 건을 제외하고, 손해액 500만 원 이하 중에서 보험사기로 확인된 건들에 대하여 기간을 두고 수집하여 보았다(<표 16> 참고). 다만, 보험회사의 손해사정 실무에서 고지의무 위반은 앞에서 살펴보았듯이 암진단을 받은 사람이 암치료를 숨기고, 고혈압으로 진단받은 사람이 고혈압 치료를 숨기고 보험청약을 하는 등과 같이 보험종목상 생명보험이나 손해보험의 인(人) 보험 사고에서 빈발하므로 재물보험과 배상책임보험(일상생활배상책임보험)에서는 보험계약 이전 사고로 하고 분석하여 설명하면 다음과 같다.

보험사기 유형별 추출 대상에 대한 내용은 위 손해보험회사가 2019년 2월부터 2023년 4월까지 보험금 손해사정을 위탁한 사고 건으로 상기 손해보험회사에서 보험사고로 접수되어 종결처리된 장기보험의 재물보험과 배상책임보험 및 일상생활배상책임보험 사고로 손해액이 500만 원 이하 285,323건[9])을 대상으로 하였다. 위 기간 동안 콜센터로 사고접수되어 6개 손해사정법인 회사에게 위탁되어 최종 보험사고 종결처리된 건 중 보험사기로 확인된 건수는 총 626건으로 확인되었다. <표 17>에서 보이는 바와 같이 ○○손해보험회사의 손해사정 실무에서 발생한 재물보험과 배상책임보험의 보험사기 유형을 보면 크게 고의적인 보험사고와 보험사고의 허위신고로 나누어진다.

여기서 생명보험과 손해보험의 인보험에서의 고지의무는 '보험가입 전 알릴

9) <표 16> 참고, 2019년 1월부터 2023년 12월까지의 총 종결 건수는 364,510건이고, 회사 26,577건, 위탁법인 337,933건이다. 여러 사정상 보험사기 건을 추출한 기간이 2019년 2월부터 2023년 4월까지이므로 이 기간으로 한정하여 정리한 것이 <표 16>이다. 추출기간 동안의 회사 종결 20,698건(구성비율 6.8%), 위탁법인 285,323건(93.2%)이다.

〈표 17〉 재물보험과 배상책임보험 보험사기의 유형별 현황

(기간 : 2019년 2월~2023년 4월) (단위 : 건, %)

구 분	유 형	건 수	비 율	비 고
고의적인 보험사고	고의사고	5	0.8	
	폭력행위	26	4.2	
보험사고 허위신고	보험계약 이전 사고	220	35.1	
	사고내용 조작	240	38.3	
	직무수행 중 사고	106	17.0	
	실거주지 조작	29	4.6	
합 계		626	100.0	

※ 출처: 별첨 ○○ 손해보험회사 보험사기 적발현황 자료.

의무'로서 보험회사는 고지의무 위반을 확인하기 위하여 통상 질문표를 사용하여 피보험자에게 과거의 질병을 치료한 사실을 작성하도록 하고, 보험인수 적격 여부를 심사 후 보험계약을 인수할 것인지 인수를 거절할 것인지를 판단하는 인보험 분야에서 빈발하고, 손해보험의 재물보험과 특종보험인 배상책임보험에서는 보험에 붙이는 목적 즉, 피보험이익이 피보험자 또는 피해자의 장래에 발생할 수 있는 불확정한 재산상의 손해이므로 보험계약 이전 사고로 하여 보험사고 허위신고로 한정하여 분석하였다. 그리고 재물보험과 배상책임보험에서의 고지의무 위반은 초과보험과 중복보험의 형태로 나타나고 보험회사의 손해사정 실무에서는 「상법」 제672조(중복보험)의 규정에 따라 사기로 인하지 아니한 경우는 각 보험회사의 보험가입금액에 비례하여 비례분담 처리방식으로 보상처리하고 있다. 따라서 이 책에서는 고의사고는 타인을 폭행한 사고와 고의로 타인의 재물을 파손하거나 공공기물을 파손한 사고, 보험사고의 허위신고는 보험계약 이전 사고, 사고내용 조작, 직무수행 중 사고, 실거주지를 조작한 사고로 크게 분류하였다. 그리고 통지의무위반 사고 중 가장 많은 것이 보험금의 허위·과다청구 행위이기는 하지만 이는 자동차보험과 상해보험에서 빈발하는 보험사기 유형이다.

Ⅰ. 고의적인 사고의 유형

고의사고란 부당한 보험금 수령을 목적으로 보험계약자 또는 피보험자가 고의로 보험사고를 일으키는 유형을 말한다. 고의사고 자체는 보험회사를 속일 의도가 있었는가의 문제가 아니다. 다만, 그 건에 대하여 보험금청구가 행하여지고 있다면 그것은 보험회사를 속일 의도가 있다고 할 수 있으므로 사기적 보험금청구가 된다.

앞의 <표 17>에서 보면 고의적인 보험사고는 총 31건으로 626건 중 5%에 해당하는 발생률을 보이며, 그 중 고의사고 5건으로 전체 626건의 0.8%, 폭력행위는 26건으로 4.2%의 구성비를 보여주어 보험사기 유형별 발생률은 5.0%로 나타났다.

〈표 18〉 보험사기 건별 세부내용 발췌 자료 사례

순번	처리월	피보험자	접수일자	콜센터 접수내용	보험사기내용
6	2019.02	이**	2019.1.7	마트직원인 피보험자가 지인 휴대폰을 떨어뜨림	보험계약 이전 사고
23	2019.03	송**	2019.3.14	목발을 사용하여 횡단보도를 건너는 중 타인이 목발에 걸려 다리 골절됨	직무수행중사고
29	2019.04	김**	2019.2.27	장난치다가 상대방 치아를 부러뜨림	폭력행위
41	2019.05	김**	2019.4.29	교회 수전 교체 중 온수가 튀어 피해자 화상 입음	사고내용조작
43	2019.05	전**	2019.2.14	물건을 버리려고 문앞에 두었는데 동네주민이 걸려 넘어져 골절	사고내용조작
60	2019.06	김**	2019.6.20	축구하다 넘어지면서 상대방 십자인대파열시킴	직무수행중사고
93	2019.10	김**	2019.10.16	이웃에게 바지락을 드렸는데 복통	직무수행중사고
137	2020.04	장**	2020.3.20	싸움을 말리다가 피해자와 부딪혀 안와골절시킴	폭력행위

157	2020.12	김**	2020.12.8	배수관 막힘으로 아래층 하수구 역류하여 침수손	실거주지조작
338	2021.11	이**	2021.11.15	모텔 키오스크 파손시킨 사고	고의사고
395	2022.04	김**	2022.4.15	엘리베이터에서 넘어져 파손	고의사고

※ 출처: 별첨 ○○ 손해보험회사 보험사기 적발현황 자료.

위의 <표 18>에서 나타난 고의사고의 형태는 '순번 29와 137'의 피보험자가 타인을 폭행한 사고를 포함하여, 모텔의 단말기 시스템이 익숙하지 않아 모텔 무인 단말기(키오스크)를 주먹으로 파손시킨 사고 '순번 338'과 엘리베이터 문 앞에 안내문을 설치한 것이 통행에 걸리적거린다고 불만을 품고 공용의 재물인 엘리베이터를 고의로 발로 차 고장나게 한 건인 '순번 395' 등으로 나타났다.

II. 보험사고 허위신고의 유형

보험사고 허위신고의 유형은 보험사고 통지의무위반으로 여러 종류로 나타났고, 전부 보험사고 허위신고로 묶을 수 있다. 이는 보험기간 중에 사고위험이 현저하게 증가한 경우 등으로 재물보험이나 일상생활배상책임보험으로 보상처리가 되지 않아 사고내용을 조작한 경우이다. 편의상 크게 보험계약 이전 사고, 사고내용 조작, 직무수행 중 사고, 실거주지 허위 통지로 분류했다. 일상생활배상책임보험에서의 일상생활은 의식주를 포함하는 기본적인 생활과 가벼운 취미생활을 포함하는 개념으로 직무수행 중이거나 전문적인 스포츠활동 중의 사고는 위험률이 높아 일상생활에 해당하지 않는다. <표 17>에서 보험사고 허위신고의 건수는 총 626건 중 595건으로 보험사기 유형별 발생률이 95.0%였다.

1. 보험계약 이전 사고

앞의 <표 17>에서의 보험계약 이전에 발생한 사고에 해당하는 보험사기 유형은, 보험계약자 측이 보험가입 이전에 발생한 사고를 보험회사에 숨기고 적법한 보험사고로 보상받을 목적으로 사고 발생 이후에 보험에 가입하고 보험기간 중에 발생한 사고인 척 사고 접수하는 것이다. 이러한 보험사기 유형별 건수는 전체 626건 중 220건으로 보험사기 유형별 발생률은 35.1%로 나타났다.

이러한 보험계약 이전 사고는 당해 보험계약의 보험기간 중에 발생한 보험사고가 아니다. 보험계약 이전 사고는 고지의무 위반과 같이 상대방을 기망하거나 착오에 빠지게 하여 진실을 은폐하고 이득을 취하려고 하는 것이다. 이러한 보험사기 사고를 적발하지 못하고 당해(當該) 보험사고로 하여 보상하는 것은 해당 보험상품의 단위당 사고 발생률과 사고보험금을 상승시키는 효과로 나타나 다른 선량한 보험소비자의 보험료율에 작용하여 보험료를 상승시키는 요인이 된다. 즉, 보험기간이 만료되어 갱신계약을 진행하는 다수의 선량한 보험계약자가 해당 보험에 다시 재가입할 때 가입보험료를 상승시키는 원인으로 작용하여 보험의 단체성을 심각하게 해친다.

2. 사고내용 조작사고

사고내용 조작사고는 <표 17>과 같이 추출 건수 전체 626건 중 가장 많은 건수와 비율로 각 240건과 38.3%를 차지했다. 이는 각 보험종목에서 보상하지 않는 사고가 발생하였을 때 보험계약자 측이 보상처리가 가능하도록 사고내용을 변조하거나 위장하여 부당하게 보험금을 수령하려고 보험자를 기망하는 것이다. 즉, 사고의 손해액을 부풀리거나 사고의 내용을 각색하거나 허위사고를 유발하는 행위로 보험자에게 거짓으로 통보하는 것이다.

실제로 사고접수가 된 사례를 보면 다음의 것들이 있다. 첫째, 첫째, 피보험자가 자기 소유 점포에서 업무 중 본인의 실수로 대형 유리가 파손되자 피보험자가 친구에게 피보험자의 점포에 놀러 와서 친구의 실수로 유리를 파손시킨 것처럼 사고내용을 조작하도록 모의하고 친구의 일상생활배상책임보험으로 보험사고를 접수하고 보상받으려고 하다 보험사기 미수에 그친 사고이다.

둘째, 피보험자가 축구동호회에서 축구경기를 하던 중 피보험자의 깊은 태클로 상대방의 다리가 골절되자, 피보험자 본인이 목발을 사용하여 횡단보도를 건너다가 옆에 지나가던 타인이 목발에 걸려 넘어지면서 다리가 골절이 된 사고라고 보험사고 통지하여 보험사기 미수에 그친 사고이다. 이러한 사고내용 조작은 피보험자가 원래 사고가 아닌 완전히 다른 내용의 사고로 만든다. 이 사고들의 보험사고 접수는 사고가 발생하고 한참이 지난 후에 공모하여 사고접수하는 경우가 대부분이다. 이들 중의 일부는 보험금 배분 문제에서 틀어져 나중에 보험사기 제보로 들통이 나기도 한다.

3. 직무수행 중 사고

직무수행 중 사고는 일상생활 중의 사고보다 사고 발생의 위험이 크다. 그러므로 산업재해보상보험으로 보상처리받거나, 영업배상책임보험이나 일반배상책임보험의 특별약관과 같이 보험료가 훨씬 높은 상품에 가입하거나 특별약관을 추가 가입하여야 보상받을 수 있다. 따라서 일상생활배상책임보험에서는 보상하지 않는 것으로 정하고 있다.[10] 이 글에서도 보험사기의 내용이, <표 18>에서 나타나듯이 해당 사고와 관련된 기술자이거나 해당 사고 관련 업무종사자가 이삿짐을 옮기다가, 전자기기를 수리하다가, 건물을 수리하다가, 운동선수가 시합하다가, 영업장에서 상한 음식을 팔아서, 업무적으로 일하다가 전기선을 끊어지게 하여, 영업점에서 일하다가 문이나 유리를 파손시켜 타인을 사상하게 하거나 물건을 파손시킨 경우가 발생하였다. 이러한 보험사기는 앞의 <표 17>에 따라 전체 626건 중 106건으로 보험사기 유형별 발생률은 17.0%에 해당한다.

---

10) 금융감독원 홈페이지 > 보험상품자료 > 보험업감독업무 시행세칙【별표15】표준약관('23. 7.1시행 275면.)에서 상해보험에서 보상하지 않는 사항 중에서 제2항은 "② 회사는 다른 약정이 없으면 피보험자가 직업, 직무 또는 동호회 활동 목적으로 한 다음의 어느 하나에 해당하는 행위로 인하여 생긴 상해에 대해서는 보상하지 않습니다.<개정 2015.11.30.> 1. 전문등반(전문적인 등산용구를 사용하여 암벽 또는 빙벽을 오르내리거나 특수한 기술, 경험, 사전 훈련이 필요한 등반을 말합니다), 글라이더 조종, 스카이다이빙, 스쿠버다이빙, 행글라이딩, 수상보트, 패러글라이딩, 2. 모터보트, 자동차 또는 오토바이에 의한 경기, 시범, 행사(이를 위한 연습을 포함합니다) 또는 시운전(다만, 공용도로에서 시운전을 하는 동안 발생한 상해는 보상합니다), 3. 선박에 탑승하는 것을 직무로 하는 사람이 직무상 선박에 탑승하고 있는 동안<개정 2020.7.31.>"으로 정하여 위험률이 높은 전문적인 스포츠활동과 그에 준하는 직무 중에 대해서는 보상하지 않는 사항으로 규정하고 있다.

4. 실거주지 조작사고

실거주지 조작이란 실거주지 이외에서 발생한 사고를 실거주지 내의 사고로 허위 통지하는 것이다. 일상생활배상책임보험은 피보험자가 주거용으로 사용하는 보험증권에 기재된 주택의 소유, 사용 또는 관리로 인한 우연한 사고에 대하여 보상한다. 그러나 피보험자가 실제 거주를 하지 않는 주택에서 발생한 사고를 보상받으려고 허위 통지를 하는 경우가 있다. <표 17>에서 보면 총 626건 중 29건으로 4.6%에 해당하는 것으로 나타났다. 사례를 보면 피보험자가 보험가입 시 거주 중이던 주택을 임대하고 다른 곳으로 이사를 갔고, 보험증권에 기재된 주소지에 임차하여 거주하는 세입자가 세 들어 살던 중 누수사고가 발생하였으나 이를 감추고 보험사고를 접수하고 보상받으려 하다가 적발되는 사고가 대부분이었다.

또 다른 유형으로는 보험기간 중에 피보험자의 자녀가 결혼하여, 피보험자가 보험가입 시 거주 중이던 주택을 자녀에게 거주하도록 하고 본인이 다른 곳으로 이사를 하여 살던 중에 누수사고가 발생한 경우로 자녀가 일상생활배상책임보험에 미가입한 경우 사고가 자주 발생하였다.

제7장

재물보험과 배상책임보험 사기의 사례 및 검토

제 7 장

재물보험과 배상책임보험 사기의 사례 및 검토

다음은 손해사정 실무에서 보험사기의 유형별 사례를 살펴보고, 보험사기를 억제하기 위하여 유형별로 대응방안을 제시하여 보고자 한다.

제1절 재물보험 사기의 사례

Ⅰ. 고의적인 보험사고

1. 사례

재물보험에서의 고의사고의 대표적인 사례는 방화로 자신의 주택이나 공장 또는 창고에 불을 질러 동산, 부동산, 재고물건 등을 불태워 재산상의 손해를 야기하는 것이다. 방화는 흔히 피보험자에 의해 저질러진다. 조사관들은 화재를 입은 구조물을 조사할 때, 소유주들의 이름이 최초 용의자 목록에 나타난다. 보험회사를 사취하기 위해 저질러지는 방화는 특히 경제적으로 침체한 지역이나 건물주가 비상한 경제적 압박을 받고 있을 때 발생할 가능성이 높다.

전술한 바와 같이 고의사고는 보험사고의 객관적인 우연성을 결여한 것으로 보험자가 동일한 보험료 조건으로 인수할 수 없는 위험이다. 그러나 ○○손해보험회사의 보험사기 626건 중에 사례는 없었다. 따라서 경찰서에서 실제 검거한 방화사건을 사례[1])로 검토하여 보겠다.

<사례 1> 화학공장 방화 보험사기 사건
1997. 10. 10. 19:50경 화학공장을 운영하던 정○○ 씨는 회사가 부도위기에 몰리자 64억 원의 화재보험을 가입한 후 친구 정모, 이모 씨 등 2명에게 '노후를 보장해 주겠다'며 공장에 방화할 것을 사주하여 1997. 10. 10. 19:00 공장 뒷문으로 들어가서 시너를 뿌리고 라이터에 불을 붙여 공장 건물 2동 전소되었으나, 당시 소방서와 수사기관에서는 '전기누전에 의한 것으로 추정된다'면서 원인미상으로 처리되었으며, 결국 회사 대표 정○○는 보험금으로 총 42억 3,600만 원을 지급받았다. 검거경위는 회사대표 정○○는 당초 방화를 실행한 친구들에게 노후를 보장해주기로 하였으나 수년이 지나도록 대가를 지불하지 않자 방화범이 이러한 사실을 주위 사람들에게 털어놓게 되었고, 경찰이 첩보를 입수하여 치밀한 수사결과 전원 검거한 사건이다.

<사례 2> 허위거래 명세서를 이용한 방화 보험사기 사건
2001. 1. 31. 3:00경 경양식집을 운영하던 피의자 오○○ 씨는 사업에 실패하여 자금난이 악화되자 사업장에 대한 3억 7천만 원의 화재보험에 가입한 직후 위 건물에서 방화로 추정되는 화재가 발생하여 경찰서에서 국과수 감식결과에 따라 방화로 판단하고 화재 직전에 보험금 증액배서, 피보험자가 보유 중인 부채 등 여러 가지 정황으로 보아 피의자를 방화 혐의자로 수사하였으나 증거불충분으로 방화죄로 법률을 적용하지 못하였고, 당시 피의자가 평소 알고 지내던 주위의 인테리어업자 등과 공모하여 허위 계산서를 작성하여 피해액을 과다 신고하여 더 많은 보험금을 편취하려한 혐의에 대하여 사기죄로 검거한 사건이다.

1) 손해보험협회, 「보험범죄 조사」, 대한손해보험협회, 2005, 332−337면.

<사례 3> 할인마트 방화 보험사기 사건

2001. 7. 1. 23:55경 ○○할인마트를 운영하던 양○○ 씨는 사업에 실패하여 10억 원대 빚을 지게 되자 자신이 운영하는 약 10여 평에 달하는 할인점에 3억 원 상당의 보험금이 지급되는 화재보험을 새로이 가입해 놓은 후 위 상점 내에 시너 등을 뿌리고 방화를 하였다가 검거되었다.

수사 초기부터 방화로 추정한 경찰 측에서 국립과학수사연구원 화인 감식의뢰 결과 인화성 물질의 인위살포에 의한 방화로 추정된다는 감식결과와 건물의 실제 가치액보다 과다한 보험금액을 가입해 놓은 사실을 추궁한 결과 자백하여 검거한 사건이다.

<사례 4> 조직폭력배를 동원하여 현주건조물 방화 보험사기 사건

2000. 10. 2. 19:50경 피의자 최○○ 씨 등 4명은 사업에 실패하여 일정한 직업이 없던 자로서 이종사촌 간인 ○○지역 조직폭력배 ○○파 두목인 상기 피의자 조모, 내연의 처 신모 씨, 건물수리업자 김모 씨 등과 공모하여 대상 건물을 2,000만 원에 법원으로부터 경락을 받은 후 2개 보험사에 6억 5천만 원을 받을 수 있는 화재보험에 가입한 후 건물 내에 시너와 석유를 뿌리고 방화를 하여 검거된 사건이다.

검거경위는 화재사고 전일 피의자가 가재도구 등 중요한 물건을 미리 반출하는 것을 목격한 자의 진술, 불과 2,000만 원에 경락받은 건물을 거액으로 보험에 가입한 점 등을 수상히 여긴 경찰이 국과수 화인 감식의뢰 결과 방바닥 비닐장판 등에서 인화성 물질에 의한 발화로 추정된다는 결론에 따라 피의자 등을 추궁한 결과 자백하여 검거한 사건이다.

<사례 5> 선후배 공모 보험금 편취 목적 방화 보험사기 사건

1997. 4. 20. 09:00경 피의자 최○○ 씨 등 2명은 고향 선후배 사이로서 건설폐기업을 하던 중 자금 사정이 악화되자 5억 원의 보험이 들어있는 피의자 소유의 가구공장에 불을 지른 후 보험금을 받아 나누어 가지기로 공모한 후 사고 당일 공장 내로 잠입 전기 배선부에 시너를 뿌려 발화시킨 후 전기누전에 의한

화재로 신고하여 보험금을 편취하였다가 검거된 사건이다.

검거경위는 관할 소방서 및 경찰서에서는 화인을 누전추정으로 감식하여 종결처리하였으나 평소 피의자와 불화관계에 있는 그의 누나가 방화사실에 대해 제보하여 검거한 사건이다.

<사례 6> 건축허가 취소 건물 방화 보험사기 사건

2001. 3. 24. 01:50경 요식업을 하는 김○○ 씨는 위 건물이 이미 화재사고가 발생하였던 곳으로서 건축허가가 취소되어 철거하여야 할 것을 알고 임시로 신축 후 약 6억 원을 지급받을 수 있는 보험에 가입해 놓은 후 건물 내, 외부에 시너를 뿌리고 LP Gas 통을 열어 놓은 채 방화를 하였다가 검거된 사건이다.

검거경위는 현장 감식결과 발화장소가 여러 개소이고 인화성 물질에 의한 화재로서 방화로 추정되어 피의자 주변 수사를 진행한바, 피의자가 채무 때문에 압박받고 있던 점, 철거명령이 난 건물에 거액의 화재보험에 가입한 점 등을 집중하여 추궁한 결과 범행의 사실을 자백받아 검거한 사건이다.

2. 유형 및 특징

재물보험에서 고의사고의 대표적인 사례는 방화로 자신의 주택이나 공장 또는 창고에 불을 질러 동산, 부동산, 재고물건 등을 불태워 재산상의 손해를 일으키는 것이다. 방화는 흔히 피보험자에 의해 저질러진다. 조사관들은 화재를 입은 구조물을 조사할 때, 소유주들의 이름이 최초 용의자 목록에 나타난다. 보험회사를 사취하기 위해 저질러지는 방화는 특히 경제적으로 침체한 지역이나 건물주가 비상한 경제적 압박을 받고 있을 때 발생할 가능성이 높다.

<사례 1>에서부터 <사례 6>까지 여섯 건 모두 화재보험의 보험계약자 겸 피보험자는 '회사의 부도', '10억 원을 빚지자', '자금난 악화', '사업의 실패', '자금사정 악화', '건축허가 취소로 채무압박'과 같은 경제적인 문제로 궁지에 몰린 사람들로 공통적으로 방화의 이유가 있었다. 또 다른 공통적인 사실은 화재사고 직전에 고액의 화재보험을 가입하는 당일사고의 특징을 보이고 있다. 그리고

<사례 1>은 부당하게 지급받은 보험금 분배의 문제로 불만이 있던 공모자가 술김에 다른 사람에게 흘린 말이 보험사기 제보로 되어 검거된 경우와 <사례 5>는 방화범과 불화관계인 누나가 보험사기로 제보하여 들통난 경우로 고의사고인 보험사기는 술자리에서 발생하는 말이 발단되어 검거되는 경우가 많이 있다. 그의 원인은 보험금의 분배 문제, 모험담으로 자랑하다, 방화범과 불화 관계의 지인 등의 제보로 검거된다.

3. 검토

고의적인 보험사기 사건은 보험사기자의 자백이 없으면 범행을 입증하기가 매우 곤란하다. 또한 방화사기는 피보험자와 가까운 지인이나 친척, 직원들과 사기에 대하여 사전에 계획을 치밀하게 수립하여 실행하기 때문에 사실 증거들이 사라지기 전에 주변 인물들과의 휴대폰 기록과 인터넷 검색 기록 등을 확보하여 컴퓨터 포렌식(computer forensics) 또는 컴퓨터 법의학[2)]을 활용할 필요가 있다. 따라서 이와 같은 보험사기에 대응하기 위해서는 방화물 주변의 주차차량의 블랙박스 영상을 신속하게 확보하고, 주변 건물 또는 도로에 설치된 CCTV영상을 확보하고 비교분석하여 고의사고인지 확인할 필요가 있다.

또한, 고의 보험사기 사건의 공통적인 특징은 첫째, 보험계약자 겸 피보험자가 고의사고 직전 경제적인 어려움을 겪고 있었고, 둘째, 보험사고 직전에 고액의 보험에 가입한 당일사고인 경우가 많다. 이러한 경우 주변인들이 그 사정을 잘 알고 있으므로 개별적인 면담을 통하여 사실관계를 확인하는 과정에서 진실을 밝히는 조사 등이 반드시 필요하다.

2) 전자적 증거물 등을 사법기관에 제출하기 위해 데이터를 수집, 분석, 보고서를 작성하는 일련의 작업을 말한다(https://ko.wikipedia.org/), (2024. 10. 9. 최종검색).

Ⅱ. 보험사고 허위신고

1. 보험계약 이전 사고

가. 사례

<사례 7> 아파트 배관파열로 주택 재물손해가 발생하자 보험가입 후 보험금 청구한 사건

2019. 9. 3. 박○○는 자기 아파트의 배수관이 파열되어 자기 아파트의 재물손해가 발생하였다며, 급배수시설누출손해보험으로 2019. 9. 19. 배관수리비, 방수비용, 가전제품 손상으로 신제품구입비, 도배비용 등 금 3,000,000원을 재물보험의 보험금으로 ○○손해보험의 콜센터를 통하여 보험사고를 접수하였다.

보험약관의 내용은 급배수시설누출손해보험 "제1조(보상하는 손해) 회사는 이 특별약관의 보험기간 중에 급배수시설누출손해에 대한 보장개시일 이후에 보험의 목적의 수조, 급배수설비 또는 수관이 우연한 사고로 인해 누수 또는 방수됨에 따라 보험의 목적에 생긴 직접손해를 이 특별약관에 따라 보상하여 드립니다. 단, 건물은 재조달가액 기준, 가재는 시가를 기준으로 하여 손해액을 계산합니다"라고 되어 있다.

사실관계는 박○○은 보험가입 이전인 2019년 8월 초에 사고가 발생하여 보험설계사에게 상담받고, 마침 주택화재보험이 미가입되어 있어 2019. 8. 29. 일자로 주택화재보험에 가입하면서 급배수시설누출손해보험을 추가로 가입한 후 2019. 9. 3. 사고가 발생하였다고 사고일자를 속이고 보험금을 청구한 사고로 보험계약 이전의 사고로 확인되었다.

<사례 8> 폭풍우로 주택의 벽지에 물이 심하게 차고 흘러 재물손해 발생하자 보험가입 후 보험금 청구한 사건

2020. 8. 1. 박○○(남, 무직)는 본인 소유의 단독주택에 폭풍우로 빗물이 심하게 차고 흘러 벽지가 손상되어 재물손해가 발생하였다며, 2020. 8. 5. 방수 도배비용으로 금 940,000원을 재물보험의 보험금으로 ○○손해보험의 콜센터를 통하여 보험사고를 접수하였다.

보험약관의 내용은 급배수시설누출손해 "제1조(보상하는 손해) 회사는 이 특별약관의 보험기간 중에 급배수시설누출손해에 대한 보장개시일 이후에 보험의 목적의 수조, 급배수설비 또는 수관이 우연한 사고로 인해 누수 또는 방수됨에 따라 보험의 목적에 생긴 직접손해를 이 특별약관에 따라 보상하여 드립니다. 단, 건물은 재조달가액 기준, 가재는 시가를 기준으로 하여 손해액을 계산합니다"라고 되어 있다.

사실관계는 박○○은 보험가입 이전인 2020. 7. 16. 사고가 발생하자 2020. 7. 28. 자로 주택화재보험에 가입하면서 급배수시설누출손해보험도 추가로 가입한 후 2019. 8. 1. 사고가 발생하였다고 사고일자를 속이고 보험금을 청구한 사고로 보험계약 이전의 사고로 확인되었다.

<사례 9> 주택 화재사고가 발생하자 보험가입 후 보험금 청구한 사건

2022. 10. 12. 하○○(여, 교사)는 본인 소유의 주택에 화재사고가 발생하여 재물손해가 발생하였다며, 화재보험으로 2022. 10. 12. 자기 주택수리비로 금 8,420,000원을 재물보험의 보험금으로 ○○손해보험의 콜센터를 통하여 보험사고를 접수하였다.

보험약관의 내용은 화재보험 표준약관 "제3조(보상하는 손해) ① 회사는 보험의 목적이 화재로 입은 아래의 손해를 보상하여 드립니다. 1. 사고에 따른 직접손해, 2. 사고에 따른 소방손해, 3. 사고에 따른 피난손해

② 회사는 제1항에서 보장하는 위험으로 인하여 손해가 발생한 경우 계약자 또는 피보험자가 지출한 아래의 비용을 추가로 지급합니다. 1. 잔존물 제거비용, 2. 손해방지비용, 3. 대위권 보전비용, 4. 잔존물 보전비용, 5. 기타 협력비용"이라고 되어 있다.

사실관계는 하○○은 보험가입 이전인 2022. 10. 1. 사고가 발생하자 2022. 10. 10. 자로 주택화재보험에 가입한 후 2022. 10. 12. 사고가 발생하였다고 사고일자를 속이고 보험금을 청구한 사고로 보험계약 이전의 사고로 확인되었다.

나. 유형 및 특징

<사례 7>은 보험계약 이전 보험사기 사건 전형적인 사례이다. 위 보험사기

사건은 피보험자의 아파트가 노후로 배관이 파열되어 자기 주택의 가재와 도배, 장판을 교체하였고, 녹슬어 파열된 배관을 뜯어내어 신품 배관으로 교체하고 방수작업을 하였다. 수리비가 고액이다 보니 지인인 보험모집인을 통하여 상담받고 주택화재보험에 가입하면서 급배수시설누출손해특별약관의 보험에 추가로 가입한 후 보험가입 일자와 근접한 날짜에 보험금을 청구한 당일사고에 해당한다. <사례 8>은 폭풍우로 자택에 물이 차고 흘러 벽지가 손상되어 도배공사를 한 후 보험에 가입하고 재물보험금을 청구한 보험사기 사건이고, <사례 9>는 화재사고로 자기 주택이 손상되자 주택수리비로 금 8,420,000원을 지출한 후 주택화재보험에 가입하고 보험금을 청구한 당일사고로 보험가입 전에 발생한 사건을 사고일자를 속이고 보험으로 처리하려 한 보험사기 미수사건이다.

다. 검토

보험계약 이전 보험사기 사건은 <표 17>에서 보면 총보험사기 적발 626건 중 200건인 35.1%로 많이 발생한다. 이러한 경우 보험사기 사건의 초동조사가 매우 중요하다. 현장조사는 최초로 사고가 발생했을 때 피보험자 측이 촬영한 사진의 속성을 보고 촬영한 정확한 일시를 먼저 확인하여, 보험가입 이전의 사고인지를 파악하는 것이 무엇보다도 중요하다. 만일 사진을 찍지 않았다면, 사고현장 부근의 주택수리업자, 인테리어업자나 도배업자 등을 방문하여 탐문하고 사고일자를 확인하는 방법, 주변 거주자에게 문의하는 방법, 가족들 개개인에게 질문지를 작성하여 확인하거나 피보험자의 어린 자녀와 함께 삼자대면 방식으로 질문하는 방법들을 활용하면 의외로 쉽게 보험가입 이전의 보험사고로 확인된다.

보험계약 이전에 발생한 보험사고는 보험가입 당일사고가 제일 많다. 보험가입 당일사고란 사고일자가 보험계약 체결일자 또는 보험기간 종료일자와 같거나 근접한 것으로, 통상적으로 7일 전후의 사고를 말한다. 이 당일사고는 사고가 발생한 시점에 보험에 가입되지 않았고, 보험가입 후에 보험회사로 보험금을 청구한 사건으로 보험가입과 동시에 또는 사고 발생 일자가 보험가입 일자와 근접한 날짜인 경우이므로 보험회사에서는 일단 의심하고 현장출동하여 정확한 사고시간과 보험계약의 보장개시 시간을 파악할 필요가 있다. 이러한 사고는 보험가입 전에 이미 발생한 사고이므로 보험사고 접수 시 현장을 방문하여 조사하는 초동조사도 중요하지만, 실제 사고 발생일을 조사하는 것이 포인트이다. 따라서 보험사고의 조사는 실제 사고 발생일을 찾는 데 집중하여야 한다.

2. 사고내용 조작사고

가. 사례

재물보험에서 사례는 보험처리가 불가능한 사고를 보험처리가 가능한 사고로 내용을 조작하여 보상청구하는 사례이다.

<사례 10> 사고내용을 조작한 보험사기 사건 1

2022. 6. 18. 김○○(여, 미용사)는 주택용 의류건조기 센서의 고장으로 2022. 6. 20. 콜센터로 12대 가전제품 고장수리비를 화재보험 특약사고로 접수하고 수리비 영수증 금 200,000원을 제출하면서 ○○손해보험의 콜센터로 화재보험 사고를 접수하고 보상청구를 하였다.

약관의 내용은 화재보험 계약의 특별약관으로 6대 가전제품 고장수리비 담보,[3] 12대 가전제품 고장수리비 담보,[4] 18대 가전제품 고장수리비 담보[5]가 있으며, 자기부담금 2만 원을 제외한 금 100만 원을 한도로 지급하는 재물보험이다. 12대 가전제품 고장수리비 담보부터는 60일 기간의 면책기간이 있고 가전제품의 전기적·기계적 고장손해를 보상한다(물리적 파손은 보상하지 않는다). 다만, 주택용 가전제품에 한하며, 직업적·상업적 목적으로 사용되는 물품의 손해는 보상하지 않는다.

사실관계는 김○○은 2022. 6. 18. 본인의 미용실에 있는 업무용 월풀 의류건조기가 고장 나자, 주택용 의류건조기의 고장으로 보험금을 청구한 사고로 보상하지 않는 사고를 보험사고 내용을 거짓으로 조작하여 청구한 것으로 확인되었

3) 6대 가전제품은 주택에서 사용하는 TV, 세탁기, 김치냉장고, 에어컨, 전자레인지, 냉장고이다.
4) 12대 가전제품은 주택에서 사용하는 TV, 세탁기, 김치냉장고, 에어컨, 전자레인지, 냉장고, 청소기, 식기세척기, 의류건조기, 의류관리기, 제습기이다.
5) 18대 가전제품은 주택에서 사용하는 TV, 세탁기, 김치냉장고, 에어컨, 전자레인지, 냉장고, 청소기, 식기세척기, 의류건조기, 의류관리기, 제습기, 정수기, 오븐, 컴퓨터, 안마의자, 커피머신, 전기레인지이다.

다. 일반적으로 소액사고는 인터넷으로 관련 자료를 스캔하여 간소하게 보험금을 청구하고 있어 실제 현장출장하여 확인을 하지 않는다는 점을 이용한 사례이다.

<사례 11> 사고내용을 조작한 보험사기 사건 2

2019. 8. 29. 김○○(남, 스튜디오경영)는 낙뢰로 PC가 파손되었다고 2019. 9. 5. 수리비 영수증 금 2,556,765원을 ○○손해보험의 콜센터로 재물보험의 보험사고를 접수하면서 보상청구를 하였다.

약관의 내용은 화재보험약관 제1조(목적)은 "이 보험계약은 보험계약자와 보험회사 사이에 피보험자가 보험의 목적에 화재(벼락을 포함합니다. 이하 같습니다)로 입은 손해에 대한 위험을 보장하기 위하여 체결됩니다"라고 하여 벼락을 포함하므로 낙뢰로 인하여 피보험자의 재물인 PC에 발생한 손해를 보상한다.

사실관계는 김○○은 2019. 8. 29. 본인의 스튜디오에 있는 PC를 장시간 켜 놓고 사용하다 고장이 나자 낙뢰로 PC가 파손되었다고 주장하여 보험금을 청구한 사건이었으나 ○○전자서비스센터에 의뢰한 바 PC의 자연소모적인 고장으로 확인되었다.

<사례 12> 사고내용을 조작한 보험사기 사건 3

2022. 7. 21. 김○○(여, 식당종업원)는 본인의 주택 욕실의 배관파열로 본인의 집수리와 아랫집이 피해를 주었다며 본인 집수리비용으로 2022. 7. 27. ○○손해보험회사 콜센터로 화재보험 특약인 급배수시설누출손해 사고로 접수하고 수리비 영수증 금 1,300,000원을 제출하면서 보상청구를 하였다.

약관의 내용은 화재보험 계약의 특별약관으로 급배수시설누출손해(자기부담금 10%)(주택)의 "약관 제1조(보상하는 손해) 회사는 이 특별약관의 보험기간 중에 급배수시설누출손해에 대한 보장개시일 이후에 보험의 목적의 수조, 급배수설비 또는 수관이 우연한 사고로 인해 누수 또는 방수됨에 따라 보험의 목적에 생긴 직접손해를 이 특별약관에 따라 보상하여 드립니다. 단, 건물은 재조달가액 기준, 가재는 시가를 기준으로 하여 손해액을 계산합니다"라고 정하고 있다.

사실관계는 김○○은 본인 주택의 윗층의 누수로 인하여 피해를 당하자 배관, 타일수리비를 미리 보상을 받고, 사고내용을 조작하여 자기가 가입한 재물보험의 급배수시설누출손해보험 특별약관으로 이중으로 보상받으려고 한 것으로 확인되었다.

나. 유형 및 특징

이는 가장 보편화된 보험사기 범죄의 수법으로, 보험사기자들은 실제 보상처리가 불가능한 사고가 발생하였음에도 불구하고, 소액사고는 보험회사가 현장조사 등을 세밀하게 하지 않는다는 점을 악용하여 실제사고 아닌 보상이 가능한 사고로 바꿔치기 등의 사고내용 조작하여 보험회사로 접수하고 보험금을 편취하는 사례가 빈발하고 있다. <사례 10>은 PC가 고장나자 보상처리가 가능한 화재(벼락 포함)사고로 사고내용을 조작하여 보험금을 청구하고, <사례 11>은 주택용 가전제품을 보상하는 보험에 가입하고 본인 사업장에서 사용하는 업무용 가전제품이 고장나자, 주택용으로 고장났다고 거짓으로 보험금을 청구하였으며, <사례 12>는 윗집에서 발생한 누수사고로 보상을 받은 후 본인 화재보험의 재물보험인 급배수시설누출손해 특별약관으로 이중보상을 청구하여 보험금을 편취하려 한 사고로 확인되는 등 사고내용을 조작하여 보험청구를 하고 있다. 이는 보험회사에서 본인이 사기의 미수를 시인하면 '청구포기 확인서'를 받고 사건을 아무 일도 없던 것처럼 무마시키는 것 때문에 사기범의 죄의식이 결여되고, 전파되어 반복적으로 발생한다.

다. 검토

사고내용을 조작하여 허위로 보상청구한 보험사기는 무엇보다도 사고현장을 방문하여 실제의 사고를 확인하는 초동조사가 제일 중요하다. 그리고 보험목적물을 확인하여 보험사고로 보상하는 내용이 맞는지 확인하여야 한다. 다음으로 주변인 등 목격자의 확인하는 탐문조사를 하는 것도 필요하다. 또한 보험회사는 손해액을 줄이려고 수리하지 않아도 미수선 수리비를 보험금으로 지급하는 보상제도도 시급히 개선해야 할 부분이다. 따라서 조사자는 신속하게 현장을 방문하고 실제로 발생한 사고내용을 확인하는 데 집중하여야 한다. 이러한 사고는 보험사에 통보한 사고의 내용이 어딘가 허술하고 상식에 맞지 않는 경우도 많이 있고, 조작한 듯한 느낌이 있어 사고 원인분석기술인 사고 상황을 재현하는 사고재현 시뮬레이션을 통하여 밝혀지기도 한다.

제2절 배상책임보험 사기의 사례

Ⅰ. 고의적인 보험사고

1. 사례

<사례 13> 고의적인 보험사고의 사례 1

2020. 10. 4. 김○○(남, 무직)는 식당 입구의 계단에서 보행인과 부딪혀서 상대방이 넘어지면서 다리를 겹질려 골절되어 수술이 필요한 상태라고, 2020. 10. 12. ○○손해보험회사의 콜센터로 일상생활배상책임보험의 대인배상 보험사고를 접수하고 보상처리를 요청하였다. 추후 예상손해액 금 30,249,000원으로 확인되었다.

약관의 내용은 일상생활배상책임보험은 "제2조(보상하는 손해) 회사는 이 특별약관의 보험기간 중에 피보험자가 아래에 열거한 사고로 타인의 신체에 장해 또는 재물의 손해에 대한 법률상의 배상책임을 부담함으로써 입은 손해를 이 특별약관에 따라 보상하여 드립니다. 2. 피보험자의 일상생활에 기인하는 우연한 사고를 보상" 사고 건당 보상한도액은 1억 원이며 자기부담금은 대인배상은 없고, 대물배상은 20만 원이다. 또한 일상생활배상책임보험 특별약관 보상하지 아니하는 손해 "아. 피보험자 또는 피보험자의 지시에 따른 폭행 또는 구타로 인한 배상책임"에 규정한 사항으로 폭행은 고의적인 사고로 보상하지 아니하는 손해이다.

사실관계는 김○○은 술집에서 음주하여 취한 상태에서 같이 마시던 지인과 시비가 붙어 피해자를 일방적으로 폭행하여 다리가 골절된 사고로 확인되었다. 폭행사고는 배상책임보험에서 보상되지 않자, 부딪혔다고 조작하여 보상을 받으려고 한 보험사기 미수 사례이다.

<사례 14> 고의적인 보험사고의 사례 2

2022. 6. 23. 임○○(남, 경영관리자)는 엘리베이터 문을 오랫동안 잡아놓아서 엘리베이터가 고장 났다고 하고, 2022. 7. 6. ○○손해보험회사의 콜센터로 일상생활배상책임보험의 대물배상 보험사고를 접수하고 엘리베이터 수리비 금

3,150,000원의 영수증을 제출하고 보상처리 요청하였다.

약관의 내용은 일상생활배상책임보험 특별약관 "제2조(보상하는 손해) 회사는 이 특별약관의 보험기간 중에 피보험자가 아래에 열거한 사고로 타인의 신체에 장해 또는 재물의 손해에 대한 법률상의 배상책임을 부담함으로써 입은 손해를 이 특별약관에 따라 보상하여 드립니다. 2. 피보험자의 일상생활에 기인하는 우연한 사고를 보상" 사고 건당 보상한도액은 1억 원이며 자기부담금은 대인배상은 없고, 대물배상은 20만 원이다. 또한 일상생활배상책임보험 특별약관 보상하지 아니하는 손해에서 고의적인 사고는 보상하지 아니하는 손해이다.

사실관계는 임○○은 음주로 만취하여 귀가하는 중 아파트 엘리베이터가 늦게 내려오자, 발로 문을 차는 등 성질을 못 이기다가 마침 내려오자, 플라스틱으로 된 고장수리 중 안내판을 엘리베이터 문에 끼워놓고 귀가하여 엘리베이터가 고장 난 사고이지만 수리비가 고액으로 나오자 엘리베이터를 오랫동안 잡아놓아서 고장 났다며 사고내용을 조작하여 보상청구한 사건이다.

<사례 15> 고의적인 보험사고의 사례 3

2021. 4. 20. 김○○(남, 사무직 종사자)는 운동을 하다가 상대방과 부딪혀서 상대방 치아를 부러뜨렸다고 하고, 2021. 4. 20. ○○손해보험회사의 콜센터로 일상생활배상책임보험의 대인배상 보험사고를 접수하고 치과 향후 예상치료비금 3,490,000원의 영수증을 제출하고 보상처리 요청하였다.

약관의 내용은 일상생활배상책임보험 특별약관 "제2조(보상하는 손해) 회사는 이 특별약관의 보험기간 중에 피보험자가 아래에 열거한 사고로 타인의 신체에 장해 또는 재물의 손해에 대한 법률상의 배상책임을 부담함으로써 입은 손해를 이 특별약관에 따라 보상하여 드립니다. 2. 피보험자의 일상생활에 기인하는 우연한 사고를 보상" 사고 건당 보상한도액은 1억 원이며 자기부담금은 대인배상은 없고, 대물배상은 20만 원이다. 또한 일상생활배상책임보험 특별약관 보상하지 아니하는 손해에서 폭행사고는 보상하지 아니하는 손해이다.

사실관계는 김○○는 회식 중에 같은 회사 동료직원을 폭행하여 치아가 골절되고 피해자 치아 보철 치료비가 고액으로 나오자 운동을 같이하다가 실수로 팔꿈치에 부딪힌 사고로 사고내용을 조작하여 보험금을 청구한 사고이다.

<사례 16> 고의적인 보험사고의 사례 4

2019. 3. 14. 추○○(남, 아동)는 정○○의 자녀로 친구와 같이 어깨동무하고 가다가 팔꿈치에 친구의 얼굴이 부딪쳐서 안와골절이 발생하였다고 하고, 2019. 6. 3. ○○손해보험회사의 콜센터로 자녀일상생활배상책임보험의 대인배상 보험사고를 접수하고 치료비 금 6,160,500원의 영수증을 제출하고 보상처리 요청하였다.

약관의 내용은 일상생활배상책임보험 특별약관 "제2조(보상하는 손해) 회사는 이 특별약관의 보험기간 중에 피보험자가 아래에 열거한 사고로 타인의 신체에 장해 또는 재물의 손해에 대한 법률상의 배상책임을 부담함으로써 입은 손해를 이 특별약관에 따라 보상하여 드립니다. 2. 피보험자의 일상생활에 기인하는 우연한 사고를 보상" 사고 건당 보상한도액은 1억 원이며 자기부담금은 대인배상은 없고, 대물배상은 20만 원이다. 또한 자녀일상생활배상책임보험 특별약관 보상하지 아니하는 손해에서 폭행사고는 보상하지 아니하는 손해이다.

사실관계는 추○○는 정○○의 자녀로 2019. 3. 14. 같은 반 학생을 폭행하여 안와골절이 되자 피해자를 입원시키고 2019. 6. 3. 퇴원하면서 병원치료비가 고액으로 나오자, 자녀가 어깨동무하고 가다가 실수로 팔꿈치에 부딪힌 사고로 사고내용을 조작하여 보험금을 청구한 사건이다.

<사례 17> 고의적인 보험사고의 사례 5

2021. 11. 11. 이○○(남, 조리사)는 음주하고 새벽에 무인 모텔에 들어가 숙박하려고 키오스크(무인 주문 단말기)를 조작하다가 실수로 넘어지면서 키오스크와 부딪혀 파손된 사고로 하여, 2021. 11. 15. ○○손해보험회사의 콜센터로 일상생활배상책임보험의 대물배상 보험사고를 접수하고 무인 단말기 수리비 금 14,000,000원의 영수증을 제출하고 보상처리 요청하였다.

약관의 내용은 일상생활배상책임보험 특별약관 "제2조(보상하는 손해) 회사는 이 특별약관의 보험기간 중에 피보험자가 아래에 열거한 사고로 타인의 신체에 장해 또는 재물의 손해에 대한 법률상의 배상책임을 부담함으로써 입은 손해를 이 특별약관에 따라 보상하여 드립니다. 2. 피보험자의 일상생활에 기인하는 우연한 사고를 보상" 사고 건당 보상한도액은 1억 원이며 자기부담금은 대인배상은 없고, 대물배상은 20만 원이다. 또한 일상생활배상책임보험 특별약관 보상하지 아니하는 손해에서 고의사고는 보상하지 아니하는 손해이다.

사실관계는 이○○는 만취하여 무인 모텔 단말기를 조작하던 중 음주로 인하여 스크린 터치가 원활하게 되지 않고, 작동속도가 느려지자 분을 삭이지 못하고 발로 차서 단말기를 부숴 파손시킨 사고로 CCTV에서 확인되었다. 수리비가 고액으로 나오자 사고내용을 조작하여 보험금을 청구한 사고이다.

2. 유형 및 특징

배상책임보험 고의사고의 대표적인 사례는 고의로 타인의 재물을 파손시키거나 타인을 폭행하여 상해를 가하는 경우이다.

<사례 13>은 피보험자가 지인과 음식점에서 술을 마시다가 시비가 붙어 피해자를 밀어 넘어뜨리고 발로 차는 등 폭행하여 피해자의 다리가 부러지는 상해를 입자, 피보험자가 음식점 계단을 내려가다가 올라오는 피해자와 어깨를 부딪쳐 그 충격으로 피해자가 넘어져 다리가 골절되는 상해를 입었다고 보험회사에 사고접수를 하여 보험금을 타내려다 적발된 사고이고,

<사례 14>는 피보험자가 음주로 만취한 상태에서 엘리베이터를 타려는 중 엘리베이터가 늦게 내려오자 엘리베이터의 문에 고의로 고장수리 중 안내판을 끼워놓아 작동을 못 하게 하여 고장 나게 한 사고이고, <사례 15>는 피보험자가 회사 동료와 회식 중에 다툼이 생겨 회사동료의 안면을 주먹으로 폭행하여 치아가 부러지자, 회사 동료와 같이 운동을 하다가 실수로 회사동료의 안면과 팔꿈치가 부딪혔다고 하여 보험금을 청구한 사고이다.

또한, <사례 16>은 자녀일상생활배상책임보험을 가입한 경우로 피보험자의 자녀가 학교에서 같은 반 학생을 폭행하여 안와골절이 되자, 자녀가 피해자와 어깨동무하고 가다가 실수로 팔꿈치에 부딪힌 사고라고 허위 보험사고 접수를 하여 보험금을 청구한 사건이다.

그리고 <사례 17>은 조리사인 피보험자가 음주하고 모텔에 숙박하려고 들어가서 키오스크 결재방법을 몰라 단말기를 터치하다가 만취로 작동이 잘되지 않고 지연되자 성질을 죽이지 못하여 무인 모텔 단말기를 발로 차서 부숴버리는 사고로 4건의 사고는 모두 고의적인 사고이다.

대인배상책임보험의 보험금청구 건 중의 폭행사고는 주로 상대방인 피해자가 안와골절, 치아파절 등 안면의 구타 상해가 많이 발생하고 있다. 특히, 자녀일상생활배상책임보험 사고는 학교폭력과도 연루되지만, 통상적으로 안면부의 손상이 많다.

3. 검토

배상책임보험의 고의사고는 재물보험의 보험사기 사건의 특징인 피보험자의 경제적인 곤란, 보험계약의 사고와의 근접과는 다르다. 배상책임보험의 고의사고의 특징은 고의적인 기물파손이나 폭행 등 비교적 보험사기의 조사와 확인이 수월하다.

사고 주변의 목격자의 확인이 반드시 필요하고, 사고당시 응급출동한 공공기관인 112나 119가 있으면 더욱 확인이 수월하다. 따라서 신속한 사고현장 조사와 사고와 관련된 기관 등에서 서류만을 잘 확인하여도 보험사기 확인에 필요한 증거를 확보할 수 있다. 즉, 사고현장 주변의 주차된 차량들의 블랙박스 영상을 신속하게 확보하고, 주변 건물 또는 도로에 설치된 CCTV 영상을 확보, 비교하고 분석하여 고의사고인지 확인할 필요가 있고, 112나 119 신고 내용이나 병·의원 내원 기록 등도 사실관계를 확인할 증거가 된다.

II. 보험사고 허위신고

1. 보험계약 이전 사고

가. 사례

<사례 18> 보험계약 이전 사고의 사례 1

2018. 12. 17. 이○○(남, 할인점 직원)는 친구와 장난치다가 친구의 휴대폰을 파손시켰다며 2019. 1. 7. ○○손해보험회사의 콜센터로 보험사고를 접수하고 수리비 영수증 478,000원을 제출하면서 보상청구를 하였다.

약관의 내용은 일상생활배상책임보험 특별약관은 “제2조(보상하는 손해) 회사는 이 특별약관의 보험기간 중에 피보험자가 아래에 열거한 사고로 타인의 신체에 장해 또는 재물의 손해에 대한 법률상의 배상책임을 부담함으로써 입은 손해를 이 특별약관에 따라 보상하여 드립니다. 2. 피보험자의 일상생활에 기인하는 우연한 사고를 보상" 사고 건당 보상한도액은 1억 원이며 자기부담금은 대인배상은 없고, 대물배상은 20만 원이다.

사실관계는 이○○은 보험가입 이전인 2018년 11월 말일경 피해자의 휴대폰을 과실로 떨어뜨려 파손시키자 보험설계사에게 상담을 받고, 마침 운전자보험이 미가입되어 있어 2018. 12. 3. 일자로 장기운전자보험(일상생활배상책임특별약관 담보추가)을 가입한 후 2018. 12. 17. 사고로 하여 보험금을 청구한 사고로 보험가입 이전의 사고로 확인되었다.

<사례 19> 보험계약 이전 사고의 사례 2

2019. 7. 27. 이○○(남, 성직자)는 자택 아파트 싱크대 배관의 누수로 아랫집의 수침손해로 도배, 장판, 장롱, 옷가지가 피해를 보았다며 2019. 7. 29. ○○손해보험회사의 콜센터로 보험사고를 접수하고 수리비 영수증 등 손해배상금 7,000,000원을 제출하면서 일생상활배상책임보험의 대물배상 누수사고의 보상청구를 하였다.

약관의 내용은 일상생활배상책임보험 특별약관은 "제2조(보상하는 손해) 회사는 이 특별약관의 보험기간 중에 피보험자가 아래에 열거한 사고로 타인의 신체에 장해 또는 재물의 손해에 대한 법률상의 배상책임을 부담함으로써 입은 손해를 이 특별약관에 따라 보상하여 드립니다. 2. 피보험자의 일상생활에 기인하는 우연한 사고를 보상" 사고 건당 보상한도액은 1억 원이며 자기부담금은 대인배상은 없고, 대물배상은 20만 원으로 규정되어 있다.

사실관계는 이○○은 보험계약 체결 이전인 2019. 7. 24. 본인의 아파트에서 누수가 발생하여 아랫집의 수침손해 사고가 발생하자 지인인 보험설계사에게 상담을 받고, 보험계약을 2019. 7. 25. 일자로 장기운전자보험(일상생활배상책임보험 특별약관 담보추가)을 체결한 후 2019. 7. 29. 보험사고로 하여 보험금을 청구한 것으로 보험계약 이전의 사고를 보험사고로 보상 청구한 것으로 확인되었다.

<사례 20> 보험계약 이전 사고의 사례 3

2021. 5. 28. 손○○(남, 사무직 종사자)는 친구의 노트북을 빌려서 사용하다가

커피를 쏟아 노트북이 고장 났다며, 2021. 5. 28. ○○손해보험회사의 콜센터로 일상생활배상책임보험의 보험사고를 접수하고 수리비 영수증의 손해배상금 1,280,000원을 제출하면서 보상청구를 하였다.

약관의 내용은 피보험자 손○○의 장기운전자보험의 일상생활배상책임보험 특별약관에서는 "제2조(보상하는 손해) 회사는 이 특별약관의 보험기간 중에 피보험자가 아래에 열거한 사고로 타인의 신체에 장해 또는 재물의 손해에 대한 법률상의 배상책임을 부담함으로써 입은 손해를 이 특별약관에 따라 보상하여 드립니다. 2. 피보험자의 일상생활에 기인하는 우연한 사고를 보상"한다고 규정되어 있고, 한 사고 건당 보상한도액은 1억 원이며 자기부담금은 대인배상은 없고, 대물배상은 20만 원이다.

사실관계는 손○○은 보험계약 체결 이전인 2021. 5. 25. 친구와 카페에서 만나서 커피를 마시던 중 피보험자 본인의 과실로 친구의 노트북에 커피를 쏟아 노트북이 고장나자, 지인인 보험설계사에게 보상상담을 받고, 사고 다음 날인 2021. 5. 26 일자로 장기운전자보험(일상생활배상책임보험 특별약관 담보추가)을 가입한 후 2021. 5. 28. 보험사고로 하여 보험금을 청구한 사건으로 보험계약 체결 이전의 사고로 확인되었다.

나. 유형 및 특징

<사례 18>은 보험계약 이전 사고의 보험사기 사건으로 최근에 급증하는 유형의 보험사기 사건이다. 이러한 유형의 보험사기는 친구들 사이에서 휴대전화를 주고받다가 또는, 본인의 실수로 떨어뜨려 액정이 손상되거나 물 또는 음료, 화장실 변기에 빠뜨려 수리가 필요할 경우 일상생활배상책임보험의 보험계약을 체결한 후 서로에게 상대방의 보험으로 휴대폰의 수리를 교차하여 대물배상책임보험으로 보험처리해 주는 방식으로 보험사기를 한다.

또 다른 방법은 노트북, 휴대폰, 디지털카메라 등 가전제품이 고장나면 본인이나 주변의 지인들이 해외여행을 갈 때를 노려, 해외여행자보험의 휴대품손해특약을 가입하고, 개별 물품 개당 20만 원 한도로 최대 총 100만 원까지의 노트북, 카메라, 휴대폰, 캐리어 등의 도난 및 파손을 보상받을 수 있어 이러한 방법으로 보험사기를 한다. 이러한 해외여행자보험의 휴대폰 및 휴대용 전자기기 파

손, 도난 보상사기는 SNS로 빠르게 전파되어 모방범죄를 증가시킨다.

이 소액 보험사기의 특징은 SNS를 즐겨 사용하는 사회의 집단에서 사람들이 이러한 방법의 보험사기를 빠르게 습득하고, 온라인으로 급속하게 전달되는 현상이 나타나고 있다. 이 보험사기가 증가하는 또 다른 이유은 보험사기 금액이 소액이라 보험회사는 보험사기자가 보험사기를 인정하고 보험금청구포기서만 작성해 주면 없었던 일로 무마해주는 것도 원인일 것이다. 또 다른 특징은 보험에 전문적인 지식을 가진 보험설계사로부터 사고내용을 듣고, 사고 시점을 보험가입 이후에 하면 된다는 지도를 받아 가해자와 피해자가 적극적으로 공모하여 보험사기 범행을 하는 경우로 가해자와 피해자가 모두 보험사기 범죄에 가담하는 유형이다. 그리고 대부분 피해자가 손해배상을 독촉하기 때문에 사고일자와 보험계약일자가 근접한 당일사고가 일반적이다.

<사례 19>는 피보험자의 아파트 싱크대 배관의 누수로 인해 아랫집이 수침손해를 입어 도배, 장판, 가구 등의 수리 및 교체비용이 발생한 사고이다. 이러한 누수사고를 보험사기로 이용하는 유형은 최근에 급증하는 보험사기의 한 유형이다. 이는 누수사고가 다른 보험사기에 비하여 손해액이 비교적 소액이고 간단히 날짜만 조작해서 보험사기로 처리가 가능하기 때문이다. 또한, 보험사기 금액이 소액으로 살인, 방화 같은 강력한 보험사기 사건에 비해 보험사기 행위자의 죄의식이 결여되는 것도 한 이유일 것이다. <표 17>에서 보듯이 보험계약 이전의 보험사기 사고 건은 사고내용 조작 보험사기 사건 다음으로 220건이었고, 그 구성비가 35.1%에 해당하는 것으로 나타났다.

<사례 20>에 해당하는 보험사기의 유형 또한 빈번하게 발생하는 유형이다. 일상생활배상책임보험의 보험계약이 없는 보험소비자나 그의 지인들의 가전제품이 과실로 고장나거나 파손되어 수리가 필요한 경우, 위의 보험계약을 새로이 가입한 후 피보험자가 실수로 가전제품에 음료를 엎질렀다거나 지나가다가 신체접촉에 의하여 가전제품이 바닥에 떨어져 파손되었거나, 지인의 집에 방문하여 자녀가 공놀이하다가 TV 등의 가전제품을 파손시켰다고 하는 등의 보험사고 건이 접수된다.

다. 검토

배상책임보험의 보험사기 사건의 대응 방안은 재물보험의 경우와 별반 다르지 않다. 따라서 보험계약 이전의 보험사기 사건은 조사자가 현장에 대한 탐문 및 목격자 확보, CCTV 확보가 중요한 사안으로 피보험자와 피해자가 진술을 맞추었기 때문에 이들에 대하여 현장 상황을 조금만 더 자세하게 청취하면 반드시 허점이 드러날 수 있어 피보험자와 피해자의 대질 조사가 반드시 필요하다. 재물보험과 다른 점은 배상책임보험은 피해자인 상대방이 부상하거나 사망하는 대인배상사고가 발생하는 경우가 있으므로 사고 관련 기관인 112나 119의 접수일시, 병·의원의 진료기록부에서의 최초 내원일시, 상해의 수상일시, 사고 관련자·목격자의 사고일시 진술한 내용 등의 조사가 필요하며, 피해물이 방치된 경우가 많으므로 피해물의 부식상태 확인, 사고관련자가 휴대전화로 촬영한 사고현장과 피해자 및 피해물 사진의 상세정보를 확인하여 촬영일시 등 조사가 필요하다. 요즘 휴대전화 사진의 상세정보는 편집기능이 추가되어 신속한 조사가 절대적으로 필요하다. 혹시 편집기능으로 날짜를 변경하였다면 디지털 자료복원(포렌식) 조사가 필요할 수도 있다.

해외여행자보험의 소액 가전제품의 보험사기는 일회성보다 동일인이 여러 번 보험사기에 가담하는 형태가 나타나고, 이 경우 삼성전자서비스나 LG전자서비스 등 가전제품 AS센터의 견적서나 영수증의 날짜를 수정하여 복사 후 재사용하는 형태가 빈발하므로 관련서류의 원본을 징구하여야 하고, 사본을 사용할 경우는 발행날짜를 수정하여 복사한 것인지와 서류의 일련번호 등을 꼼꼼하게 살필 필요가 있다. 그리고 누수사고는 피해자 휴대전화 사진의 속성에 피해 관련 사진의 촬영날짜가 나타나므로 정확한 사고날짜를 확인할 수 있고, 이와 더불어 가·피해자들의 자녀들은 사고의 실체적 진실을 확인해주는 중요한 목격자이다. 특히, 가전제품의 파손과 관련된 보험사고의 경우는 피보험자나 피해자의 자녀들이 중요한 목격자가 되어 사고내용의 진실을 진술하므로 반드시 대면조사가 필요하다.

2. 사고내용 조작사고

가. 사례

<사례 21> 사고내용을 조작하여 보상청구한 사기 사례 1

2019. 5. 27. 이○○(남, 체육관 종사자)는 퇴근길에 체육관학생과 부딪쳐 학생이 넘어지면서 상해를 입었다고 하여, 2019. 6. 5. ○○손해보험회사의 콜센터로 일상생활배상책임보험의 대인배상 보험사고를 접수하고, 이후 중환자실 치료비 금 93,608,162원의 영수증을 제출하고 보상처리 요청하였다.

약관의 내용은 일상생활배상책임보험 특별약관 "제2조(보상하는 손해) 회사는 이 특별약관의 보험기간 중에 피보험자가 아래에 열거한 사고로 타인의 신체에 장해 또는 재물의 손해에 대한 법률상의 배상책임을 부담함으로써 입은 손해를 이 특별약관에 따라 보상하여 드립니다. 2. 피보험자의 일상생활에 기인하는 우연한 사고를 보상"이라고 규정되어 있고, 사고 건당 보상한도액은 1억 원이며 자기부담금은 대인배상은 없고, 대물배상은 20만 원이다.

사실관계는 체육관 관장인 이○○는 본인이 운영하는 체육관의 학원생이 체육관에서 운동 중 동료 학원생과 대련하다가 크게 다치자, 본인과 밖에서 부딪혀서 넘어져 상해를 입었다고 사고 접수한 사건으로 체육관 내부 CCTV에서 대련연습 중 상대방의 발차기에 머리를 맞아 상해를 입은 것으로 확인되었다. 치료비가 고액으로 나오자 사고내용을 조작하여 보험금을 청구한 사건이다.

<사례 22> 사고내용을 조작하여 보상청구한 사기 사례 2

2018. 12. 29. 이○○(남, 건설노동자)는 바닷가 포구의 선박 옆에서 친구와 삼겹살을 구워 먹다가 바람에 불꽃이 날려서 정박한 선박에 불이 붙어 선박에 화재사고가 발생하였다고 하고, 화재사고를 포구에서 영상으로 촬영하였다고 하여, 2019. 1. 29. ○○손해보험회사의 콜센터로 일상생활배상책임보험의 대물배상 보험사고를 접수하고 선박 수리비 금 90,636,970원의 영수증을 제출하고 보상처리 요청하였다.

약관의 내용은 일상생활배상책임보험 특별약관 "제2조(보상하는 손해) 회사는 이 특별약관의 보험기간 중에 피보험자가 아래에 열거한 사고로 타인의 신체에 장해 또는 재물의 손해에 대한 법률상의 배상책임을 부담함으로써 입은 손해를 이 특별약관에 따라 보상하여 드립니다. 2. 피보험자의 일상생활에 기인하는 우연한 사고를 보상"한다고 규정하고 있고, 사고 건당 보상한도액은 1억 원이며 자기부담금은 대인배상은 없고, 대물배상은 20만 원이다.

사실관계는 이○○는 사고 선박 소유자의 지인으로 선박 기관실에서 화재로 선박이 손상되어 고액의 수리비가 나오자, 선박소유자는 이○○와 공모하여 보험금의 일부를 주기로 하고 이○○가 가입한 일상생활배상책임보험으로 보상청구를 한 것으로 주변 CCTV에서 확인되었다. 선박보험을 가입하지 않은 이○○는 수리비가 고액으로 나오자 공모하여 사고내용을 조작 후 보험금을 청구한 사건이다.

<사례 23> 사고내용을 조작하여 보상청구한 사기 사례 3

2020. 12. 20. 김○○(남, 자영업)는 다니던 ○○교회에서 목사가 수도가 얼었다고 도움을 요청하였다. 김○○는 ○○교회에 달려가서 주전자에 물을 끓여 수도를 녹였는데 마침 언 수도관이 파열되어 수도관 주변에 수침손해가 발생하였다고 하고, 2020. 12. 24. ○○손해보험회사의 콜센터로 일상생활배상책임보험의 대물배상 보험사고를 접수하면서 침수손해 수리비 금 13,760,000원의 영수증을 제출하고 보상처리 요청하였다.

약관의 내용은 일상생활배상책임보험 특별약관 "제2조(보상하는 손해) 회사는 이 특별약관의 보험기간 중에 피보험자가 아래에 열거한 사고로 타인의 신체에 장해 또는 재물의 손해에 대한 법률상의 배상책임을 부담함으로써 입은 손해를 이 특별약관에 따라 보상하여 드립니다. 2. 피보험자의 일상생활에 기인하는 우연한 사고를 보상"한다고 규정하고 있고, 사고 건당 보상한도액은 1억 원이며 자기부담금은 대인배상은 없고, 대물배상은 20만 원이다.

사실관계는 교회 신도인 피보험자 김○○는 다니던 ○○교회의 수도관이 얼어 파열되어 수침손해가 발생하자, 본인이 가입한 일상생활배상책임보험으로 보상받을 목적으로 본인이 수도관을 녹이다가 파열시켰다고 허위로 사고내용 조작하여 보험처리를 접수한 사건으로 교회 내부 CCTV에서 거짓으로 확인되었다. 교회의 수리비가 고액으로 나오자 본인이 엉뚱한 희생으로 사고내용을 조작하여 보험금을 청구한 사건이다.

나. 유형 및 특징

사고내용조작은 원래 없었던 사고를 각색하여 만드는 것이다. 즉, 보험계약자, 피보험자 또는 제3자가 소설 작가가 되어서 보험사고가 아닌 것을 보험사고로 보상받을 수 있도록 내용을 새로이 창조하는 것이다. 따라서 사고내용이 어딘가 어설플 수밖에 없다. 이 경우는 실제사고가 발생하지 않았음에도 사고가 발생하였다고 허위로 사고접수를 한 후, 보험금을 속여 뺏는 것이기 때문에 사고현장에 대한 방문조사가 필요한 사건이다. 따라서 수사기관 또는 보험사에서는 피의자들이 신고한 내용대로 실제 사고가 발생한 것인지 아닌지를 반드시 확인해야 한다.

<사례 21>은 체육관을 운영하는 자가 체육관의 학원생들의 대련 중 피해 학원생이 발차기에 크게 상해를 입자 치료비와 피해보상금을 보험으로 처리하려고 체육관 밖의 일상생활의 사고로 조작하여 보험사고 접수한 사고 건이며, 이러한 유형은 보험계약자 및 피보험자가 체육관을 운영하는 직업을 가지고 있는 경우가 많고 피해자도 학생인 경우이다.

<사례 22>는 대물배상책임 사고 건으로 접수된 것으로 선박보험을 가입하지 않은 선주가 기관실에서 화재가 발생하여 선박이 크게 손상이 되자 지인과 공모하여 선박이 정박한 포구 바로 옆에서 삼겹살을 구워 먹다가 바람에 불꽃이 선박에 날려 선박에 옮겨붙어 화재가 발생하였다고 사고내용을 조작한 것으로 이러한 유형은 없었던 사고를 만들어 내다보니 사고내용이 얼토당토 않거나 터무니없는 경우가 많다. 따라서 사고재현 시뮬레이션 등이 조사 시 필요할 수도 있다.

<사례 23>은 교회 신도인 피보험자가 다니던 교회에서 수도관 동파사고로 수침손해가 발생하자 본인이 가입한 일상생활배상책임보험으로 보험처리하려고 하다가 적발된 사고로 본인이 해동작업을 하지도 않았으나 하였다고 허위로 사고내용을 조작한 보험사기 사고이다.

다. 검토

사고내용 조작 보상청구 보험사기에 대한 대응방안으로는, 보험사고 현장조사자는 사고현장에 출동하여 사고가 발생하였다는 지점의 CCTV 확인 및 피의자들의 휴대전화 번호의 위치가 당시 현장의 위치와 동일한 지 등을 정확하게 확인해야 한다. 또한, 가해자의 신체부위나 가해물건과 피해자의 피해위치가 잘 맞지 않는 경우가 많고, 일반적인 생각보다 피해 정도가 심각하거나 물건의 파손이 크다. 그러므로 조사자는 보험사고 현장조사할 때 가해자와 피해자의 사고내용 확인서를 시간이 지남에 따른 현황과 조치내용을 각각 따로 꼼꼼하게 받아서 비교하여 확인할 필요가 있다. 그리고 가·피해자들이 사전에 공모하여 사고현장과 응급조치 기록 등을 감추기 때문에 119나 경찰지구대, 소방서 등 관공서의 사고 접수기록, 출동기록, 응급조치기록, 병원의 응급실기록지, 사고현장 목격자 등을 탐문으로 확인할 필요가 있다.

실제 사례에서 보면 <사례 21>에서 퇴근길에 학생과 부딪쳐 넘어졌는데 피해자인 학생이 중환자실에 입원하였다고 하여, 피해자의 부상이 너무 커 통상적인 사고내용과 일치하지 않는다. <사례 22>도 포구에서 삼겹살을 구워 먹다가 불꽃이 선박에 옮겨붙어 화재가 발생하였다는 것도 상식적으로 발생할 확률이 극히 희박한 경우이다. 따라서 사고내용과 피해 정도가 일반적인 경우를 기준으로 하여 수긍되지 않거나 사고내용에 비하여 피해 정도가 너무 큰 경우는 의심을 가지고 실제의 진실을 확인하는 것이 매우 중요하다.

3. 직무수행 중 사고

가. 사례

<사례 24> 건물수리업자가 화장실 수리 중 사고 보상청구 사기 사례

2018. 11. 26. 나○○(남, 건축종사자)는 지인의 주택 화장실을 손봐주다가 배관을 잘못 건드려 누수가 발생하여 아랫집에 수침손해가 발생하였다고 하고, 2018. 12. 31. ○○손해보험회사의 콜센터로 일상생활배상책임보험의 대물배상 보험사고를 접수하면서 아랫집 침수손해 수리비 금 20,000,000원의 영수증을 제출하고 보상처리 요청하였다.

약관의 내용은 일상생활배상책임보험 특별약관 “제2조(보상하는 손해) 회사는 이 특별약관의 보험기간 중에 피보험자가 아래에 열거한 사고로 타인의 신체에 장해 또는 재물의 손해에 대한 법률상의 배상책임을 부담함으로써 입은 손해를 이 특별약관에 따라 보상하여 드립니다. 2. 피보험자의 일상생활에 기인하는 우연한 사고를 보상" 사고 건당 보상한도액은 1억 원이며 자기부담금은 대인배상은 없고, 대물배상은 20만 원이다.

사실관계는 직업이 건축종사자인 피보험자 나○○는 고객의 요청으로 화장실을 개조하는 공사를 하던 중 본인의 과실로 화장실 배관을 파손시켜 아랫집에 수침손해가 발생하자 일상생활배상책임보험으로 허위사고 접수한 사건으로 일상생활배상책임보험 약관 제3조(보상하지 않는 손해) ②의 "1. 피보험자의 직무수행을 직접적인 원인으로 하는 배상책임" 손해는 보상하지 않는 것을 알고 직무수행 중임을 감추고 보험금을 청구한 사건이다.

<사례 25> 전자기기 수리원이 프린터 수리 중 사고 보험사기 사례

2019. 1. 6. 박○○(남, 사무기기 수리원)는 타인의 자동복합프린터기를 봐주다가 고장낸 사고가 발생하였다고 하여, 2019. 1. 11. ○○손해보험회사의 콜센터로 일상생활배상책임보험의 대물배상 보험사고를 접수하면서 프린터기 수리비금 5,300,000원의 영수증을 제출하고 보상처리 요청하였다.

약관의 내용은 일상생활배상책임보험 특별약관 "제2조(보상하는 손해) 회사는 이 특별약관의 보험기간 중에 피보험자가 아래에 열거한 사고로 타인의 신체에 장해 또는 재물의 손해에 대한 법률상의 배상책임을 부담함으로써 입은 손해를 이 특별약관에 따라 보상하여 드립니다. 2. 피보험자의 일상생활에 기인하는 우연한 사고를 보상"한다고 규정하고 있으며, 사고 건당 보상한도액은 1억 원이며 자기부담금은 대인배상은 없고, 대물배상은 20만 원이다.

사실관계는 직업이 사무기기 수리원인 피보험자 박○○는 고객의 요청으로 프린터를 수리하러 고객의 자택을 방문하여 프린터를 수리하던 중 과실로 프린터를 고장나게 하였으나 일상생활배상책임보험으로 허위사고 접수한 사건으로 일상생활배상책임보험 약관 제3조(보상하지 않는 손해) ②의 "1. 피보험자의 직무수행을 직접적인 원인으로 하는 배상책임" 손해는 보상하지 않는 것을 알고 직무수행 중임을 감추고 보험금을 청구한 사건이다.

<사례 26> 태권도장 관장이 대련 중 사고 보험사기 사례

2019. 3. 12. 송○○(남, 체육관련종사자)는 본인이 발목을 다쳐 목발을 짚고

횡단보도를 건너던 중에, 옆에 지나가던 고교생이 목발에 발이 걸려 넘어져서 다리가 골절되는 사고가 발생하였다고 하여, 2019. 3. 14. ○○손해보험회사의 콜센터로 일상생활배상책임보험의 대인배상 보험사고를 접수하고 보상처리 요청하였다.

약관의 내용은 일상생활배상책임보험 특별약관 "제2조(보상하는 손해) 회사는 이 특별약관의 보험기간 중에 피보험자가 아래에 열거한 사고로 타인의 신체에 장해 또는 재물의 손해에 대한 법률상의 배상책임을 부담함으로써 입은 손해기를 이 특별약관에 따라 보상하여 드립니다. 2. 피보험자의 일상생활에 기인하는 우연한 사고를 보상"한다고 규정하고 있으며, 사고 건당 보상한도액은 1억 원이며 자기부담금은 대인배상은 없고, 대물배상은 20만 원이다.

사실관계는 본인 운영하는 태권도장에서 수련생인 고교생과 대련을 하던 중 발차기로 고교생 대퇴골을 부러뜨린 사고가 발생하자 일상생활배상책임보험으로 허위 사고접수한 사건으로 일상생활배상책임보험 약관 제3조(보상하지 않는 손해) ②의 "1. 피보험자의 직무수행을 직접적인 원인으로 하는 배상책임" 손해는 보상하지 않는 것을 알고 직무수행 중임을 감추고 보험으로 청구한 사건이다. 태권도장 내부 CCTV에서 대련 중에 발생한 사고로 확인되었으며, 피해자의 다리골절로 고액 손해액이 나올 것을 예상하고 사고내용을 조작하여 보험금을 청구한 사건이다.

나. 유형 및 특징

전문직의 업무를 하는 사람들이 공사현장이나 공장에서 작업 중이거나 기술직 종사자가 기술 관련 업무 중 사고는 일반인들이 하는 일상생활의 동작보다 위험도가 높고 사고의 발생도 빈번하다. 이러한 경우는 직무위험에 대한 보험료율이 일상생활보다 높아 더 많은 보험료를 납입하는 영업배상책임보험이나 전문인배상책임보험을 가입하여야 보험으로 보상처리받을 수 있다.

직무수행 중의 보험사기 사고는 가해자가 허위사고로 조작해야 하고 피해자를 설득하는 데 시간이 필요하므로 보험사고가 지연하여 접수되는 경우가 많다. 일단 보험사고가 접수되면 가해자인 피보험자는 신속한 보상을 받고 사건을 덮고자 보험회사 담당자에게 성격을 앞세우고 적극적이고 급박하며, 보험사고 현장조사 등으로 보험금지급이 지체되면 필요 이상으로 언성을 높이며 화를 심하게 내며 욕설을 한다. 피해자는 회피하거나 비협조적인 경우가 많다.

<사례 24>는 건축업종사자인 피보험자가 고객의 화장실 개조공사 작업 중 업무상의 과실로 화장실 수도배관을 파열시켜 아랫집에 수침손해를 발생시킨 사고로 2018년 11월 16일 사고이나 2018년 12월 31일 보험회사 콜센터로 사고접수되어 보험사고가 45일 지연되어 접수된 건이다.

<사례 25>는 ○○전자 AS센터 사무기기 출장수리원인 피보험자는 고객의 자동복합프린터기의 방문수리 요청으로 출장수리 중 과실로 프린터기를 고장나게 하자 일상생활배상책임보험으로 대물배상을 하려고 보험회사 콜센터로 사고접수한 사건으로 2019. 1. 6. 사고 발생하여 2019. 1. 11. 보험회사로 사고접수가 5일 지연되어 접수된 건이다.

<사례 26>은 ○○태권도 관장인 피보험자가 본인 체육관의 수련생과 대련 중 고교생의 대퇴골을 부러뜨리는 사고가 발생하자 본인이 가입한 일상생활배상책임보험으로 대인배상을 하려고 보험회사 콜센터로 사고접수한 사건이다. 사고내용이 본인이 발목을 다쳐 목발을 짚고 횡단보도를 건너는 중에 보행인이 본인의 목발에 걸려 넘어져 대퇴골이 골절되는 사고가 발생하였다고 하여 비상식적이고 행동논리가 맞지 않는 사고를 보상받으려고 접수하였다.

다. 검토

직무수행 중 사고 보상청구 사기에 대한 대응방안으로는, 보험사고 현장조사자는 사고현장에 출동하여 사고가 발생하였다는 지점의 CCTV를 확인해서 사고접수 내용과 실제 사고내용이 일치하는지를 확인해야 하고, 112나 119에 신고를 한 경우 112 콜센터 접수내용이나 경찰서 지구대 현장 출동일지, 관할소방서 현장 출동기록 등을 확인한다. 혹시 대인배상 피해자가 있는 경우 병원 응급실 기록지들을 확인해야 한다.

또한 가·피해자들의 휴대전화 번호의 위치가 당시 현장의 위치와 동일한 지 등을 정확하게 확인해야 한다. 사고조사는 가·피해자의 사고경위서를 받고 피보험자나 가해자의 직업을 반드시 점검하여야 하며, 피해자나 피해물의 피해 내용이 피보험자의 직업과 관련 있는지를 검토할 필요가 있다.

<사례 24>와 <사례 25>는 같이 직무수행 중의 사고를 일상생활 사고로 조작해야 하는 경우 사고일시와 보험사고 접수일시가 많이 지연되는 경우가 발생하므로 보험사고가 지연되어 접수되는 경우 보험사고 조사자는 일단 직무수행 중의 보험사기의 의심을 가지고 보험사고 조사를 착수해야 하겠다. 또한 <사례 26>과 같이 터무니없는 보험사고 내용으로 조작하는 경우도 있으므로 사고내용과 피해 정도를 대조하여 분석하는 것이 반드시 필요하다.

4. 실거주지 조작 사고

가. 사례

<사례 27> 실거주지를 조작하여 보상청구한 사기 사례

2021. 3. 4. 이○○(여, 전업주부)는 본인의 주택 화장실 누수로 인하여 아랫집에 침수 피해가 발생하였다고 하여, 2021. 3. 4. ○○손해보험회사의 콜센터로 일상생활배상책임보험 I의 대물배상 보험사고를 접수하고 수리비 견적서 손해액금 3,500,000원의 보상처리를 요청하였다.

약관의 내용은 일상생활배상책임보험 특별약관 I "제3조(보상하는 손해) 회사는 피보험자가 보험증권에 기재된 이 특별약관의 보험기간 중에 아래에 열거한 사고로 타인의 신체에 피해를 입혀 법률상의 배상책임을 부담하거나 타인의 재물의 손해에 대한 법률상의 배상책임을 부담함으로써 입은 손해를 이 특별약관에 따라 보상하여 드립니다. 1. 피보험자가 주거하는 보험증권에 기재된 주택의 소유, 사용 또는 관리로 인한 우연한 사고" 사고 건당 보상한도액은 1억 원이며 자기부담금은 대인배상은 없고, 대물배상은 20만 원이다.

사실관계는 일상생활배상책임보험 특별약관 I은 본인이 소유하고 거주하는 주택의 누수로 인하여 발생한 배상책임손해를 보상한다. 그러나 피보험자 이○○은 증권에 기재된 주택을 타인에게 임대하였고, 본인은 거주지를 다른 주택으로 이사를 한 이후에 누수사고가 발생하였다. 그러나 피보험자는 보험증권에 기재된 임대한 주택에 거주한다고 허위로 알리고 보험금을 청구한 사건이다.

<사례 28> 실거주지를 조작하여 보상청구한 사기 사례

2022. 3. 8. 이○○(남, 기술영업직)는 본인이 실제로 거주하는 주택의 배관파열로 인한 누수가 원인이 되어 아랫집에 수침손해가 발생하였다고 하며, 2022. 4. 13. ○○손해보험회사의 콜센터로 일상생활배상책임보험 I의 대물배상 보험사고를 접수하면서 수리비 금 3,300,000원의 영수증을 제출하고 보상처리를 요청하였다.

약관의 내용은 일상생활배상책임보험 특별약관 I "제3조(보상하는 손해) 회사는 피보험자가 보험증권에 기재된 이 특별약관의 보험기간 중에 아래에 열거한 사고로 타인의 신체에 피해를 입혀 법률상의 배상책임을 부담하거나 타인의 재물의 손해에 대한 법률상의 배상책임을 부담함으로써 입은 손해를 이 특별약관에 따라 보상하여 드립니다. 1. 피보험자가 주거하는 보험증권에 기재된 주택의 소유, 사용 또는 관리로 인한 우연한 사고" 사고 건당 보상한도액은 1억 원이며 자기부담금은 대인배상은 없고, 대물배상은 20만 원이다.

사실관계는 일상생활배상책임보험 특별약관 I은 본인이 소유하고 거주하는 주택의 누수로 인하여 발생한 배상책임손해를 보상한다. 그러나 피보험자 이○○은 증권에 기재된 주택을 타인에게 임대하였고, 본인은 거주지를 다른 주택으로 이사를 한 이후에 누수사고가 발생하였다. 그러나 피보험자는 증권에 기재된 임대한 주택에 거주한다고 허위로 알리고 보험금을 청구한 사건이다.

나. 유형 및 특징

실거주지 조작 보상청구 사기 사건의 유형은 보험계약 당시에는 피보험자가 보험증권에 기재된 주소지에 거주하다가 보험기간 중에 살던 주택을 임대하고 다른 집으로 이사를 하게 되는 경우이다. 이는 2020. 3. 31.을 포함하여 그 이전에 당해 보험을 가입한 경우에 해당한다. 일상생활배상책임보험 특별약관 I의 보상하는 손해에 "1. 피보험자가 주거하는 보험증권에 기재된 주택의 소유, 사용 또는 관리로 인한 우연한 사고"로 규정되어 있다. 이러한 문제에 대한 분쟁이 지속되자, 금융당국과 보험회사가 협의하여 약관을 개정하였다. 따라서 2020. 4. 1. 자 이후의 보험계약은 "피보험자가 살고 있는 주택과 주택의 소유자인 피보험자가 임대 등을 통해 주거를 허락한 자가 살고 있는 주택 중 보험증권에 기재된 하나의 주택 또는 주택의 소유자인 피보험자가 주거를 허락한 자가 살고 있는 보험증권에 기재된 주택의 소유, 사용 또는 관리에 기인한 우연한 사고"에 대하여 보상한다.

일상생활배상책임특별약관이 삽입된 보험은 장기보험으로 보험기간이 짧게는 3년부터 최장 피보험자의 나이가 80세 또는 100세까지이므로 2020. 3. 31. 이전에 가입한 사람이 개정약관인 가족일상생활배상책임 III에 적용을 받으려면 '일상생활배상책임특별약관 I' 담보삭제 후 '일상생활배상책임 III'로 담보추가를 하고 추가보험료를 납입하면 된다. 그러나 담보삭제 후 담보추가를 하지 않은 보험소비자가 많아 보상현장에서는 구(舊)약관에 해당하는 사고 건을 많이 보상처리하고 있다.

<사례 27>과 <사례 28>은 피보험자가 보험기간 중에 보험증권에 기재된 주택을 임대하고 다른 곳으로 이사를 갔고, 임차인이 보험증권에 기재된 주택에 거주하던 중에 누수사고로 아랫집이 수침손해를 당하자 일상생활배상책임보험으로 보험처리 신고를 한 사고로 실제 거주지를 조작하여 보상청구한 사건이다.

다. 검토

피보험자가 실거주지에 거주하는 것에 대한 조사는 실거주를 주장하는 사람의 주민등록등본 발급을 요청하여 확인하는 방법과 실제 주소지를 방문하여 우편함에서 우편물과 각종 고지서를 확인, 집안의 가족사진, 장롱에 걸려있는 옷가지의 소유주를 확인, 거주지 주변의 편의점·슈퍼 등 가게와 세탁소 등을 수소문하여 피보험자가 점포에 방문하는지 세탁물을 맡기는지를 확인하는 방법 등이 있다.

장기보험은 보험계약 기간이 중·장기적으로 보험목적물의 변동이 있는 경우 계약변경(배서)를 통하여 정정할 수 있다. 따라서 보험회사는 보험모집인을 통하여 해당 보험소비자에게 계약내용의 안내와 담보삭제 후 담보추가를 하는 계약내용의 변경배서를 통하여 배서된 증권을 재발급하는 등 노력을 하고 있으나 보험소비자들이 이를 중요시하고 있지 않고, 보험회사에서 휴대폰으로 전화가 가면 상품가입 등 모집활동인 영업행위인 줄 알고 통화를 끊으려고만 하는 것도 문제이다. 따라서 보험회사가 고객에게 안내장 등을 발송하는 것도 유익한 방법이다.

이상으로 재물보험, 배상책임보험, 일상생활배상책임보험의 보험사기에 대하여 실제 경찰서의 검거 실적과 보험회사의 손해보상실무에서 발생하는 사례의 유형과 그 대응 방안으로 보험사기 조사 방법에 대하여 살펴보았다. 보험사기 사건의 현장조사는 매우 중요하다. 사고현장 주변의 주차차량의 블랙박스 영상을 신속하게 확보하고, 주변 CCTV 영상과 증거자료를 삭제되기 전에 확보해야 한다. 더불어 보험사기 사건을 수사하는 수사기관과 보험사의 연계도 매우 중요하다. 보험회사에서는 보험사기 의심이 드는 사건에 대해서는 자체 보험사기특별조사팀(SIU)에서 조사한 후 수사기관에 즉시 신고하여 위와 같은 범죄의 증거인 휴대전화 통화 내용과 CCTV 자료 등이 사라지기 전에 수사할 수 있도록 해야 한다. 또한 119의 구급활동 기록지와 소방서의 화재발생 출동보고서, 지구대 현장 조사보고서 등 공공기관 기록물, 병·의원의 초진 기록, 응급실 초진 기록지, 간호기록지 등 의료기관의 기록물을 피보험자 측의 협조를 받아 확인하여야 한다. 대부분 사고 발생 시의 긴급한 상황에서는 사고내용 조작이 어려우므로 사고현장을 최초로 목격한 사람 또는 출동한 견인차 차량기사나 119구급대원과의 면담은 사실관계를 명확하게 진술해 준다.

보험가입 전 보험사기나 고의사고는 보험사기의 구분이 확실하다. 그러나 보험사고 허위신고의 보험사기는 개별 보험상품 약관에 따라 다르고, 부가적인 특별약관도 많아 보험금 청구할 때 보험회사에서도 보험상품별 개별 약관을 확인하고 보상하고 있다. 앞에서 보험사고 허위신고의 보험사기의 통상적인 사례에 대한 대응 방안을 살펴보았다.

이에 더하여 보험사고 허위신고의 사례에 대한 추가적인 대응 방안을 살펴보면, 우리 「상법」에는 규정이 없지만 독일 「보험계약법」 제28조[6]에서는 계약상의

---

6) 독일 보험계약법 제28조(계약상의 책무 위반) ① 보험사고가 발생하기 전 보험자에 대하여 보험계약자로부터 이행돼야 하는 계약상의 책무가 위반된 때에는 의무위반이 보험계약자의 고의 또는 중과실에 의한 경우 보험자는 의무위반 사실을 안 때로부터 한 달 안에 언제든지 그 계약을 해지할 수 있다. ② 보험계약자로부터 이행돼야 하는 계약상의 책무가 위반됐을 때에 보험자가 급부할 의무가 없다는 계약을 정한 경우 보험계약자가 고의로 의무를 위반하였을 때만 이행면제가 된다. 의무를 중과실에 의하여 위반한 경우에는 보험

책무에 대하여 규정하고 있다. 이는 보험계약자의 간접의무로 책무를 이행하지 않는 경우 손해배상청구권, 소권 등의 적극적 권리를 행사할 수 없는 것을 말한다. 즉, 주소변경 통지의무, 직업변경 통지의무, 손해액을 확대하여 허위로 부풀려 보험금을 청구하지 않아야 할 의무, 보험사고 관련 증거를 위·변조하지 않아야 할 의무 등이 이에 해당하며 이 같은 경우에는 보험금청구가 불가하다는 보험금청구권 상실조항에 관한 규정을 엄격히 적용할 필요가 있다. 따라서 현행 「상법」의 개정이 불가능하다면 개별 보험상품의 표준보험약관 전체에 보험사고의 허위신고와 보험금을 더 많이 수령하려고 보험금청구 서류를 조작하여 과다청구하는 행위를 한 경우 보험금청구권을 상실한다는 규정의 조항을 필수적으로 삽입하고, 관련 공공기관은 대국민 홍보를 병행하는 방법도 보험사기를 억제하는 방법일 것이다.

계약자의 의무위반의 비율에 따라 보험자의 급부의무는 공제된다; 중과실이 없었음에 대한 증명책임은 보험계약자에게 있다. ③ 의무의 위반이 보험사고의 발생이나 확정에 또는 보험자 급부의무의 확정이나 범위에 인과관계가 없는 경우에는 보험자는 제2항과 달리 급부의무를 진다. 보험계약자가 책무를 악의로 위반한 경우에는 제1문은 적용되지 아니한다. ④ 제2항에 따른 보험자의 전부 또는 일부의 면책은 보험사고의 발생 후 하게 되는 정보제공의무 또는 설명책무의 위반의 경우에 보험자가 보험계약자를 이 의무위반에 대한 법률효과를 텍스트 형식의 통지를 통하여 지시하였을 것을 전제로 한다. ⑤ 계약상의 책무를 위반한 경우 보험자가 계약을 해제할 수 있음을 정한 것은 무효이다.

제 8 장

재물보험과 배상책임보험 사기의 방지를 위한 대응 방안

제 8 장

재물보험과 배상책임보험 사기의 방지를 위한 대응 방안

제1절 보험사기방지를 위한 일반적 대응 방안

Ⅰ. 법적 대응 방안

1. 보험사기방지 특별법

우리나라의 보험업계와 관련기관이 간절히 원하던 보험사기방지법 개정안이 2016년부터 12번의 개정 법안의 발의만에 마침내 2024. 1. 25. 국회 본회의를 통과하여 2024. 2. 13. 개정되었고, 2024. 8. 14. 시행되었다. 이번에 통과된 보험사기방지법 개정안에는 첫째, 보험사기의 알선·유인·권유 또는 광고 행위를 금지하고 이를 위반할 경우 10년 이하 징역 또는 5,000만 원 이하의 벌금형에 처한다는 내용이 담겼다.[1)] 보험사기가 발생하기 전이라도 이를 알선하거나 광고하는 행위만으로도 처벌할 수 있게 되었다는 점에서 기존보다 처벌이 강화되었다. 둘째, 효과적인 보험사기 조사를 위하여 금융당국이 관계기관인 행정기관, 보험회사, 정

1) 「보험사기방지 특별법」 제5조의2(보험사기 행위의 알선·권유 등의 금지) 누구든지 보험사기행위를 알선·유인·권유 또는 광고하는 행위를 하여서는 아니 된다.

보통신기관에 자료를 요청할 수 있는 자료제공요청권도 신설했다.[2] 자료의 요청에 응하지 않으면 500만 원 이하의 과태료가 부과된다. 셋째, 수사기관이 건강보험심사평가원에 입원적정성 심사를 의뢰하는 경우 건강보험심사평가원이 대통령령에 따라 자체적인 심사기준을 마련할 수 있도록 했다.[3] 넷째, 보험회사는 자동차 보험사기로 보험료 할증 등 불이익을 당한 보험가입자 등에게 피해사실 및 후속처리 절차 등을 고지하도록 하는 보험사기 피해자 구제제도를 법정화했다.[4] 이렇듯 보험업계와 관련기관의 숙원이던 보험사기방지법의 개정안이 통과되었지만, 가중처벌 등 형사처벌의 현실화는 내용에서 빠졌다는 점이 매우 아쉽다.

그러나 코로나19 때부터 일자리를 구하기 어려워진 젊은 층이 SNS나 인터넷 카페 등을 통하여 조직적으로 보험사기를 공모한 후 렌터카 등을 이용해 고의로 교통사고를 내고 합의금을 편취하거나, 병원과 그 브로커들이 공모하여 환자를 제공하는 대가로 진료비의 일부인 10~30% 상당한 금액을 수수료로 지급하고 병원은 허위진료로 보험금을 편취하는 사기에 대한 대응이 된 것은 바람직하였다고

---

2) 「보험사기방지 특별법」 제5조의3(자료제공의 요청 등) ① 금융위원회는 보험사기 행위의 효율적인 조사를 위하여 관계 행정기관, 보험회사, 그 밖에 대통령령으로 정하는 기관·단체에 보험사기행위 조사에 필요한 자료의 제공을 요청할 수 있다. 이 경우 요청 가능한 자료의 종류 및 범위는 대통령령으로 정한다. ② 금융위원회는 제5조의2를 위반하는 행위를 조사하기 위하여 정보통신서비스 제공자(「정보통신망 이용촉진 및 정보보호 등에 관한 법률」 제2조 제1항 제3호에 따른 정보통신서비스 제공자를 말한다. 이하 같다)에 대하여 필요한 자료의 제출을 요청할 수 있다. 이 경우 요청 가능한 자료의 종류 및 범위는 대통령령으로 정한다. ③ 제1항 및 제2항에 따른 자료의 제공 및 제출의 요청을 받은 자는 정당한 사유가 없으면 이에 따라야 한다. ④ 금융위원회는 제1항 및 제2항에 따라 제공 및 제출을 받은 자료를 제공 및 제출받은 목적 외의 다른 목적으로 사용하여서는 아니 된다. ⑤ 금융위원회는 제5조의2를 위반한 행위를 발견한 경우 「방송통신위원회의 설치 및 운영에 관한 법률」 제18조에 따른 방송통신심의위원회에 대하여 같은 법 제21조에 따라 심의 및 시정 요구를 할 것을 요청할 수 있다.

3) 「보험사기방지 특별법」 제7조(수사기관의 입원적정성 심사의뢰 등) ① 수사기관은 보험사기 행위 수사를 위하여 보험계약자 등의 입원이 적정한 것인지 여부(이하 "입원적정성"이라 한다)에 대한 심사가 필요하다고 판단되는 경우 「국민건강보험법」 제62조에 다른 건강보험심사평가원(이하 "건강보험심사평가원"이라 한다)에 그 심사를 의뢰할 수 있다. ② 건강보험심사평가원은 제1항에 따른 의뢰를 받은 경우 보험계약자 등의 입원적정성을 심사하여 그 결과를 수사기관에 통보하여야 한다. ③ 건강보험심사평가원은 입원적정성에 대한 체계적인 심사를 위하여 대통령령으로 정하는 바에 따라 그 기준을 마련하여야 한다. 이 경우 수사기관 등 대통령령으로 정하는 자와 사전에 협의하여야 한다.

4) 「보험사기방지 특별법」 제7조의2(자동차보험 사기 피해사실 고지의무 등)

본다.

보험실무에서는 보험사기 브로커를 통한 사기의 유인·알선·권유·광고 행위가 증가하고 있었지만, 처벌할 근거가 없어 법의 실효성이 떨어진다는 지적이 계속 있어서, 보험사기 전이라도 사기를 알선하고 광고하여도 사기로 처벌할 수 있는 법 조항의 통과로 실효성이 증가할 것으로 기대되어진다.[5] 그러나 보험업과 관련된 전문종사자들의 보험사기 범죄에 대한 가중처벌과 형사처벌의 현실화 등 필요한 부분을 개정안으로 추가 검토하여 효과적인 보험사기의 대응도 필요하다.

2. 보험업법

보험사기방지법은 보험계약의 기본법이라 할 수 있는 보험법의 체계와 관계 속에 만들어진 특별법이다. 따라서 보험사기방지법의 규정과 개별 조항들은 보험계약의 일반법인 보험법의 균형과 조화가 이루어지도록 입법되어야 한다. 문제는 현행 보험법 내에서는 보험사기에 대한 규정이 2010. 7. 23. 전문개정으로 「보험업법」 제102조의2(보험계약자 등의 의무)[6]에 금지규정으로만 있고 처벌규정이 없다. 따라서 2023년 7월부터 시행되는 개정법의 내용에 보험사기의 처벌 관련 내용이 없어 다시 보험사기의 처벌 관련 조항들의 입법이 선행되어야 하겠다. 이에 따라 2024년 8월 12일 유영하의원이 금융위원회가 보험사기에 가담해 형사처벌을 받은 보험설계사의 등록을 즉시 취소하는 보험업법 개정안을 발의했고 현재 국회에 계류 중이다.

「보험업법」에는 금융당국이 보험사기 조사와 관련된 보험회사나 그 밖의 협회 등으로 구성하는 보험사기대응단, 보험협회의 기획조사지원반, 보험회사의 SIU조직 설치 및 보험사기 조사에 대한 법적근거가 있다. 제102조의2(보험계약자 등의 의무), 제102조의3(보험관계 업무종사자의 의무)에는 보험관계 업무종사자들의 보험금 허위·과다청구하도록 하는 행위 금지, 제162조에는 금융위원회가 동법

---

5) 한국금융신문, “보험사기방지법 개정안 국회 통과… 보험사기 알선 시 징역 최대 10년” https://www.fntimes.com/html/view.php?ud=2024012522112043398a55064dd1_18, 2024. 1. 25. (2024. 9. 14. 최종검색).

6) 「보험업법」 제102조의2(보험계약자 등의 의무) 보험계약자, 피보험자, 보험금을 취득할 자, 그 밖에 보험계약에 관하여 이해관계가 있는 자는 보험사기 행위를 하여서는 아니 된다.

위반의 사실이 있는 경우 조사를 할 수 있는 규정이 있다.

또한, 제163조는 조사가 필요한 경우 금융당국이 관계기관과 협업할 수 있도록 보험조사협의회를 두도록 하고 있다. 그리고 동법 제13장은 벌칙 조항으로 2010. 7. 23. 개정되어 제197조(벌칙)는 보험계리사, 손해사정사 또는 상호회사의 발기인 등이 보험회사에 손해를 입히거나 재산을 취득한 경우 처벌규정, 제198조(벌칙)는 보험회사로 주식회사나 상호회사인 기관이 재산상의 이익을 취득하여 보험계약자나 사원에게 손해를 입혔을 때 처벌규정, 제200조(벌칙), 제201조(벌칙)과 제202조(벌칙), 제203조(벌칙)는 보험회사의 경영, 회계의 위반 시 처벌규정, 제204조(벌칙)는 보험모집자 구성, 모집자 등록, 계리 및 손해사정 직원의 법규위반, 부당 모집행위 처벌규정이다. 따라서 보험사기에 대한 금지규정만 있을 뿐 보험사기 처벌규정이 없으므로 명문규정으로의 입법이 필요하다. 또한 「보험업법」에 보험소비자 보호규정을 신설하여 보험회사가 보험금지급 업무상 사고조사의 지연이나 손해사정의 지연, 보험사기 조사 등으로 보험금을 부당하게 지급하지 않을 경우 보험소비자에게 끼친 손해에 대해서는 보상할 수 있는 근거를 일반법인 「보험업법」에 마련할 필요가 있다.

그리고 2024. 2. 13. 전문신설된 보험사기방지법 제7조의2(자동차보험사기 피해사실 고지의무 등)에 보험사기에 연루된 자동차보험의 할증에 대한 고지 및 조치에 따른 일반법과 특별법의 조항과 조화, 균형적이 되도록 「보험업법」에 보험사기에 연루된 보험소비자의 구제 및 조치사항 등도 명문화하는 입법도 필요하다. 이와 관련하여 미국의 경우는 보험회사의 부당한 보험금지급 거절·삭감·지체에 대해서는 행정적 제재는 물론이고 엄격하게 민사적인 제재를 가함으로써 보험회사의 우월적 부당지급 등의 행위를 사전적으로 억제한다. 악의적인 보험계약 내용의 불이행은 불법행위로 보고, 이로 인한 경제적·정신적 손해배상과 더불어 징벌적 손해배상청구도 인정하고 있다. 그리고 보험회사가 고용 또는 선임한 고용손해사정사나 위탁 손해사정사를 견제하기 위한 별도의 전문 직업군으로서 공공손해사정사를 두어 보험계약자 등을 대리한다. 합의 및 절충에 개입할 수 있는 대리인의 자격을 갖춘 만큼 공공손해사정사의 영업행위 기준, 윤리기준, 교육기준 등을 법규에서 구체적으로 정하고 있다. 또한 손해사정사를 통한 합의 및 절충,

부당한 보험금지급에 대한 보험회사의 손해배상책임 강화로 소송이 활성화되어 있어, 민원이나 재판의 외적 분쟁해결기구 등에 의존도 및 필요성은 상대적으로 낮다.

영국의 경우는 보험회사의 부당한 보험금지급 지체에 대한 손해배상책임, 당사자 간 자율 분쟁해결, 재판 외적 분쟁해결에 관심이 집중된다. 보험회사의 묵시적 보험금지급 의무를 법 규정에 명문화하고 위반 시 별도의 손해배상금 청구가 가능하게 하고 있다. 그리고 손해사정사 및 클레임서비스 제도를 두어 보험금청구 및 민원제기 등이 편리하게 되어 있다. 보험회사에 대한 엄격한 처벌을 통하여 보험금지급과 관련한 부당행위를 사전에 억제하며, 보험금청구 및 민원제기의 접근성을 높이고, 재판 외적 분쟁처리 기구를 활성화하여 '정당한 보험소비자의 권리는 반드시 구제된다'는 명제를 보험시장에 보냄으로써 보험산업에 대한 신뢰를 한층 보호한다.

이렇듯 미국이나 영국은 보험시장에서 보험회사에 대한 보험소비자의 권리를 높이기 위한 방법으로 미국은 공공손해사정사제도 영국은 보험소비자 대리 손해사정사제도를 활성화하고 있다. 따라서 우리나라도 「보험업법」에 벌칙 조항으로 손해사정사 처벌규정만 둘 것이 아니라 손해사정사제도의 사회공공서비스 제도로 운영하는 순기능적 측면을 살리는 방법을 강구할 필요가 있다.

3. 상법(보험편)

2016년 9월 30일 보험사기방지법이 시행되고 2024년 2월 1차 개정되고 동년 8월 시행되었지만, 그 이후로 보험사기가 감소할지는 의문이다. 보험사기방지법은 보험의 기본법인 「상법」(보험편)의 체계와 관계 속에서 법 체계적으로 균형이 있고 적합한 입법과 개정이 이루어져야 한다. 자칫 이 특별법이 보험사기에 대한 기본법으로 오해할 수 있다. 이 법은 「상법」(보험편)의 체계와 관계 속에서 구성될 때 법률효과가 나타나며 보험사기방지법의 개정도 이러한 관점에서 다루어져야 한다. 현행 「상법」(보험편) 내에서는 보험사기에 대한 규정은 없다. 2014년 「상법」의 개정 당시에 논의되었으나 불발되어 결국 미개정되었던 보험사기 관련 규정들을 입법 검토되어야 한다. 이는 첫째, 보험계약의 '최대선의의 원칙'규정과,

둘째, '사기에 의한 보험계약의 무효'규정, 셋째, '사기에 의한 보험금의 청구 및 지급한 보험금의 반환청구'의 규정들을 「상법」(보험편)에 입법하는 것이다.

첫째, 최대선의의 원칙이다. 최대선의의 원칙이란 보험계약에 있어서 당사자 사이에는 고도의 신뢰 관계를 요건으로 한다는 의미이다.[7] 2008년 「상법」(보험편) 개정안은 '최대선의성(Utmost good faith)'을 보험계약의 기본원칙으로 「상법」(보험편)에 명문화하려 하였다. 동 개정안 제638조(보험계약의 의의 및 최대선의의 원칙) 제2항에서 "보험계약의 당사자는 보험계약의 체결, 권리의 행사 및 의무의 이행을 최대선의의 원칙에 따라 하여야 한다"고 하여 보험계약을 최대선의의 계약이라 정의하였다. 그러나 실제로 당시 2014년 「상법」(보험편) 개정에서는 입법화하지 못하였다. 이러한 최대선의의 원칙은 보험사기방지법의 입법의 근거이면서, 동시에 법률상 보험사기의 예방·조사·방지·처벌에 대한 행위의 기준이 될 수 있었는데 너무 아쉬운 결과였다.

개정 논의 당시 최대선의의 원칙이 미채택되어 입법화하지 못한 이유는 '최대선의의 원칙'의 개념 조항이 명확하지 않고 포괄적이어서, 구체성을 중시하는 보험분쟁에서 일반적 포괄적 조항인 '최대선의의 원칙'규정을 기준으로 삼는다는 사실에 회의적 견해가 있었다. 또한, 최대선의성이 오히려 보험계약자 등의 이익을 침해할 수 있다는 비판 그리고 최대선의성을 대륙법 국가의 신의성실과 같은 의무로 해석하여 「민법」 제2조의 신의성실의 원칙을 적용하면 충분하다는 이견들이 있었기 때문이다.

그러나 보험사기에 대한 예방·조사·방지·처벌 등 제재라는 보험사기방지법의 목적과 보험계약자의 이익보호 및 보험제도의 건전한 발전의 유지라는 본질적인 목적에 비추어 볼 때, 최대선의의 원칙은 매우 큰 의미가 있다. 보험제도의 악용과 보험사기는 매년 증가하고 있으며, 이로 인한 보험회사와 보험계약자의 피해 그리고 사회적 비용이 늘어나고 있다. 이는 선량한 보험계약자들에는 보험료인상의 원인으로 작용하며, 보험사의 수익성이 나빠져 보험의 건전성에 악영향을 줘 보험제도의 근간을 흔든다. 따라서 「상법」(보험편)에 최대선의의 원칙을 입

7) 최대선의의 원칙은 1906년 영국해상보험법(THE MARINE INSURANCE ACT: MIA)에 입법된 이후, 여러 나라에서 이를 인정하고 있다.

법하면 동법은 당사자들을 행위를 규율하는 기준이 될 것이고, 위법한 보험사기 행위를 판단하는 평가기준이 될 것이다.

둘째, '사기에 의한 보험계약의 무효'규정의 입법이다. 보험사기에 대한 「상법」(보험편)상의 정의는 '보험이익을 부당하게 취득하거나 보험금을 수취할 목적으로 고의로 보험사고를 조작하거나 보험사고의 내용 등을 과장하는 행위'라고 해석한다. 그러나 이는 학설상의 정의이고, 앞서 언급한 「보험업법」 제102조의2의 보험사기의 규정도 보험사기의 금지규정이다. 따라서 보험사기의 폭넓은 정의가 필요하다. 즉, 보험계약자와 피보험자, 보험수익자 등 보험에 관련된 자들이 보험사고와 관련된 모든 행위로 보험계약의 모의, 발생의 조작 등 발생과 원인, 내용에 관하여 보험회사를 기망하여 거짓으로 보험금을 청구하는 일련의 행위 전부라고 정의하면 될 것이다.

보험사기의 구체적 요건이나 효력에 대해 정의해 놓은 규정은 없다. 「상법」(보험편) 내에 '사기에 의한 보험계약의 효력과 보험금 청구 등'의 규정을 마련하고 「보험업법」과 보험사기방지법에 보험사기의 개념과 요건 및 효력에 대하여 입법하는 것이 순서일 것이다. 따라서 2014년에 입법이 제외되었던 2008년 「상법」(보험편) 개정안 '제655조의2(사기에 의한 계약) ① 보험계약의 당사자 또는 피보험자의 사기로 인하여 체결된 보험계약은 무효로 한다. ② 제1항의 경우에 보험자는 그 사실을 안 때까지의 보험료를 청구할 수 있다. 다만, 인보험에서 보험수익자를 위하여 적립한 금액은 보험계약자에게 지급하여야 한다'는 규정을 「상법」(보험편) 체계 안에 포함해 입법하는 것을 긍정적으로 고려해야 한다.

셋째, '사기에 의한 보험금의 청구 및 지급한 보험금의 반환청구'이다. 2014년 「상법」(보험편) 개정안은 '제657조의2(사기에 의한 보험금의 청구)에서는 다음과 같이 규정하고 있다. ① 보험계약자, 피보험자, 보험수익자 또는 보험금 청구권을 가지는 제3자가 보험금을 청구한 경우에 사기의 목적으로 다음 각호의 어느 하나에 해당하는 행위를 하여 보험금의 지급 여부 또는 그 산정에 중대한 영향을 미친 때에는 보험자는 그 사실을 안 날로부터 1개월 이내에 보험금청구권이 상실된다는 뜻을 통지하여 보험금의 지급책임을 면할 수 있다. 1. 손해통지 또는 보험금 청구에 관한 서면이나 증거를 위조하거나 변조하는 행위, 2. 손해통지 또는 보험금청구에 관한 서면에 거짓된 사실을 기재하는 행위, 3. 그 밖에 보험금의 지급여부 또는 그 산정에 중대한 영향을 미치는 사항을 거짓으로 알리거나 숨기는 행위, ② 제1항의 경우 보험자가 이미 보험금을 지급한 경우에는 그 반환을 청구할 수 있다'고 규정했었다.

당시에 입법되지 않은 이유로는 과잉적용과 보험계약자 등의 이익침해에 대한 염려 그리고 보험금청구 사기의 행태와 범위의 모호성 및 보험자 면책에 대한 가치판단의 어려움 등이었다. 그러나 고의나 위장에 의한 보험사고 혹은 발생하지 아니한 보험사고에 대한 보험금청구나 과다청구, 서면이나 증거의 위조 또는 변조, 대리진단 혹은 약물복용에 의한 진단 그리고 진단서의 위조 혹은 변조 등의 행위 등 이른바 사기에 의한 보험금청구에 대해서도 「상법」(보험편)상 처리해야 한다고 볼 때, 「상법」(보험편)에 동 조항을 입법화하여 보험금의 사기적인 청구에 대해 면책할 수 있는 근거 규정을 명확하게 할 필요가 있다.

또한, 이미 보험금을 지급한 경우에 그 반환을 청구할 수 있도록 한 것은 당연하며, 이는 2020년 6월과 7월 그리고 12월에 발의된 보험사기방지법의 개정안의 내용 일부의 '보험계약의 해지 및 보험금 반환'안(案)과도 그 흐름을 같이 한다.

따라서 동법 관련 전문인들이 다시 면밀히 검토하여 「상법」(보험편)의 보험사기의 관련 규정을 신설하는 개정 입법이 하루속히 이루어지길 기대해 본다.

4. 형법

보험사기방지법은 제8조에 보험사기죄의 처벌은 10년 이하의 징역 또는 5천만 원 이하의 벌금으로 한다는 조항을 두고 있다. 반면에 「형법」에서 사기죄에 대한 처벌은 10년 이하의 징역형 또는 2천만 원 이하의 벌금을 처벌하는 조항을 두고 있어 별반 차이가 없다.

보험사기 범죄는 개인적인 법익을 포함하여 사회적 및 국가적 법익을 동시에 침해하는 범죄이고, 다른 범죄를 수반하는 범죄이다. 즉, 교통사고를 유발하여 살인하는 행위, 방화를 위장하여 일가족을 살인하는 행위 등 이중 범죄의 형태를 띤다. 그리고 계획·조직적이고 다수가 가담한 범죄도 빈발한다. 국내에 거주하는 외국인도 포함되어 국제화되고, 조사가 곤란한 해외로 원정하여 살인하는 등 국외화(國外化)도 발생하고 모방범죄로 전파력이 강하다. 따라서 일반 「형법」상 사기죄와 구별하여 가중처벌하여야 한다.

5. 개인정보 보호법

현재 우리나라의 개인정보 보호와 관련한 문제점으로는 첫째, 개인정보 관련 법률은 규제의 목적이 다른 일반법과 개별법 간의 규율 범위가 불명확하여 혼란을 초래한다. 즉, 「개인정보 보호법」 제6조(다른 법률과의 관계)[8]에서 다른 법률인 「신용정보의 이용 및 보호에 관한 법률」, 「보험업법」, 「통신비밀보호법」, 「정보통신 진흥 및 융합 활성화 등에 관한 특별법」, 「전자금융거래법」 등과 충돌하는 경우 개별법이 적용된다. 둘째, 정보 수집단계에서 고객의 포괄동의로 얻어진 개인정보가 제대로 보호되지 못한다. 셋째, 보험계약체결 과정에서 수집된 보험계약자 등의 신용, 소득, 건강 정보와 함께 보험사기 유의자에 대한 정보공유가 이루어지지 않는다. 이러한 문제점으로 보험회사 간의 보험사기자들의 정보공유가 되지 않아 재범의 가능성이 상존한다.

이와 관련하여 외국의 경우 첫째, 미국은 공공부문은 기본법으로 「프라이버시법」(Privacy Act of 1974) 등이 있으며, 금융을 포함한 민간부문의 「개인정보 보호법」은 1999년 「Gramm－Leach－Bliely Act(GLBA)」[9]와 같이 특정 환경이나 서비스에 대한 법 규정 속에 포함되는 형태로 되어 있다. 그런데 GLBA의 제정에 의해 금융 현대화가 촉진되고, 금융소비자의 개인정보침해라는 법적 문제가 나타나 개인정보 보호의 강화 측면에서 2003년 「공정·정확 신용거래법」(Fair and Accurate Credit Transaction Act: FACTA)을 제정하였다. 금융분야의 개인정보에 대해 주로 GLBA와 「공정신용 보고법」(Fair Credit Reporting Act: FCRA)에 의해 규제하고 있는데, 주(州)법과의 관계에서 GLBA에 대해서는 동법의 규정보다 엄격한

8) 「개인정보 보호법」 제6조(다른 법률과의 관계) ① 개인정보의 처리 및 보호에 관하여 다른 법률에 특별한 규정이 있는 경우를 제외하고는 이 법에서 정하는 바에 따른다.

9) 이 법은 은행규제법이었던 1933년 은행법(Banking Act of 1933)인 이른바 「Glass－Steagall Act」(은행의 증권 업무를 금한 1933년의 은행법: 1999년 폐지)를 폐지하고, 금융업계의 규제완화를 목적으로 일괄금융서비스 등 금융현대화를 실현하기 위한 측면에서 상업은행도 증권업이나 보험업을 영위할 수 있도록 하기 위한 목적에서 1999년 제정된 것이다.

주법을 제정하는 것이 허용된다. 또 일부 규정은 항구적으로 주법보다 우선하여 적용된다(FACTA 제711조). 그리고 GLBA상 금융기관이 해당 금융기관과 관련 회사 간 비공개 개인정보를 제3자와 항상 공유하는 것이 허용되는 원칙이 있다. 반면에 관련회사 이외의 제3자와 정보를 공유하고자 하는 경우, GLBA는 금융기관으로 하여금 소비자에 대해 opt－out[10)]의 기회를 보장할 의무를 지우고 있다. 이는 프라이버시 보호의 적정수준에 대한 판단은 각 소비자나 상품·서비스 등에 따라 다르기 때문에 필요한 최소한의 보호를 확보하고, 각 금융기관에 대해서 스스로 개인정보 관리지침 및 실무를 소비자에게 올바르게 전하게 함으로써 각 소비자가 최적의 수준을 선택하도록 하는 자율성이 근저에 깔려있는 것이다. 따라서 미국은 금융, 전자통신, 의료정보 등 각 분야에서 필요성이 제기될 때 해당 사안에 맞게 개별법을 제정하여 개인정보를 보호하고 있다. 이러한 법체계는 개인정보 보호에 비일관적이고 미래의 예측이 불가한 문제를 내포하고 있지만 혁신과 경쟁이 자유로운 측면과 고객의 비용부담을 축소시킬 수 있는 장점도 지니고 있다고 평가하고 있다.[11)]

그리고 2023년 1월 1일 캘리포니아에서는 개인정보 보호에 대하여 새로운 법률이 시행되었다. 이것이 「캘리포니아 개인정보 보호권리법」(California Privacy Rights Act: CPRA)이다. 이 법은 일반데이터 보호규정(GDPR)과 유사한 개념을 가지고 있으며, 사용자 데이터 보호를 강화하고 개인정보 관리의 새로운 표준을 제시했다. CPRA는 캘리포니아 주민의 개인정보 보호를 강화하기 위해 2020년에 채택된 법률인 「캘리포니아 소비자 개인정보 보호법」(The California Consumer Privacy Act: CCPA)을 대체한다. 그 주요 내용은 첫째, 중요 개인정보 범위의 확대, 둘째, 정보주체인 소비자 권리 강화, 셋째, 기업에 대한 의무와 책임성의 강화, 넷째, 개인정보 보호 감독 기구설립을 위한 법적 근거가 마련이었다.[12)]

---

10) opt－out방식은 정보제공을 원칙적으로 고객이 동의하고 있는 것으로 보아 개별적으로 거부하는 경우에만 정보제공을 금지하고 있는 형식이고, opt－in방식은 고객이 정보제공을 원칙적으로 거절하고 있는 것으로 보아 개별적으로 동의를 한 경우만 정보제공을 할 수 있도록 하는 형식이다. 따라서 전자에 비해 후자의 방식이 소비자 보호를 두껍게 할 수 있다.

11) Options for Promoting Privacy on the National Information Infrastructure(Draft for Public Comment, http://aspe.hhs.gov/datecncl/privavy/promotingprivacy.shtml) 참고.

또한 영국은 소비자신용에 관해 「소비자 신용법」(Consumer Credit Act of 1974)이 적용되지만, 영국의 개인정보 보호법제는 1984년에 제정된 「데이터 보호법」(Data Protection Act of 1984)에 의하여 기초되었다.13) 동법은 신용정보 분야에 특화된 것이 아니라 모든 분야의 개인정보를 전부 보호하는 일종의 횡단법규로 컴퓨터로 자동처리되는 모든 개인정보 등에 적용된다. 개인정보의 취급은 본인의 동의가 원칙이다. 정보관리자는 개인정보를 취급하는 목적이나 그 내용 등을 감독당국(Information Commissioner)에 신고하여야 한다(법 제15조~제22조).

영국의 경우 금융기관을 타업과 특히 구별하여 취급하지 않는다. 고객의 동의에 대해서는 본인이 의사결정을 할 수 있는 주체적 상황에 있는 것이 필요하다는 인식이다. 정보소유권이 고객에게 있음을 인식하고 동의를 얻는 활동을 충실하게 계속한다며 중장기적으로는 기업의 이익이 된다는 측면에서, 동의의 올바른 방법은 opt－in이나 opt－out인가는 고객에게 비용을 부담시키는지 여부에 의해 판단된다.

둘째, 독일은 1977년에 제정된 「연방정보 보호법」(BDSG: Federal Data Protection Act, Bundesdatenschutzgesetz)을 1990년에 대폭 개정하였는데 이 법률은 정보처리 과정에서 발생할 수 있는 정보주체의 보호이익의 침해방지를 목적으로 하고 있다. 정보처리 및 이용에 있어서 다른 법률의 규정이 있거나 정보주체가 동의한 경우에 한하여 허용되는데, 정보주체로부터 동의를 얻기 위해서는 정보의 축적 및 제공의 예정된 목적을 제시하여야 하며 또 요구가 있는 경우에는 동의를 거부할 경우의 결과에 대해서도 알려주어야 한다(BDSG 제4조). 모든 개인정보 관련 행위는 신의성실에 맞게 정당한 방법으로 하여야 한다(BDSG 제29조). 정보주체가 법률상 허용되지 않거나 부당한 정보의 자동처리를 이유로 손해배상청구권을 행사하는 경우 그 손해가 저장기관에 의해 발생한 것인가의 입증책임은 저장기관에 있다(BDSG 제8조). 2008년 7월 연방정부가 발표한 개정안은 정보에 대한 소비자

---

12) https://blog.naver.com/ibct2020/223425830728, [IT 이모저모] “캘리포니아 개인정보 보호 권리법(CPRA): 사용자 데이터 보호의 새로운 표준”, 2024. 4. 24. (2024. 12. 13. 최종 검색).

13) Rosemary Jay and Angus Hamilton, Data Protection Law and Practice, Sweet & Maxwell, 1999, p. 15.

의 접근권을 강화하기 위한 절차를 규정하고, 자동처리된 신용정보에 대하여 소비자의 권리강화를 목적으로 하였다. 또한 소비자에게 오해나 착오가 있는 경우 그러한 내용을 수정할 기회를 제공하기 위해, 특히 자동처리되는 형태로 신용결정이 이루어지는 경우 그러한 절차 기록에 합리적인 방향으로 소비자에게 알릴 것을 신용조사기관에 요구하고 있다.

보험시장의 정보 비대칭 문제를 완화하고 도덕적 해이와 보험의 역선택을 방지하기 위하여 보험정보의 공유가 절실하게 요구된다. 필요불가결한 정보의 집적과 공유를 위하여 미국, 영국, 독일과 같이 금융정보를 Data 축적기관에 제공하고 그 축적된 정보를 보험회사가 보험사기 예방과 조사 및 적발을 위하여 적법한 방법으로 활용할 수 있어야 한다. 또한 정보의 사용 원칙과 기준, 절차 및 부당행위의 처벌과 손해배상 등은 「개인정보 보호법」에 적절한 입법을 통하여 개정하고, 위법행위의 처벌과 관련된 법률은 기본법인 「형법」에도 일률적으로 삽입하는 개정을 통하여 법률의 조화와 균형을 갖추어야 할 것으로 보인다.

6. 의료법

현재 「의료법」 제21조(기록열람 등) 제2항은 "② 의료인, 의료기관의 장 및 의료기관 종사자는 환자가 아닌 다른 사람에게 환자에 관한 기록을 열람하게 하거나 그 사본을 내주는 등 내용을 확인할 수 있게 하여서는 아니 된다"라고 규정하고 있다. 반면에 제3항은 제2항에도 불구하고 환자의 배우자, 직계존비속 등이 환자 본인의 동의를 한 경우는 별론으로 하고, 「국민건강보험법」 제14조, 제47조, 제48조 및 제63조에 따라 '급여비용 심사·지급·대상 여부 확인·사후관리 및 요양급여의 적정성 평가·가감 지급 등을 위하여 국민건강보험공단 또는 건강보험심사평가원에 제공'하는 경우와 「자동차손해배상 보장법」 제12조 제2항 및 제14조에 따라 '의료기관으로부터 자동차보험 진료수가를 청구받은 보험회사 등이 그 의료기관에 대하여 관계 진료기록의 열람을 청구한 경우 그 내용을 확인할 수 있게 해야 한다'라고 규정하고 있다.

또한 「의료급여법」 제5조, 제11조, 제11조의3 및 제33조에 따라 '의료급여 수급권자 확인, 급여비용의 심사·지급, 사후관리 등 의료급여 업무를 위하여 시

군구의 보장기관, 국민건강보험공단, 건강보험심사평가원에 제공'하는 경우와 「형사소송법」 제106조, 제215조 또는 제218조에 따른 경우인 '법원의 압수 수색, 검사의 범죄 수사를 위한 압수·수색·검증과 검사 및 사법경찰관의 영장에 의하지 아니한 피의자의 유류물, 임의 제출물의 압수'는 예외로 하고 있다.

그러나 의료인이 「의료법」을 위반하고 보험사기를 조장하는 사건들이 매스컴에 이따금 보도되고 있다. 최근에는 의료인이나 의료기관 종사자가 보험사기 범행을 제안하거나 권유하는 등 보험사기죄 주범으로 처벌받는 사례가 늘고 있다. 한 성형외과 의사는 실손보험 가입 환자들을 유치한 후, 성형수술이나 미용시술을 해주고 도수치료를 한 것처럼 진료확인서나 영수증 등을 허위로 발급해 보험금을 편취하게 했다. 또한, 병의원의 매니저 등 브로커가 실손보험금 청구가 불가능한 약제를 처방받거나 백내장 수술이 필요하지 않은 환자를 수술하는 등으로 보험금청구가 가능하게 해주겠다며 환자 모집 후 한의원에 알선하면 실손보험 담보 대상이 아닌 공진단, 녹용 등 고가 보신제를 처방하고도 보험금청구가 가능한 치료제를 처방한 것처럼, 백내장 수술비 청구가 가능하도록 꾸며 보험금을 편취한 한의사 및 의사들도 있었다.

이에 보험연구원은 의료비 관련 보험사기에 있어 「의료법」 위반죄 등 부수범죄에 대해서도 철저한 수사와 처벌이 필요하다고 지적했고, "보험사기 범행으로 적발되더라도 벌금형 위주로 처벌되는 상황에서 업무나 직업상 전문성을 이용해 보험사기 범행을 저지른 자에 대해 영업정지나 면허취소 등 행정제재를 부과하는 경우 범죄예방 효과가 클 수 있을 것으로 보인다"고 하였다. 또한 의료인이 보험사기죄로 처벌받은 경우 해당 범죄사실 등이 보건복지부 등 주무관청에 신속하게 통보될 수 있도록 하고, 통보를 받은 해당 주무관청에서 실제로 자격정지 등의 행정제재 처분을 했는지 여부도 확인·관리할 수 있어야 한다.[14)]

「의료법」 제66조(자격정지) 제1항 제3호에 구체적으로 의료인이 진단서·검안서·증명서 등을 허위로 작성하여 내주거나 진료기록부 등을 거짓으로 작성하거나 고의로 사실과 다르게 추가 기재·수정하는 경우 1년의 범위에서 면허의 자격

14) 청년의사, https://www.docdocdoc.co.kr/news/articleView.html?idxno=3011043.("보험사기 의료인에 '면허취소' 등 강력 대응 필요" 2023. 11. 9. (2024. 9. 19. 최종검색).

을 정지시킬 수 있다라고 되어 있다. 또한, 영리목적으로 환자를 소개·알선·유인하는 「의료법」 위반에 해당, 형사처벌 대상이 될 수 있다. 그러나 법률의 처벌규정이 의료인의 수익에 비하여 너무 미약하여 실효성이 없으므로 처벌규정의 강화가 필요한 실정이다.

II. 보험사기 범죄 관련 기관의 대응 방안

1. 수사기관

정부는 '보험범죄 전담 합동대책반'을 서울중앙지방검찰청에 설치하여 검찰과 경찰을 중심으로 보험범죄에 대응하고 있다. '보험범죄 전담 합동대책반'은 9개 기관인 검찰, 경찰, 금융감독원, 국토교통부, 국민건강보험공단, 건강보험심사평가원, 근로복지공단, 생명보험협회, 손해보험협회가 참여하는 비상설 기구이다. 2017년 12월까지 운영하였고, 2019년 3월 대검찰청으로 이관되었다. 2021년 경찰 국가수사본부가 출범하고 경찰이 1차 수사종결권을 갖게 되면서 보험사기 수사환경도 크게 변화하고 있다. 기존에 주로 지능범죄수사대, 광역수사대 중심으로 이루어지던 보험사기 수사를 경제 범죄수사과, 금융범죄수사대, 강력범죄수사대, 반부패 범죄수사대, 광역수사대 등으로 확대 개편하여 다양한 부서에서 보험사기 범죄수사가 가능하게 되었다. 또한 관할 시도 경찰청 중심으로 수사체계를 확립하고 항시 문제가 되었던 수사관 자격 관리제 등 전문성도 강화하였다. 자동차사고 관련 보험사기와 같은 교통사기 범죄수사는 기존 지방경찰청의 교통조사계에서 국가수사본부로 이관하였다. 보험회사나 금융감독원에서 기초조사를 하여 보험사기 혐의가 농후하게 되면 경찰에 수사요청을 하게 하고, 경찰은 수사 후 검찰에 송치하고 검찰이 기소하는 3단계를 거치는 체계가 확립되었다.

검찰과 경찰은 범죄자에 대한 수사권과 공소권을 가지고 형벌을 과하고 나아가 범죄를 예방하여 선량한 국민을 보호하기 위하여 존재하는 국가 수사기관이다. 경찰은 「형사소송법」 제196조[15] 규정에 따라 경제범죄인 보험사기에 관하여

15) 제196조(검사의 수사) ① 검사는 범죄의 혐의가 있다고 사료하는 때에는 범인, 범죄사실

금융감독원, 보험회사 등의 단체로부터 보험사기 자료를 받아 수사를 진행하고 그 수사내용을 검찰에 송치한다. 검찰은 수사 전반을 지휘한다. 경찰과 검찰은 합동으로 나이롱환자의 규제 방안으로 경미한 교통사고에도 장기간 치료로 고액의 합의금 수령을 목적으로 교통상해진단서를 발급받은 뒤 피해신고를 하는 관행을 개선하고자 수사 초기단계에서 마디모 프로그램[16]을 활용하고 있다.

이렇듯 보험사기를 억제하기 위하여 국가 수사기관이 주도하여 9개 기관이 참여한 비상설 기구가 범정부 차원의 보험사기 대응의 컨트롤타워 역할을 하고 있었다. 이 정부합동보험범죄전담대책반의 활용을 검토하여 대규모 또는 중대범죄로 판단된 사건은 정부합동보험범죄전담대책반에서 직접 수사를 하고 그 외 사건은 현재 변경된 관할하는 경찰 수사대에 이송해 수사를 진행함이 필요할 것으로 보인다.

2. 감독기관

가. 금융감독원

금융감독원은 설립 초기부터 보험사기 조사를 전담하는 조직으로 조사3국(1국 3팀)을 신설하였다. 그러나 1997년 외환위기의 영향으로 인력과 부서의 구조조정, 신설 초기 보험사기 관련 정보와 인프라 부족 등의 이유로 1999년 조사3국을 팀급으로 축소하고, 보험사기 조사업무는 보험감독국 산하 제도개선팀에서 수행하게 되었다. 이후 2001년 보험검사국 내 실급으로 다시 신설되어 독립하게 되었으며, 2003년 보험조사실 확대 개편, 2007년 보험조사실 내 보험사기 특별조사반 설치 등 여러 차례 확대 개편을 통해서 2012년 보험조사국으로 승격된 후 산하에 5~6개의 팀을 조직하여 운영하던 중, 2016년 조직개편을 통해 보험사기대응단으

과 증거를 수사한다. ② 검사는 제197조의3 제6항, 제198조의2 제2항 및 제245조의7 제2항에 따라 사법경찰관으로부터 송치받은 사건에 관하여는 해당 사건과 동일성을 해치지 아니하는 범위 내에서 수사할 수 있다.

16) 마디모(Mathematical Dynamic Models)는 네덜란드에서 개발된 교통상해 사고 감정프로그램으로서 현재 우리나라에서는 국립과학수사연구원의 컴퓨터 시뮬레이션을 통한 교통사고 재현프로그램으로 교통사고 상황을 재현하여 피해자가 신체적 상해를 입을 수 있는지를 분석해 주고 있다.

로 관련 부서와 인원을 통합하여 운영하고 있다. 금융감독원에서는 보험사기인지시스템(FDS), 보험신용정보통합조회시스템(ICIS)을 활용하여 보험정보 집적, 혐의자 추출, 조기경보 및 동향분석, 보험사기 방지센터 운영 등의 활동을 하고 있다.

보험범죄를 막기 위하여 기획 및 상시조사 실시, 보험사기 방지업무 모범규준 운영, 보험사기 방지실태를 경영실태평가에 반영하여 보험회사로 하여금 보험사기에 지속적인 관심을 가지도록 유도하고 있지만 강제성은 없다. 또한 금융감독원은 보험사기를 사전에 예방하기 위하여 보험사기에 대한 경각심을 높일 수 있는 내용과 구성으로 예방교육 활동을 지속적으로 강화해 나가고 있다. 대표적으로 금융감독원은 보험사기 방지를 위해 보험사기가 급증하는 사회집단을 선별하여 하나원, 교통연수원 등 국내 20여 개 기관에 보험사기 예방교육을 시행하고 있다. 또한, 청소년과 탈북자인 새터민 등 수강자에게 맞는 콘텐츠를 개발하여 맞춤형 교육자료를 제작하여 제공하고, 맞춤형 교육을 위한 강사진 선정 및 내부교육을 강화하여 효과적으로 교육이 이루어질 수 있도록 하고 있다.[17)]

그리고 보험사기 방지 홍보는 대국민 인식제고를 위해 대중매체 광고 및 보도지원, 기획물 제작, 사이버 홍보 등 다양한 형태의 홍보를 시행하고 있다. 또한 TV 교양프로그램을 통한 보험사기의 폐해 및 방지를 소개하고 포스터, 홍보만화 등 인쇄물을 만들어 배포한다. 나아가 홍보아이디어 공모전을 개최하여 시민들이 직접 참여하는 홍보물을 제작하고 있다.

이렇듯 금융감독원은 보험사기 조사과정에서 선량한 보험소비자의 피해를 방지하고 일반 국민들이 보험사기의 유혹에 빠져 보험사기범으로 전락하는 것을 방지하기 위해 대국민 홍보·교육 활동을 적극적으로 실시하고 있다. TV·라디오 등 방송 매체와 일반 국민들이 평소에 자주 접하는 지하철, 병원 등에 홍보물을 활용하여 보험사기에 대한 사회적 인식수준과 경각심을 높이기 위한 활동을 실시하고, 일상생활 속에서 자신도 모르게 당하기 쉬운 보험사기 사례와 보험사기 의심 상황에서의 보험사기 예방법을 담은 전단을 제작하여 청소년의 금융교육자료로 활용하고 보험회사나 손해사정협회 등에 배포하여 보험, 보상업무와 관련 있

17) 금융감독원, <www.fss.or.kr> 2024. 2. 15. 참고.

는 회사들의 고객상담실 등에 비치하여 보험사기 예방과 교육과 홍보를 강화하고 있다. 이와 같이 금융감독원도 보험사기 방지에 적극 대응하고 있으며, 개정된 보험사기방지법의 보험사기 조사를 위하여 관련기관에 자료를 요청할 수 있는 권한이 신설된 만큼 신속하게 자료의 제공이 될 수 있도록 감독기관으로서 지원하는 방안도 검토하여야 하겠다.

나. 국토교통부, 보건복지부

국토교통부는 국토정책 및 국토와 관련한 기본법령 운용 등 국토 종합계획을 수립하고 조정한다. 또한 도시의 도로 및 주택의 건설, 육운·철도 및 항공 등에 관한 사무를 관장하는 기관이다. 국토교통부는 「자동차손해배상 보장법」을 근거 규정으로 같은 법 시행령 제12조[18]에 의거 의료기관에 대한 교통사고 입원환자 명단 및 부재 여부 확인, 외출·외박 허락 및 허위 기록관리 등을 상세히 관리한다. 그리고 각 지방자치단체 산하 보건소 등을 통하여 단속하고 있다. 또한 국토교통부는 자동차보험 진료비를 허위·과장 청구한 병·의원 및 정비요금을 부풀린 정비공업사에 대해 「자동차손해배상 보장법」에 따라 보다 적극적인 관리·감독 및 제제를 수행할 필요가 있다.

최근 2022년 6월부터 5개월간 민·관 합동점검으로 국토교통부와 금융감독원이 공동으로 '교통사고 부재환자 민·관 합동점검 포스터(2022 교통사고 부재환자 실태 및 의료기관의 자배법 준수 여부 점검실시)'를 배포하고 전국 500여 개 문제 병·

18) 제12조(입원환자의 외출 또는 외박에 관한 기록관리) ① 의료기관이 법 제13조 제1항에 따라 교통사고로 입원한 환자(이하 "입원환자"라 한다)의 외출 또는 외박에 관한 사항을 기록·관리할 때는 국토교통부령으로 정하는 바에 따라 다음 각호의 사항을 적어야 한다. 1. 외출 또는 외박하는 자의 이름, 생년월일 및 주소. 2. 외출 또는 외박의 사유. 3. 의료기관이 외출 또는 외박을 허락한 기간, 외출·외박 및 귀원(歸院)일시. ② 외출 또는 외박에 관한 기록에는 외출 또는 외박하는 자나 그 보호자, 외출 또는 외박을 허락한 의료인(「의료법」 제2조 제1항에 따른 의료인을 말한다. 이하 이 항에서 같다) 및 귀원을 확인한 의료인이 서명 또는 날인하여야 한다. 다만, 의료인이 외출 또는 외박을 허락하거나 확인할 수 없는 경우에는 의료기관 종사자가 서명 또는 날인할 수 있다. ③ 외출 또는 외박에 관한 기록의 보존기간은 3년으로 하고, 마이크로필름 또는 광디스크 등(이하 이 조에서 "필름"이라 한다)에 원본대로 수록·보존할 수 있다. ④ 제3항에 따른 방법으로 외출 또는 외박에 관한 기록을 보존하는 경우에는 필름의 표지에 필름 촬영 책임자가 촬영 일시 및 그 이름을 적고, 서명 또는 날인하여야 한다.

의원에 대하여 교통사고 입원환자 관리 실태점검을 시행하여 보험사기 예방활동을 벌였다.[19] 앞으로도 상시 이러한 합동점검에 대한 사전공지 및 포스터 배포 등을 통하여 보험사기를 미연에 방지하는 대응 활동을 할 필요가 있다.

보건복지부는 교통사고 환자에 대한 의료기관의 과잉진료와 과다한 비급여 진료행위를 방지하기 위하여 비급여 진료행위 항목 고지 및 공개, 공·사 건강보험 연계법 제정, 비급여 실태조사 등 비급여 관리방안을 추진하고 있다. 급여항목을 증가시켜 환자의 의료비 부담을 줄이고 병원별 편차가 컸던 진료비용도 적정하게 표준화시켜 국민에게 혜택이 돌아갈 수 있도록 하고 있다. 즉, 2018년 1월 '병원비 걱정 없는 든든한 나라' 실현을 위한 건강보험 보장성 강화 대책의 안정적인 시행을 위해 '의료보장심의관'과 '예비급여과' 및 '의료보장관리과' 신설을 발표하였다. 보건복지부는 매년 상·하반기 2회에 걸쳐 건강보험 요양급여 비용을 허위로 청구한 의료기관의 명단을 보건복지부 누리집 등을 통해 6개월간 공표한다. 「국민건강보험법」 제100조(위반 사실의 공표), 「국민건강보험법」 시행령 제72조(공표사항), 제74조(공표 절차 및 방법)에 의거하여 공표기준은 거짓으로 청구한 금액 1,500만 원 이상 또는 거짓으로 청구한 금액 비율 20% 이상인 병·의원으로 명칭·주소·대표자 성명, 위반행위, 행정처분 내용 등을 보건복지부·건강보험심사평가원·건강보험공단·관할지자체·보건소 홈페이지에 6개월간 공고한다.

공표심의위원회는 보건복지부 장관이 임명(위촉)하며 소비자대표, 언론인, 변호사, 의약계(3인), 공단, 건강보험심사평가원, 보건복지부 등 총 9명으로 구성된다. 공표 여부 결정 시 건강보험공표심의위원회에서는 그 위반행위의 동기·정도·횟수·결과 등을 고려하여 심의·의결한다. 공표는 ① 1차 심의, ② 공표 대상자에게 사전 통보, ③ 20일간 소명자료 제출 및 출석하여 의견진술 기회 부여, ④ 2차 심의(재심의), ⑤ 대상자 최종확정 및 공표로 한다. 2010년 2월 제도 시행 후 현재까지 공표 현황은 거짓 청구로 공표한 의료기관은 병원 12곳, 요양병원 13곳, 의원 236곳, 치과의원 41곳, 한방병원 9곳, 한의원 152곳, 약국 17곳으로 총 480곳이다. 거짓 청구사례로는 내원일수 거짓청구 및 실시하지 않은 의료행위 거짓청

19) 금융감독원, "허위·과다 입원 가짜 환자 근절 나선다." 2022. 6월부터 민관합동 점검… 전국 문제 병의원 500여 개 대상 집중관리. 보험사기 적발통계, 2022. 5. 31. 보도자료 참고.

구 등이다.[20]

보건복지부 및 국민건강보험공단은 보험사기를 일삼는 사무장병원 및 브로커 조직과 결탁하여 입원환자를 유치하는 병원에 대해 적극적인 제재를 할 필요가 있다. 이와 관련하여 기획조사를 진행하고 있는 민·관합동 보험사기 조사가 상시 이루어져야 한다. 입원환자를 유치하는 브로커 조직이 활성화되는 것을 사전에 차단하고, 사무장병원의 보험사기가 발붙이지 못하도록 병·의원 홍보나 마케팅을 가장한 환자 유치행위에 대한 인터넷 광고의 검열과 처벌강화 방안의 마련이 필요하다. 또한 보험사기 유인 광고물을 신속하게 삭제하기 위한 법적 근거의 마련도 시급하다.

보험사기방지법에 보험업 관련 업무종사자를 포함하여 자동차정비관련업·의료업 및 의료기관의 관련 업무종사자가 보험사기에 연루된 경우 가중처벌하는 법안이 누락된 것이 아쉬운 만큼 2차 개정 시 법안의 통과를 기대한다.

다. 국민건강보험공단, 건강보험심사평가원

국민건강보험사기는 의료기관의 입원과 외래 내원일수 허위청구 및 치료비 과잉청구 등을 통하여 일어나며 이러한 보험사기로 10년간 재정누수된 금액이 2조 6,000억 원에 달한다.[21] 국민건강보험공단과 금융감독원은 요양급여 비용 허위·과다 청구 등의 보험사기가 건강보험 및 민영보험의 재정을 악화시키고, 서민들의 경제적 부담을 가중시키는 중대 범죄라는 인식에 공감하고 2013년 7월 25일 건강보험 및 민영보험의 보험료 인상요인 억제, 보험사기로 인한 보험금 누수 방지를 위해 보험사기에 연루된 의료기관의 불법행위에 공동으로 대응하는 등 협력을 강화하기로 업무협약(MOU)을 체결하였다. 이 협약으로 보험사기 및 요양급여비용 부당청구 방지를 위해 문제 의료기관에 대해 공동으로 보험사기 혐의를 분석한다. 또한 국민건강보험공단은 급여관리시스템(BMS)을 통하여 요양기관의 보험청구 사기혐의를 분석하여 조사한다.[22]

---

20) 보건복지부, “건강보험 거짓 청구 요양기관 20개소 명단 공표”, 2023. 2. 6. 보도자료 참고.
21) 경남신문, “건강보험 재정누수, 특사경으로 방어하자 – 유국일(국민건강보험공단 창원중부지사장)”, 2024. 10. 13. (2024. 12. 7. 최종검색).
22) 보험범죄신고센터(전화: 1332, 인터넷: http://insucop.fss.or.kr)를 통해 제보된 건 등에 대

국민건강보험공단은 2018년 의료분야에 만연한 부패·공익 침해행위 근절을 위해 '의료분야 부패·공익 침해 집중 신고 기간'(2018. 1. 15.~4. 15.)을 운영하였다. 신고대상은 의료분야 부패·공익 침해행위, 사무장병원 개설·운영행위, '나이롱환자' 유치 등 과잉·허위진료를 통한 보험사기 등의 행위이다.[23] 또한 2021년 9월 7일 국민건강보험공단과 대한한방병원협회는 의료기관의 요양 급여비용 거짓·부당청구 및 불법 개설로 인한 국민건강보험 재정 누수방지를 위해 업무협약을 체결하였다. 국민건강보험공단이 2009년부터 2020년까지 사무장병원을 적발하는 등의 노력을 하였으나, 병·의원이 사기적인 부당청구로 국민건강보험공단의 재정을 위협하고 국민에게 양질의 의료서비스 제공을 저해하고 있다. 국민건강보험공단은 최근 치과의사협회, 대한약사회 등 의료계와 업무협약을 확대하여 국민건강 보장과 건강보험 제도의 지속 가능성 확보를 위한 노력을 계속하겠다고 하였다.[24]

국민건강보험공단은 금융감독원, 생명보험협회, 손해보험협회와 공동으로 '공·민영보험 공동조사협의회'를 출범시켰다.[25] 이 회는 보험사기로 인한 국민건강보험 재정누수방지를 위하여 국민건강보험의 거짓·부당 청구와 민영보험사의 실손보험 보험사기에 대하여 집중하여 조사한다. 또한 금융감독원과 보험협회가 공동조사를 통한 협업으로 그동안 조사가 이루어지지 못했던 민영 보험사기 사각지대를 해소할 것으로 봤다. 이 협의회는 공동으로 TF팀을 운영하며, 첫째, 국민건강보험공단의 요양급여 거짓·부당 청구 및 민영보험사의 실손의료보험에 대해 기획조사 및 상시조사를 추진한다.

둘째, 보험사기 조사 관련 각 기관이 보유한 조사기법 및 교육정보를 공유하여 조사 적발역량을 강화한다고 하였다. 나아가 보험사기 공동조사 기획테마를 발굴하여 혐의점 분석 후 수사기관에 공동수사 의뢰를 하여 경각심 제고를 통한

해 금융감독원은 보험사기인지시스템(IFAS)을 통해 보험가입자의 혐의를 분석하고, 국민건강보험공단은 급여관리시스템(BMS)을 통해 요양기관의 혐의를 분석한다.

23) 국민건강보험공단, "의료분야 부패·공익침해 집중 신고 기간 운영 안내", 알림 자료실 공지사항, 2018. 1. 19.

24) 국민건강보험공단, "건보공단, 대한한방병원협회와 업무협약 체결", 보도자료, 2021. 9. 7.

25) https://blog.naver.com/polungga/222287111692, 의학정책. (2024. 9. 7. 최종검색).

보험사기 방지에 크게 기여할 것이다. 공동조사 사례로 병원 불법 개설 후 허위입원 환자 보험사기,[26] 병원 이중 개설을 통한 허위입원 보험사기,[27] 비만주사제를 감기치료로 조작한 보험사기[28] 등이 있다.[29]

한편, 건강보험심사평가원은 국민들에게 필요한 양질의 의료서비스를 위해 진료비심사와 요양급여의 적정성평가 업무를 담당하고 있다. 건강보험심사평가원이 집적한 의료관련 자료는 보험사기 혐의점에 대한 직접적 연관성이 있어 수사자료로 활용하는데 용이하다. 이 평가원은 조사운영실을 통하여 부당청구 감지시스템의 구축과 운영, 의료급여 부당청구 신고 보상금제 지원업무를 통하여 부당청구에 관한 관리감독을 하고 있다.

또한 자동차보험 심사센터를 통해 자동차보험 진료비 통계의 산출, 자동차보험 정보시스템의 기획·개발, 자동차보험 진료수가 심사관련 시스템 개발·운영, 의료기관 청구포털 및 업무포털 시스템 개발·운영, 보험회사 등과의 정보 연계시스템 개발·운영, 자동차보험 진료정보 분석시스템 운영 등에 관한 업무를 통해 보험사기를 예방하고 감지하는 역할을 하고 있다. 빅데이터실(室)은 기관 간 정보교류 등 빅데이터 관련 대내·외 협력, 보건의료 빅데이터센터 운영 및 관리 등의 업무를 하고 있다. 이처럼 건강보험심사평가원은 건강보험 심사기구의 인프라를 활용함으로써 전문성을 확보하고 비용 효율성을 개선할 수 있으며, 건강보험과 같이 심사기능을 보험회사로부터 독립시켜서 의료서비스의 질적인 향상을 강화하

---

26) 이 사건은 불법적으로 의료기관을 설립 후 환자 191명이 실제 입원을 하지 않았음에도 마치 입원하여 정상적인 치료를 받은 것처럼 의무기록지 등을 거짓 작성하는 방법으로 국민건강보험공단에 요양급여 비용 50억 원을 부당하게 청구하고 환자(191명)는 보험회사(31개)로부터 보험금 18억 원을 부당하게 수령한 사건이다.

27) 이 사건은 5명의 의사에게 명의만 대여하여 병원 2개를 개설하여 허위입원 환자를 유치하고 의원급 병원은 2주 이상의 장기입원이 어려우므로 2주만에 병원을 옮기는 것처럼 의무기록을 조작하는 방법 등으로 병원은 국민건강보험으로부터 19.4억 원을 편취하고 환자 61명은 보험회사에 보험금 30억 원을 부당 청구하여 수령하였다.

28) 이 사건은 브로커를 통하여 환자를 모아서 실손보험 비대상인 비만 치료 주사제 및 예방접종(파상풍)을 시행한 후 실손보험 청구가 가능한 감기 치료로 조작하여 허위진료 기록을 작성, 환자 252명은 발급된 허위진단서 및 허위 진료비 영수증을 발급받아 보험회사에서 민영보험금 5백만 원을 부당하게 수령하였고, 병원은 국민건강보험공단에 요양급여를 허위청구하여 3천 3백만 원을 편취하였다.

29) 국민건강보험공단, "금감원·보험협회와 보험사기 공동조사 시행", 보도자료, 2021. 3. 25.

는 한편, 과잉·허위 진료에 대한 객관적인 심사가 가능하게 하고 있다. 그리고 개정된 보험사기방지법에 따라 위 기관에서도 보험사기에 관련된 조사를 위하여 필요한 경우 관련정보의 제출의 요구가 있는 경우에 신속한 협조체계가 필요하다.

3. 기타 제도

가. 생명보험협회 범죄방지위원회

생명보험협회 범죄방지위원회는 생명보험 종목의 보험금지급과 관련한 도덕적위험 요소의 파악 및 이에 대한 방지대책을 추진함으로써 선의의 계약자를 보호하고 생명보험협회의 공신력을 제고하기 위해서 2000년에 설치한 비상설기구로서 생명보험협회 및 협회소속 사고조사 담당임원으로 구성되어 있다.

그 기능으로는 보험금지급과 관련한 도덕적 위험요소 파악 및 분석에 관한 사항, 보험금지급과 관련한 도덕적위험 방지대책 수립 및 추진에 관한 사항, 회사로부터 신고된 보험사기 혐의자 조사에 관한 사항, 사법기관의 보험범죄 조사에 대한 협조사항 등을 주 업무로 하고 있다. 또한 홈페이지에 보험사기 예방과 관련하여 보험사기의 정의 및 처벌, 보험사기의 유형, 보험사기 신고 및 포상금제도를 안내하고 홍보하고 있다.[30] 또한 생명보험협회는 손해보험협회와 동조하여 매년 보험범죄 방지 유공자 시상식을 운영하고 있다. 이 행사는 2023년까지 23회를 맞이하였고, 이 행사는 매년 경찰청·금융위·금융감독원이 후원하고 보험개발원 등 보험산업 관련 유관 기관장 및 보험업계 임직원의 참여하는 큰 행사로 지난 3년(2020~2022년)간 코로나19로 인해 시상식을 생략하고 상장 및 부상을 전달해 왔으나 2023년 시상식을 개최함으로써 시상식 현장에서 생생하게 수상자의 공적을 치하하고 수사기관·금융당국·보험업계 간 공조체계를 더욱 견고히 하는 계기를 마련했다.[31] 따라서 위원회는 앞으로도 보험사기 적발관련 우수자의 발굴 및 시상 행사에 대하여 꾸준한 지원과 업그레이드가 필요하다.

---

30) 생명보험협회, <http://www.klia.or.kr/>, 2020. 12. 15. 참고.

31) 생명·손해보험협회, <https://www.ngetnews.com/news/articleView.html?idxno=428966>, “2023년 보험범죄 유공자 시상” (2024. 9. 5. 최종검색).

나. 손해보험협회 공익업무부

손해보험협회는 2019년 7월 조직개편을 통해 손해보험 2본부에 공익업무부를 구성하고, 보험사기 조사1팀과 2팀으로 확대 개편하여 운영하고 있다. 보험사기 조사1팀의 주요 업무는 보험범죄 관련 법령 및 제도개선, 보험범죄 관련 조사연구 및 교육행사, 보험범죄 관련 공동조사 업무를 수행하는 것이며, 보험사기 조사2팀의 주요 업무는 장기보험의 보험사기에 대한 조사 및 연구, 또는 타기관과 공동조사를 하는 것이다.

다. 보험사기특별조사팀(SIU)

각 보험사는 자체적으로 보험사기특별조사팀(Special Investigation Unit: SIU)을 운영하고 있으며, 전직 경찰관과 내부사원 등 보험사기 적발과 보험실무 경험이 있는 자를 중심으로 구성되어 있다. 이 부서는 수사기관이 인지하지 못하는 보험사기와 보험사기로 의심할 만한 사건에 대하여 자체조사를 하는 부서로서 합법적 테두리 안에서 증거조사와 보험범죄를 입증할 만한 자료를 수집하고, 수집한 증거자료를 바탕으로 수사기관에 수사를 의뢰한다. SIU의 주요 업무를 살펴보면 사고다발자 색출, 다수 보험계약자 등 색출, 도난차량 적발, 자동차보험의 이중청구, 할부 보증보험을 이용한 차량사기, 약관대출금 횡령, 허위 퇴직보험금 청구 사기 등과 같은 보험사기에 대한 조사업무를 담당하고 있다.

SIU는 이상 보험사기인지시스템(FDS)과 과거 사고이력, 유형, 성별, 나이 등의 정보와 타보험사 고객의 사고이력을 파악할 수 있는 한국신용정보원의 보험사고정보시스템(ICPS)을 활용하여 보험사기 가능성을 판단하고, 자체조사를 통해 보험사기 혐의를 확신하게 되면 수사기관을 통해 보험사기 의심 범죄로 신고하여 수사를 의뢰하기도 하였는데, 한국신용정보원은 2020년 7월 보험사고정보시스템(ICPS)을 보험신용정보통합조회시스템(ICIS)으로 모든 보험관련 조회업무를 단일화하였다. 이 개선으로 보험사는 과거 보험금지급 이력조회만 확인할 수 있었던 것을 보험금지급 이력조회는 물론 보험계약정보와 공제기관의 가입내역까지 통합조회가 가능해졌다. 따라서 보험사의 SIU는 보험사기인지시스템(FDS)과 언더라이팅전문가시스템(EUS)이 연동해 운영 중이었던 보험사고정보시스템업무가 보험신용정보통합조회시스템(ICIS)로 전환되어 코드오류로 인한 민원 및 비용이 절감되고, 보험사기 혐의자에 대한 조사도 편리해졌다.[32)]

각 보험회사의 SIU는 과거 경찰조직에서 근무한 자를 채용하여 업무를 수행하는 만큼 개정된 법률과 소양교육 및 새로운 조사기법들을 습득하는 것을 소홀히 하여서는 안 된다. 따라서 관계 금융당국이 적절한 교육프로그램으로 보수교육을 진행할 수 있도록 적극적으로 지원해야 한다.

라. 보험사기조사국

우리나라의 보험사기 방지 체계상 범정부적인 차원에서 2019년 3월 대검찰청으로 이관된 정부합동보험범죄전담대책반이 보험사기 수사에 대한 컨트롤타워 역할을 수행하고 있었다. 이는 정부 기관과 보험협회 등의 9개 기관이 참여하는 비상설 기구이다. 그리고 2021년 경찰 국가수사본부가 출범하고 다양한 경찰부서에서 수사를 할 수 있게 되었다. 경찰은 자체적으로 인지하거나 금융감독원·보험자 등으로부터 고소·진정된 사건 등에 대해서 보험사기 혐의점에 대해서 수사하고, 경찰에서 검찰로 송치한 사건을 포함하여 보험사기에 대한 수사를 지휘하여 보험사기 관련 공소를 제기하거나 유지하는 역할을 수행하게 된다.

금융감독원의 경우 보험사기방지센터를 운영하여 보험사기 신고 및 보험사기 혐의정보를 조사·분석하여 혐의점이 있을 때 경찰 등 수사기관에 수사를 의뢰하고 있으며, 보험회사는 SIU를 운영하여 자체적인 보험사기 식별 및 적발을 위한 조사 후 수사기관 또는 금융감독원에 조사를 의뢰하게 된다. 기타 건강보험심사평가원, 국민건강보험공단, 국토교통부 등이 협력하여 이러한 보험사기 방지를 위한 체계를 운영하고 있다. 먼저 현행 보험사기 방지 체계상 여러 수사기관, 감독기관, 유관기관들이 협조하여 업무를 수행하고 있지만, 실제 운용에 있어서 개별 보험사기 사건의 경중에 따라 협조체계가 제한적으로 작동하고 있으며, 이러한 상황에서 보험사기를 효과적으로 방지하는 데는 한계가 있다.

---

32) 전자신문, 금융 <https://www.etnews.com/20200702000107>, “보험사고정보시스템 역사 속으로...신정원, 보험신용정보통합조회시스템으로 단일화” (2024. 12. 05. 최종검색).

또한, 경찰의 경우는 자체적으로 인지하여 수사를 하는 것은 제한되고, 금융감독원 또는 보험회사나 협회 등으로부터 보험사기 혐의자에 대한 수사의뢰를 받는 경우가 대부분이다. 수사를 착수하더라도 일반사기 사건에 비해 많은 시간이 소요된다. 광주지방경찰청 보험범죄연구회가 출간한 “보험범죄 대응백서: 2017 광주 보험범죄와의 전쟁”에서 일반사기 사건의 경우 건당 평균 수사시간은 20.6시간이었으나, 보험사기 사건의 경우 454.1시간이 소요되어 평균 20배가 넘는 수사시간이 필요한 것으로 조사되었다. 즉, 보험사기 조사나 수사만을 전담으로 하는 조직 또는 기구가 없어 수사의뢰 절차도 복잡하고, 수사의뢰를 해도 강력범죄에 치이거나 전문성이 떨어져 수사기간도 오래 걸린다. 따라서 보험사기조사국(보험사기 조사전담조직) 또는 기구를 설치하여 보험사기 범죄 전문조사관을 선발하고 육성하여 운영하면 해결될 것이다. 또한 조사관에게는 보험범죄 수사에 한정하여 준사법조사관의 자격을 부여하면 신속한 수사가 가능할 것이다.

마. 금융감독원의 보험사기 조사권의 강화

현재 금융감독원은 민생금융감독 부원장보 산하 보험사기대응단 실과 팀이 있고, 이 조직이 생·손보협회는 물론 36개 보험회사의 보험사기특별조사팀(SIU)과 긴밀한 협조를 통하여 보험사기를 방지하는 업무를 하고 있다. 그 업무는 보험사기인지시스템(FDS)과 보험신용정보통합조회시스템(ICIS)을 활용한 조사활동, 제보된 고액보험사기의 공조조사, 수사기관과의 기획조사 공조, 보험범죄신고센터 운영, 보험사기 예방을 위한 홍보·교육 등을 하고 있다.

근본적으로 보험사기 범죄는 사취를 목적으로 살인·방화·자상이나 고의적인 사고의 유발, 사고내용의 조작, 허위청구 등이 빈번하게 발생하므로 이러한 범죄에 대해 수사기관 이외의 국가기관이 적극적으로 개입할 필요가 있다. 따라서 수사기관의 수사개시 이전에 의심이 가는 사안이나 제보된 사건에 대하여 금융감독원은 보험사기대응단에게 조사권을 부여하고, 관련 보험사들의 보험사기특별조사팀(SIU)들과 협업하여 조사를 지휘하는 등의 권한을 부여하는 방안을 시행할 필요가 있다. 여기서 말하는 조사권은 현재의 조사권인 수사기관과 공조에 따른 조사권이 아니고 금융감독원 자체 판단에 따른 독자적인 조사권을 말한다. 따라서 현행보다는 좀 더 적극적인 단독조사권이 부여되어야 한다. 더불어 금융감독원장에게 보험사기 조사자를 임명할 수 있도록 권한을 강화하여 보험사기 조사권의 범위와 보험사기 조사의 대상범위를 명확하게 할 필요가 있다.

선진국은 보험사기조사국, 보험범죄국을 설치하여 운영하고 있다. 이는 우리나라보다 앞서 이러한 어려움을 겪었고, 여러 가지 제도의 시행으로 보험사기에 의한 모럴헤저드를 줄여나가기를 위한 국가차원의 강력한 의지가 있었기 때문이다. 따라서 우리나라도 보험사기에 대하여는 금융위원회나 금융감독원에게 단독조사권의 권한을 주어 경찰의 수사개시 이전에 의심이 가는 보험사기 건의 조사나 보험사기 제보 건에 대하여 관련 보험회사의 보험사기특별조사팀(SIU) 등과 공조조사를 할 수 있도록 하는 적극적인 대응이 필요하다.

바. 보험사기 범죄와 관련한 개인정보의 공유

「보험사기방지 특별법」 제5조의3(자료제공의 요청 등)에 금융위원회는 효율적인 보험사기행위의 조사를 위해 금융당국이 관계기관인 행정기관, 보험회사, 정보통신기관에 자료를 요청할 수 있는 자료제공요청권도 신설했다. 이는 보험사기 조사를 위한 개인정보의 제공을 의미하여 신속하고 정확한 보험사기를 조사할 수 있는 기초를 마련했다고 할 수 있는 법률개정이다.

미국의 「Gramm－Leach－Bliley Act」(이하 'GLBA'이라 함)는 보험을 포함한 금융산업에서의 개인정보 보호를 목적으로 제정된 연방법으로, 1999년 미국 의회에서 통과되어 2000년부터 시행되었다. GLBA 제502조는 보험회사의 개인정보 공개와 관련된 의무를 규정하고, 현재 모든 주에 GLBA에 부합하는 「개인정보 보호법」이 제정되어 있다. 주(州)마다 다소 상이하지만, DC를 포함한 36개 주는 NAIC(연방보험감독관협의회; National Association of Insurance Commissioners)의 「개인금융 및 건강정보보호법」(2001, Privacy of Consumer Financial and Health Information Model Regulation, 이하 PCFHIMR이라 함)에 근거하여 「프라이버시법」을 제정하였다. GLBA가 통과되자, NAIC는 GLBA에 부합하는 「프라이버시 모델법」 PCFHIMR을 제정하였는데, 이는 금융정보공유에 대해서는 고객이 보험회사에 서면으로 알려야 하는 opt－out 요건을, 보험회사가 개인건강정보를 공유하기 위해서는 고객의 사전동의를 별도로 얻어야 하는 opt－in 요건을 규정하였다. 한편, NAIC의 IIPPMA(「보험정보 및 프라이버시 보호 모델법」, 1982, Insurance Information and Protection Model Act) 제13조는 '제3자가 보험거래와 관련된 범법행위, 사기, 자료오기, 또는 자료누락의 적발 및 방지의 목적으로 정보공개 주체인 보험회사와 그 대리인, 보험지원 조직에게 제공하는 경우에는 정보이용에 제한이 없다'고 예외규정을 뒀다. NAIC의 IIPPMA를 채택한 주의 경우 보험회사를 비롯한 유관기관이 보험사기 적발 및 방지목적의 정보공유로 인해 야기될 수 있는 문제에 대해 민사상 책임을 면제받게 되어 있다. 따라서 보험회사가 보험사기가 의심되어 해당 건과 관련된 개인정보를 공개 및 제공하였지만, 심층조사결과 보험사기가 아닌 것으로 드러난 경우라 하더라도 보험회사의 악의나 고의가 없는 한 정보공유에 따른 민사상의 책임이 면제된다. 다만, 정보공유는 보험회사의 신의성실의무를 위반하여서는 안 되고, 합리적인 조사에 근거해야 하며, 악의 또는 고의가 있어서는 안 되고, 위반한 경우 민·형사상 책임에서 벗어날 수 없다. 또한, NAIC와 IIPPMA를 채택한 주의 경우 이 법은 보험사기 적발 및 방지목적으로 보험회사와 보험회사가 직접적으로 개인정보를 공유하는 것에 대해 민사상 책임을 면제하고 있고, 플로리다주의 경우 보험회사에서 보험사기를 조사하는 자는 타사의 보험사기 조사담당자와 직접적으로 개인정보를 교환할 수 있음을 적시하고 있다. 그리고 의료정보공유는 대부분의 주에서 보험회사와 그 대리인 등은 정보주체의 사전승인을 얻은 경우에 한 해 또는 정보주체의 사전승인 없이 예외 조항에 의해 개인 건강정보를 수집하거나 제공받을 수 있다고 NAIC의 PCFHIMR에 규정되어 있다.

독일의 경우는 독일보험협회 GDV가 보험사기와 관련한 주요한 역할을 수행하며 보험사기에 대한 대응을 공동체 과제로서 당사자 간에 적발 및 대응체계에 대한 460여 개 회원 보험사에 대한 교육, 업계 관계자들의 회의 개최 등을 주 업무활동으로 하고 있다. 주요 업무목표로는 보험사기 대응을 위한 지식, 노하우 축적 최적화 및 보험사기 관련 정보조회시스템 HIS(Hinweis und Information System) 관리 및 모니터링, 유관기관 간의 회의(Gremiensitzungen) 개최 등이다. 이 중 독일보험협회인 GDV에서 관리·운영하다가 2011년 4월 민간회사인 IIRFP(Informa Insurance Risk & Fraud Prevention)에게 업무 위탁하여 운영 중인 자동차보험사기

정보조회시스템 HIS(Hinweis und Information System)은 자동차 보험사기를 적발하기 위한 자동차보험 가입·사고정보를 집중하여 관리하는 시스템으로 보험금청구 빈도·형태를 감안해 사기로 의심되는 보험금지급 건에 대해 보험계약자, 피해자, 피보험자, 목격자 등 제3자 인물정보, 사고대상 자동차·건물, 사고장소 등을 구체적으로 등록해 체계적으로 관리하여 보험사 등에서 필요할 경우 제공한다. 기존의 운영자인 GDV는 IIRFP의 위탁요건에 따른 운영 여부를 모니터링하고 감독한다. HIS를 통하여 제공되는 정보는 「연방데이터 보호법」(Bundesdatenschutzgesetzes)에 의하여 보호되고 요구한 정보만 선별적으로 제공하며, 보험사가 HIS에 데이터를 등록할 때 고객 본인에게 등록 사실을 통보하고 「개인정보 보호법」에 따라 보험사기 적발 등 필요한 사안만을 위해 제한적으로 사용하는 등 고객정보 보호시스템을 마련하고 있다. 따라서 우리나라도 보험사기와 관련된 조사에 있어서는 민간부분인 보험회사의 일정 부분에 한하여 개인의 정보를 포함한 의료정보의 공유와 이러한 개인정보의 공유로 인하여 야기될 수 있는 문제에 대하여는 민사상의 책임이 면제되어야 실질적인 보험사기 조사에 있어 개인정보의 공유가 되었다고 할 수 있을 것이다.

최근에 증가하는 누수사고와 야외활동 시 발생하는 배상책임, 자녀들의 따돌림 등의 사고에 대비하여 많이 판매되는 재물보험과 일상생활배상책임보험으로 자기 집의 누수손해에 대하여도 보상이 되는 급배수시설누출손해 특별약관의 사고도 많이 증가하고 있고 보험가입 전 사고, 직무수행 중 사고, 사고내용의 조작 등 보험사기 건이 급속하게 증가하고 있어 보험사기의 수법과 행위자의 자료도 정보를 공유할 필요성이 커지고 있어 보험신용정보통합조회시스템(ICIS)의 활용도가 높아지겠다.

제2절 재물보험과 배상책임보험 사기의 방지를 위한 방안

재물보험과 배상책임보험의 보험사기 방지를 위한 대응은 큰 틀에서 일반적인 보험사기 범죄를 방지하기 위한 대응 방안으로서의 동일한 법과 제도 안에서 운용되므로 크게 다르지 않다. 다만, 재물보험과 배상책임보험의 보험사기만이 가지고 있는 특징에 따라 제도적인 부분에서 몇 가지를 추가적으로 대응 방안을 제시하면 다음과 같다.

Ⅰ. 보험회사 언더라이팅의 현장조사 강화

재물보험 보험사기의 대표적인 사례는 방화이다. 방화는 사회적인 범죄로 경제적으로 막대한 재물의 손해와 무고한 인명을 사상케 하는 악질적인 범죄이다. 방화죄는 목적물의 종류에 따라 크게 현주건조물방화죄, 공용건조물방화죄, 일반건조물방화죄, 일반물건방화죄, 문화재방화죄, 산림방화죄, 연소죄 등이 있다. 이 중에서 현주건조물방화죄와 공용건조물방화죄는 불을 놓아 사람이 주거로 쓰거나 현존하는 건조물 또는 공용, 공익 건조물과 기차, 자동차 등을 소훼하는 것으로 방화범의 주 목적물이고 문제는 가장 큰 재산과 인명의 피해를 준다.

재물보험의 화재보험 사고가 빈발하는 것은 현주건조물, 일반건조물, 일반물건이다. 이러한 보험물건은 보험회사, 대형대리점, 보험중개인, 보험모집종사자들 간의 보험물건 유치를 위한 치열한 경쟁으로 보험에 가입된다. 이들의 주된 목적은 화재보험 물건을 유치하여 수수료를 받는 것이다. 반면에 보험목적물의 화재 발생 가능성이나 방화 가능성은 고려되지 않는다. 따라서 보험회사는 보험인수를 심사하는 언더라이팅에서 전문화되고 특별한 기술이 습득된 숙련된 인수심사자를 현장에 투입하여 보험목적물의 화재 가능성 등을 점검하고 건물의 사용용도와 사업장의 경영상태와 운영 여부, 단독주택이면 누가 거주하고 있는지를 살피고, 보험계약자, 피보험자, 보험금수익자들의 자산과 부채의 정도, 재무상태, 금전채무관계 등을 면밀히 조사하여 방화의 가능성이 있는지 평가하여 인수심사보고서를 작성 후 최종심사하여 인수 여부를 결정하여야 한다. 이 경우 보험계약자 측의 재무상태의 기초가 되는 금융자산 평가를 확인할 수 있는 서류의 제출을 의무화하는 방안도 필요할 것이다.

또한 다른 방안으로는 보험사의 인수심사자가 외주로 보험목적물 현장조사를 위탁하고 위탁받은 현장조사자는 보험물건의 동산과 부동산의 세밀한 부분까지 촬영하여 실시간으로 보험사의 인수심사자에게 모바일로 전송을 하도록 하여 즉시 인수심사 평가를 하고, 보험계약자 등에게 자산상태, 금융거래내역, 국세청 자료, 최근 2개년간 사업의 대차대조표, 최근 3개월 매출현황 등 필요한 서류를 제출하도록 하여 그 자료를 분석하여 인수 여부를 결정하면 된다. 따라서 보험사는 화재보험 물건의 인수적격 여부 조사전문 컨설팅회사나 보험전문탐정을 활용하여 목적물의 확인 및 인적 위험인 자산건전성을 조사하여 인수심사에 활용하는 것이 방화 가능성이 있는 물건의 부보를 억제하여 화재보험의 보험사기를 감소시키는 좋은 대응 방안일 것이다.

Ⅱ. 재물보험 물건의 정보 비대칭 해소

보험시장은 정보의 비대칭이 존재하는 대표적인 시장 중 하나이다. 정보의 사전적인 의미는 관찰이나 측정을 통하여 수집한 자료를 실제 문제에 도움이 될 수 있도록 정리한 지식이나 자료를 말한다. 이러한 정보는 모든 거래에 있어서 직면하는 의사결정 전반에 있어서 합리적인 선택과 신속한 의사결정을 도와주는 역할을 수행한다. 또한 정보는 보험영업에서 계약유치의 수단, 보험사기 조사에서 보험사기행위의 증거확보 요소이기 때문에 유익하다.

그런데 각 개별 경제주체 간 정보의 보유량이 상이함으로써 나타나게 되는 문제를 정보의 비대칭(Information Asymmetry) 문제라고 한다. 이러한 정보의 비대칭은 여러 가지 문제를 야기하는 데 그것들은 보험의 역선택(Adverse selection), 모럴해저드(Moral hazard) 및 지식의 독점(Monopolies of knowledge) 등이다.

보험은 쌍무계약으로 보험사와 보험계약자 간의 계약으로 성립한다. 그러나 보험계약자 측이 가지고 있는 위험에 관한 문제를 보험사는 알 수가 없다. 만약 보험계약자 측이 사고의 위험을 인지하고, 악의적으로 그 위험을 감추고 저렴한 보험료로 보험을 가입하려고 한다면 보험의 역선택이 될 것이고, 사고의 위험은 증가하며 보험의 단체성을 위협하여 대다수의 보험소비자에게 보험료가 인상되는 피해를 주게 된다. 따라서 보험회사가 보험계약자 측의 정보를 정밀하게 알 수 있도록 하는 것이 중요한데 이는 불가능하다. 다만, 제도적으로 낮출 방법으로는 우량 보험목적물에 대한 보험료 할인제도 강화, 불량 보험목적물에 대한 정보의 보험사 간 공유, 고도 위험물건의 인수거절, 위험의 일부인수나 공동인수, 개별 종목별 전문화된 언더라이팅 개발, 위험에 대한 계약 전 알릴의무의 강화 등으로 대응하여야 한다.

Ⅲ. 배상책임보험 소액사기의 전문조사 의뢰

<표 16>과 <표 17>에서 보면 손해액이 500만 원 이하인 재물보험과 배상책임보험 사고처리 총건수는 285,323건이고 이 중에서 보험사기로 적발한 건수는 626건이었다. 이 중에서 재물보험 보험사기 건수는 21건이었고, 나머지는 605건은 배상책임보험 보험사기 건이었다. 따라서 배상책임보험의 소액 보험사기가 압도적으로 많이 적발되었음을 알 수 있었다. 이 또한 보험사기 건의 전부를 적발한 것이 아니고 극히 일부만 조사 중 확인되어 적발한 것이며, 보험사기가 의심이 가지만 증거를 확인할 수 없거나 조사의 시간이 많이 소요되는 경우는 포기하고 보험금을 지급하는 경우도 많았다. 그 사유는 보험사기를 적발한 위탁법인은 보험금을 손해사정하여 지급하는 것을 보험사로부터 위탁받아 처리한 법인이다. 즉, 사무실에서 보험금청구 자료를 전산으로 확인하고 보험금을 산정하여 지급하는 서면심사업무를 하는 법인이고, 보험사기를 전문적으로 조사하는 법인이 아니기 때문이다. 다만, 보험사는 손해사정 업무 중 보험사기를 적발하는 경우 위탁업무 담당자에게 소정의 시상금이나 상품권을 제공하지만, 본래의 업무는 재물보험과 배상책임보험의 보험금 손해사정 및 보험금지급 서면심사업무이다.

보험회사가 더 많은 보험사기 건을 적발하기 위해서는 배상책임보험의 소액 보험사기를 전담으로 조사하는 위탁업무를 공고하고, 이 업무를 하고자 하는 전문업체의 위탁 업무제안서를 받아 업체를 선정하여 업무를 위탁하면 된다. 이 전담법인은 서면심사법인이 보험금심사 중 보험사기로 의심되는 건들만 재위탁을 받아, 보험사기 의심 건의 현장조사 및 보험계약자 등과 피해자를 면담하는 조사 등을 수행하고 보험사기 조사보고서를 제출하도록 한다. 보험사는 이 방법을 통하여 보험사기를 더 많이 적발할 수 있을 것이다. 그리고 보험사는 보험사기 조사

위임 건에 대한 소정의 수수료와 적발금액으로 인하여 얻는 이익의 일정부분에 대한 인센티브를 지급하면 된다. 이 방법으로 보험사의 SIU 운영사업비를 절감하고 보험상품의 손해율을 낮출 수 있을 것이며, 궁극적으로는 소액 배상책임보험 보험사기에 대응하는 또 한 가지의 방안이 된다.

Ⅳ. 개별 보험상품의 약관 개정

주택에서 발생하는 누수사고의 피해를 보상하는 보험으로는 주택화재보험의 특약인 일상생활배상책임보험과 급배수시설누출손해보험이 대표적이다. 일상생활배상책임보험은 누수사고로 타인의 재물손해를 배상하는 보험으로 사고당 1억 원을 한도로 보상하고, 급배수시설누출손해보험은 누수사고로 본인의 재물의 손해를 사고당 500만 원 한도로 보상하는 보험이다. 이 특별약관은 최초 보험계약일 또는 부활계약일로부터 90일이 지난 다음 날부터 보험계약의 효력이 발생한다. 이를 누수관련 보험사고의 면책기간(보험회사의 보상책임을 면하는 기간)이라 하고 이 기간 동안의 누수사고에 대해서는 보상받을 수 없다.

누수사고의 면책기간을 90일로 약관을 개정한 것은 보험사기를 억제하는 효과가 있으나 보험사기 건을 더 감소시키기 위하여 자기부담금액을 높이는 방안도 필요할 것으로 보인다. 또한 보험사기를 시도한 보험사기 미수 계약 건에 대하여는 해당 담보인 누수사고 담보를 삭제하여 보험계약을 유지하는 방안도 좋은 대응 방안이다.

Ⅴ. 해외여행자보험의 휴대품 손해의 물품목록 작성 의무화

해외여행자보험의 휴대품 손해의 보상청구가 늘어나고 이에 대한 보험사기 건수가 증가하고 있다. 따라서 해외여행자보험을 판매할 때 전자기기의 목록을 작성할 수 있는 표를 삽입하고, 전자기기가 정상 작동되고 있는 것을 확인 할 수 있는 서류제출을 의무화하는 방안도 필요하다.

그 이유는 보험소비자들이 해외여행을 갈 때 이미 고장이 난 제품을 가지고 출발하고 돌아와서 보험처리를 요구하는 경우를 방지하기 위함이다. 또한 공항에서 출국 시 급박하게 가입하는 상품은 모럴해저드의 위험이 높으므로 휴대품 손해의 담보만 가입을 제한하는 방안도 필요하다.

Ⅵ. 대국민 홍보 강화

금융당국은 재물보험과 배상책임보험의 보험사기 억제 방안으로 화재보험의 현장실사 및 필요한 경우 보험계약자 등에 대하여 보험회사에 금융자산 건전성 정도를 확인할 수 있는 서류를 제출토록 의무화 방안, 보험목적물의 정보의 비대칭을 해소할 수 있는 제도적 장치의 마련, 소액 보험사기 전문조사 업체의 운용, 보험사기 억제를 위한 해당 약관 등의 개정, 해외여행자보험 휴대품 손해 물품목록 작성의무화 등을 보도자료를 통하여 자주 보험소비자나 손해사정실무자에게 홍보하여 계도하면 보험사기를 예방하는 데 도움을 줄 수 있을 것이다.

제 9 장
재물보험과 배상책임보험 사기에서 탐정의 역할 강화방안

제9장

재물보험과 배상책임보험 사기에서 탐정의 역할 강화방안

제1절 재물보험과 배상책임보험 사기의 대응에서 탐정의 필요성 및 활용방안

Ⅰ. 탐정의 필요성

1. 보험사기 조사의 한계

보험사기는 보험관련 업무지식을 잘 아는 사람이나 사전모의에 의한 복수의 사람들이 치밀하고 은밀한 계획에 따라 이루어진다. 따라서 보험사기에 대한 조사나 수사는 보험업무를 잘 아는 전문적인 업무경력자나 경험이 많은 조사자에 의하여 수행되어야 한다. 그러나 현재 경찰행정기관에서는 보험분야에 전문적인 수사관이 많지 않을 뿐만 아니라 보험감독기관의 조사관들은 범죄수사권이 없고 행정조사권만 갖고 있으며, 보험협회나 각 보험회사의 보험사기 조사실무자들은 수사 및 조사 권한 모두를 갖고 있지 않아 제한된 권한 때문에 보험사기 혐의를 조사하여 입증하는 것은 매우 어렵다. 이에 정부로부터 보험사기 조사의 하청을 받거나 일정한 조사 협조권이 있는 전문적인 보험탐정제도의 도입이 절실히 필요하다.

이에 대한 방안으로는 금융당국 산하기관에 보험사기를 전담으로 조사하는 보험사기조사국을 두고 각 시, 구, 군 등의 지원이나 지방자치단체에 지부를 두어 보험회사와 협업하여 관할 지방자치단체 내에서 발생하는 보험사기의 예방과 조사 등을 하도록 운영하는 방법이 있다.

2. 보험사기 조사비용의 절감

보험사기의 조사는 보험회사에서 배당을 받은 보상담당자나, 보험회사로부터 조사위임을 받은 손해사정업체의 조사담당자(Surveyor)가 먼저 조사를 한다. 이 담당자들이 보험사기 의심 건에 대한 조사를 하고, 증거가 확보되면 피보험자나 보험금을 청구할 권리가 있는 자에게 알리고, 이들이 보험사기에 대하여 인정하면 이들에게 보험금청구의 포기를 받고 종결한다. 그러나 증거가 불충분하고 피보험자나 보험금청구자 측이 수긍하지 않으면 보험회사의 보험사기특별조사팀(SIU) 실무자들에 의하여 조사가 진행되어진다.

이러한 보험회사의 조사결과에 따라서 단순 건이나 단독 건은 개별적으로 보험회사에서 조사 후 보험사기가 인정되면 경찰기관에 진정이나 고발로 진행하고, 여러 사람이 연루된 사기 사건인 경우나 여러 보험회사가 연루된 사건은 보험협회 또는 보험감독기관과 공조조사를 하게 된다. 각 보험회사는 보험사기의 조사를 전담하는 SIU를 두고 전직 경찰수사관이나 보험사기 조사의 유경험자를 채용하여 운영 중이다.

보험회사는 보험사기 조사 전담부서를 운영하려면 부서나 팀 단위의 조직이 필요하고 고정비와 출장비 등 큰 비용이 든다. 그러나 보험탐정제도는 보험회사에서 보험사기 의심 건이 발생할 때마다 건별로 보험탐정에게 사건을 의뢰하고 종결 시에 소정의 수수료를 지급하면 되므로 보험회사가 보험사기 조사 전담부서를 운영하지 않도록 하여 보험회사의 사업비 절감을 꾀할 수 있다.

보험사는 보험사기 조사를 의뢰한 사건에 대하여 기본 수수료를 정하고 보험사기를 적발한 경우 보험사기로 적발하지 못하였을 때 지급하였을 보험금의 일정비율을 인센티브로 지급하는 방안을 만들어 보험탐정제도를 사용하면 효과적으로 보험금 절감을 꾀할 수 있다.

3. 보험사기 조사기간의 단축

현행 보험사기 조사는 보험회사 단독 또는 위임받은 손해사정업체 직원이 하거나 보험감독기관, 보험협회들이 공조하여 업무를 수행하고 있고 경찰은 제보를 받거나 진정, 고발된 건을 수사한다. 실제 금융당국이나 보험협회는 보험회사의 조사의뢰에 따라 공조나 협조체계가 제한적으로 운용되고 있다. 또한 경찰은 제보를 받거나 자체적으로 보험사기 행위자를 찾아내 수사를 하는 것은 거의 없고, 보험회사나 보험협회, 금융당국 등으로부터 보험사기 혐의자에 대한 수사를 요청받는 경우와 제보에 의한 경우가 거의 전부이다. 수사를 진행하더라도 일반사기 사건에 비해 지능화된 보험사기에 대한 전문성이 떨어져 수사의 기간도 장기화한다. 따라서 보험사기 사건의 신속한 조사를 위하여 전문적인 보험탐정의 도입이 시급하다.

나아가 보험탐정제도가 도입되면 보험사기 건을 조사하는 중에 일부 지급된 보험금이 있는 경우 보험사기자들의 재산조사도 병행하여 채권보전조치를 통해 누수된 부당보험금 채권의 조기환수에도 도움을 줄 수 있어 보험사의 손해액 감소의 효과도 있다.

4. 보험전문가의 효율적인 조사의 필요

보험사기는 일반사기 사건과는 달리 사전 계획적인 면이 더 강하고 고도로 지능적이며 은밀하게 이루어진다. 이는 보험사기 수사를 맡은 경찰 수사관에게도 더 정밀한 전문적인 기술을 필요로 한다. 따라서 보험사기 조사에 있어서 보험업무에 관한 다방면의 지식을 보유하고 있는 보험탐정이 필요하다.

특히, 보험사의 보상업무에 장기근무한 직원이나 손해사정사 출신의 보험탐정은 보험용어를 잘 알고 있고, 보험의 청약, 모집과 보험의 계약의 흐름, 개별 보험상품의 약관상 보상하지 아니하는 손해의 내용과 적용기준, 면책기간과 자기부담금액, 손해액의 산정방법 등에 대한 지식을 갖고 있어 각 부분에서 비정상적인 사항의 확인을 통하여 조사방법을 착안할 수 있어 신속한 조사로 보험사기 조사업무의 효율성을 높일 수 있다.

Ⅱ. 탐정의 활용방안

1. 소액사기 전담조사자의 필요

<표 19>에서 보면 ○○손해보험회사의 2023년 재물보험과 배상책임보험의 손해액 금 500만 원을 초과한 보험사고 종결 건수는 7,625건이었고, 금 500만 원 이하의 소액 보험사고 종결 건은 78,575건이었다. 손해액이 금 500만 원을 초과한 보험사고 건 중 보험사기가 의심이 되는 건에 대한 조사는 보험회사의 보험사기특별조사팀(SIU)에서 조사를 하지만, 금 500만 원 이하의 보험사기 중에 보험사기가 의심이 되는 건에 대한 조사는 서면심사직원이 해야 한다.

〈표 19〉 ○○손해보험회사 재물, 배상책임보험의 사고종결 현황 II

(기간 : 2019년 1월~2023년 12월) (단위 : 건)

구 분	2019년	2020년	2021년	2022년	2023년	합 계
회사센터	4,254	4,116	5,126	5,456	7,625	26,577
위탁법인	39,059	69,167	74,711	76,421	78,575	337,933
합 계	43,313	73,283	79,837	81,877	86,200	364,510

※ 출처: ○○손해보험회사 장기손해사정센터 통계자료.

그러나 이들의 본업은 보험금지급 심사이고 본인의 급여를 높이려면 더 많은 보험금지급 건을 종결처리해야 하므로 특별한 문제가 없으면 보험사기의 적발은 등한시된다. 또한 이들은 사무실에서 전산으로 서류만 확인하고 보험금심사를 하므로 사고조사를 위한 현장출장도 할 수 없다. 따라서 소액 보험사기 적발을 위해서 보험사기가 의심이 되는 건에 대한 전문조사자가 필요하다. 더욱이 국내에서 해당업무를 하는 다른 손해보험사들을 포함하면 소액 보험사기 조사대상 건수는 훨씬 많아진다.

2. 보험물건의 언더라이팅 심사를 위한 인적 위험 조사

보험회사는 재물보험의 개별 화재물건에 대한 보험인수심사가 필요하다. 이러한 보험물건은 부동산인 주택과 건물, 동산인 가재도구와 시설 및 재고상품이며, 이에 대한 현장실사는 외관상 보이는 대로 실사하면 된다. 그러나 중요한 문제는 보험사가 보험사기가 예상되는 보험계약자, 피보험자, 보험금수익자의 인적 위험에 대해서는 알 수가 없다. 따라서 보험사는 보험탐정에게 인적 위험에 대하여 조사를 의뢰하여 경영상태와 금전채무관계, 자산평가 등으로 개인이나 법인의 신용에 대한 세부점수를 산정하는 스코어링 평가를 통하여 방화 보험사기 가능성에 대한 평가보고서를 제출받아 인수심사에 활용하는 것이 보험사기를 예방하는데 꼭 필요하다.

3. 고액사기 및 사회에 만연한 보험사기의 SIU과 공조조사

보험사는 보험사기 건의 조사를 위하여 보험사기특별조사팀을 운영하고 있다. 이들은 고액보험사기 건과 여러 보험회사에 중복으로 가입한 고액보험의 보험사기 건을 공조하여 조사하거나 사회에 급격히 만연하여 이슈가 된 보험사기 건을 집중적으로 조사한다. 예를 들면, 티눈과 사마귀 등 피부질환수술비 다발 청구사건으로 티눈치료를 위해 18건의 보험에 가입하고 2013년부터 2017년까지 5개 보험사에서 30억 원을 넘게 수령한 자에게 보험계약 무효를 판결한 사건,[1] 맘모톰 수술 후 입원치료비 청구사고,[2] 백내장제거 및 다초점 인공수정체 삽입 수술 사고[3] 등 특정 보험사기 사고 건에 대한 기획조사 등을 한다.

---

1) 서울중앙지법 2024. 11. 1. 선고 2023가합42933 부당이득금반환청구 등; 조선Biz 금융 2024. 10. 30. 보도기사 참고.

2) 유방에 발생한 혹이나 결절 등을 제거하기 위해 사용하는 시술법으로, 최소 침습적인 방식으로 진행된다. 맘모톰 기계를 통해 유방조직을 부분적으로 제거하거나 진단 목적으로 조직검사를 시행한다. 주로 유방에서 발생한 양성 혹을 안전하게 제거하는 데 사용되며, 일반적으로 국소마취를 사용해 간단하게 진행되기 때문에 회복시간도 짧고 흉터가 거의 남지 않는다. 이 수술은 주로 유방의 혹이나 종양이 암세포인지 여부를 판단하기 위해 필요한 경우에 선택되며, 크기와 위치에 따라 유방을 절개하지 않고도 목표 조직을 안전하게 제거할 수 있는 방법으로 입원이 필요하지 않고 통상 6시간 동안 회복실에서 안정하고 퇴원한다.

보험탐정제도가 도입되면 해당 보험사의 보험사기특별조사팀과 공조수사를 할 수 있으며 보험사기특별조사팀에서 할 수 없는 업무, 예를 들면 보험사기 조사를 위하여 반드시 필요한 것으로 특정 보험사의 이미지를 낮추는 행동이나 사회의 약한 비난을 받을 만한 업무도 일부 할 수 있어 보험사기 적발에 도움을 줄 수 있을 것이다.

제2절 보험탐정제도의 도입과 운용방안

Ⅰ. 보험탐정제도의 도입방안

1. 우리나라의 보험사기 조사의 운용

우리나라는 1997년 IMF를 거치면서 금융, 보험, 증권 관련 범죄가 증가하고 사회적인 문제로 대두되자 경찰은 경찰청 내에 지능범죄 수사과를 만들어 금융감독원, 손해보험협회, 보험회사와 교류하였고, 일선 경찰서의 수사과는 지능범죄 수사팀을 만들어 보험사기범의 검거에 노력을 기울여 왔었다. 또한 경찰에서는 보험사기와 관련하여 기획수사를 하여, 보험범죄를 경제사범으로 분류하고 조직폭력배가 낀 보험범죄에 대해서는 폭력팀 혹은 강력팀이 관장했었다. 현재는 2021년 경찰 국가수사본부가 출범하고 다양한 일선 경찰 부서에서 보험사기 범죄를 수사할 수 있지만, 이 당시 검찰은 보험사기 범죄를 형법상의 사기죄로 수사하고 있었으며, 보험사기에 대한 전담 수사기구도 없는 상태였다. 보험사기에 대한 인지도 고소나 수사과정에서 알게 되거나 고소된 사건으로 수사하고 있었다. 이후 검찰은 2003년에 보험사기 범죄는 아니지만 금융, 증권 관련 범죄가 증가하는 것을 인지하여 서울중앙지방검찰청 형사 9부를 전환하여 금융조사부를 설치하

---

3) 백내장은 수정체가 혼탁해져 혼탁한 수정체를 제거하고 인공수정체를 삽입하여 시력을 보완하는 수술이다. 인공수정체의 종류에 따라 비용이 다르다. 단초점 렌즈인 경우 단안에 25만 원 정도의 수술비용이 소요되며, 시력개선의 효과를 얻을 수 있는 다초점렌즈의 비용은 독일제를 많이 사용하며 200~800만 원이다.

고 금융관련 범죄에 대한 금융감독원의 송치사건이나 고발사건에 대해 수사를 하였다. 그 후 2009년 9개 기관으로 구성된 '정부합동보험범죄전담대책반'이 국무총리실 주도로 설치되어, 서울중앙지검 형사4부장을 반장으로 하여 2년마다 조직을 계속 연장해 오다 2019년 3월 대검찰청 형사부로 이관되면서 상설기구가 됐다.

이 기구는 보험사기가 증가하자 미국의 보험사기조사국(IFB), 영국의 보험범죄사기방지국(CFPB) 등과 같이 상설화해야 한다는 의견을 반영하여 설치하였으나, 정작 이후에는 직제만 존재할 뿐 유명무실하였다. 즉, 기구와 조직만 존재할 뿐 실제로 활동은 하지 않고 있는 기구이고, 대책반 반장을 대검찰청부장이 겸임하는데, 일반범죄를 함께 처리하면서 보험범죄 수사를 하다 보니 업무 우선순위가 떨어질 수밖에 없는 것이었다. 이 기구는 보험사기에 대한 컨트롤타워 역할을 제대로 수행하지 못하였다는 평가가 있었다.[4)]

우리나라는 보험사기가 발생하면 대부분 보험회사가 먼저 인지한다. 보험회사는 수사권이 없으므로 보험사기가 의심되거나 인지된 사건은 보험회사 내부의 SIU에서 다소 불법적인 방법으로 증거조사와 보험사기 입증자료를 수집하고 취합하여 관할경찰서에 진정서를 제출하는 방법으로 수사의뢰를 해왔었다. 이전에는 보험회사가 경찰서에 고소장을 제출하는 방법으로 고소하였으나 보험사기 의심사건이 무혐의로 확정되어, 보험회사가 무고죄로 역공격을 당하다 보니 진정사건으로 변화하여 이용되었다. 보험회사의 SIU는 전직경찰관과 보험회사 내부직원으로 구성되어 있으며 이 전직경찰관들은 먼저 대형보험회사에 입사한 선배 경찰관의 추천에 의하여 다른 보험회사의 SIU에 입사하는 경로를 거쳤다. 이 경찰관들은 보험사기 증거수집과 조사에서 전문성과 과학적 조사가 미흡하였고, 조사과정에서 「개인정보 보호법」, 「통신비밀 보호법」 등 관련법을 지키지 않는 경우도 다반사였다. 그러나 「개인정보 보호법」 위반 등이 매스컴 등에 보도되고 인터넷이 발달하여 관련 법을 지키는 것으로 발전하여 왔다.

이렇듯 수사기구와 기관은 보험사기 범죄의 수사에 필요한 실제적 실행에 대

---

4) 조선일보, "보험사기 역대 최대 정부대책반은 유명무실", (조선Biz 금융, 2021. 5. 12) https://biz.chosun.com/stock/finance/2021/05/12/4TITIKWJGREB5I3I4B5NNJK7LE/, (2024. 9. 14. 최종검색).

해서는 아무것도 이루어지지 않는 실정이었고, 보험범죄에 대한 처벌기준이 형법상 사기죄로 처벌되고 있었으며, 보험사기의 인지는 ① 보험회사의 고소나 진정, ② 손해보험협회의 수사의뢰, ③ 금융감독원의 수사의뢰에 의존하여 왔다. 보험회사 내에 설치된 SIU의 조사영역은 보험회사 간 공유하는 보험가입자의 리스트와 보험금지급 리스트였으며, 보험사기의 증거수집을 위해서는 관련 법이 없었던 당시의 암묵적인 불법이 시도되었다. 따라서 보험회사 SIU는 보험사기의 조사권이 없어 정확한 증거수집이 어려웠다.

2. 외국의 보험사기 조사에서 탐정의 활용

그러나 OECD 회원국 대부분은 이른바 「민간조사업법」 등을 통해 민간 조사요원에게 조사권한을 부여하고 있어 보험사기 사건에 대한 조사를 의뢰할 수 있도록 하고 있다.[5] 탐정제도가 제일 발달한 미국에서는 민간조사 'Private Investigator'와 탐정 'Private Detective'를 혼용하여 사용하고 있었다.

가. 미국

미국의 경우 사이버상의 위법행위가 사회적으로 주목을 받기 시작한 1990년대 후반 보험사기에 대하여 기존 불법과는 다른 새로운 제재방식이 필요하다는데 합의하였다. 즉, 신속하고 전문적이며 포괄적인 수사를 가능하게 해야 한다는 것이고 신종 불법에 대해 강하게 대처하지 않으면 안 된다는 인식이 있었다. 다른 형사사건과 달리 영장발부 요건을 완화하고 범죄공모, 소비자를 현혹하는 사이버 광고 등에 대해 수사개시 요건을 쉽게 하도록 하는 절차를 강구하였다. 그리하여 보험사기에 대해서도 매우 엄중하게 대처한다.

또한 미국은 전 세계에서 탐정제도가 가장 발달하여 있고 모든 사건에 탐정이 관여될 정도로 광범위하게 활용하고 있으며, 이들은 보험회사의 보험사기 적발에 관여하고 있다. 제한적이긴 하지만 정부기관의 기록열람 및 수사기관의 협조를 받을 수 있고, 정부로부터 사건하청을 받을 수 있으며, 실제 많은 탐정이 경

5) 생명보험협회, 보험사기 주요 현황 및 개선방안, 2009, 9면.

찰과 공조하거나 관선 변호사, 검찰, 군수사기관 등과 계약을 맺고 일하고 있다. 공인탐정에게 일반 시민에게는 없는 특별한 조사권한이 부여되는 것이 아님에도 불구하고 공인탐정이 보험사기 조사에서 중요한 역할을 수행하는 것은 보험사기 조사목적인 경우 보험회사에 제한적이기는 하나 일부 권한이 허용되기 때문이다.

이렇듯 미국 대부분의 주(州)에서는 보험회사 등에 보험사기 조사를 위한 권한을 부여하고 보험사기를 중대한 범죄로 처벌하는 한편, 잠재적인 보험사기 위험으로부터 피보험자를 보호할 책임을 보험회사에 부과하고 사기조사 및 지급심사가 공정하게 이루어질 수 있도록 보험회사의 불공정 보상행위를 법률(Unfair Claims Settlement Practices Act)로써 정하고 금지하고 있다. 또한, 보험사기 적발 및 방지 목적인 경우 보험회사에 보험 및 건강정보의 공유를 허용하고 있고, 사적인 대화의 녹음, 비디오 감시, 위장 및 사칭 인터뷰를 제한적으로 허용하며, 적법한 절차가 수반되는 경우에는 보험사기의 조사기간을 연장할 수 있다.

이와 같이 공인탐정제도가 발달한 미국은 보험사기 적발을 위하여 보험탐정을 적극적으로 활용한다. 다만, 보험회사와 탐정이 보험사기의 조사와 적발과정에서 보험소비자에게 권익의 침해를 입혔으면 「불공정 보상행위법」, 묵시적인 선의와 공정거래의 의무 및 징벌적 손해배상 제도 등에 기초하여 보험회사를 처벌 또는 배상을 할 수 있도록 하고 있다.

나. 영국

영국은 지역별로 자치경찰을 발전시켜 주민참여 및 치안 서비스의 확대를 도모하는 경찰체제가 정착되어 있는데, 탐정들의 활동은 이러한 경찰력의 공백을 메우며 경찰의 동반자로서 해야 할 역할을 훌륭히 수행하고 있다. 영국에서는 그동안 탐정이 되기 위한 특별한 규제나 규정이 없었으므로 조사업무나 법에 대한 지식을 갖춘 전직경찰이나 군인들이 탐정의 대부분이었다.

탐정의 기법이나 지식을 교육하는 탐정학교들이 많기에 교육을 통하여 국가의 면허국에서 발급하는 국가직업인증(National Vocational Qualification: NVQ)을 취득할 수 있다. 그리고 영국에서는 당사자주의적 소송구조와 사인소추제도에 기반을 둔 탐정산업은 국민이 안심하고 법적절차를 밟을 수 있도록 도와주는 보완역할을 수행한다.

2006년 '보안산업위원회(Security Industry Authority: SIA)'를 설립하여 탐정업 면허제를 시행, 민간경비에 대한 독립적인 관리·감독기관으로서 내무성과 긴밀한 업무 관련성을 유지하고 면허발급업무, 경비업 전반 관리감독, 법령부속법 규정 변경에 대해 국무장관에게 제안 가능, 재정, 수단준비 보조지시 등의 역할을 수행한다. 아울러 영국탐정협회(The Association of British Investigators: ABI)는 탐정 윤리규정을 정하여 업계 명예를 손상하는 탐정을 제명 처분하는 역할을 수행한다.

실제로 영국에서 탐정이 행하는 주요 업무는 미국의 경우와 유사하다고 한다. 즉, 보험회사 또는 사무변호사(Solicitor)를 주요 고객으로 하는 민·형사상 재판에 필요한 증거의 조사와 수집, 그리고 보험과 관련된 사실관계 조사 및 보험사기와 관련된 조사를 수행하는 것 등이다. 보험회사가 고객일 경우에는 교통사고조사, 산업재해조사 등을 하면서 보험금의 부정취득에 대해 조사를 하거나 그 증거를 수집하는 등 주로 보험사기를 방지하기 위한 조사가 많다.

Gill & Hart의 연구에 의하면, 전체 조사대상 206개 민간조사원의 영업내용을 분석한 결과에 의하면 아래의 <표 20>과 같다. 대부분의 민간조사원은 개인고객들로부터 유산상속을 위한 유족의 탐색이나 도망간 사람의 수색, 친부모를 찾거나 배우자의 부정사실 등의 조사업무를 의뢰받아 처리하고 있으며, 법인고객으로는 보험회사의 보험사기 방지조사와 변호자료의 증거나 정보수집 업무를 주업무로 하고 있다.

〈표 20〉 영국의 민간조사원의 영업활동 (단위 : 건, %)

업 무	소환장 송달업무	보험 사고 조사	교통 사고 조사	결혼 관련 조사	범죄 조사	사기 조사	재산 추적
빈 도	186	148	166	141	110	103	104
구성비	19.4	15.5	17.3	14.7	11.5	10.8	10.8

※ 출처: 김상균, "민간조사원의 업무범위와 타법률과의 관계, 바람직한 민간조사제도 도입을 위한 세미나, 서울 경찰청, 2007, 34면.

위 <표 20>에서 업무 분류를 보면 총 7개 분류 중 보험사고조사, 교통사고조사, 범죄조사, 사기조사의 4가지는 구성비 합계 55% 정도를 점유하고 있는 것으로 나타났다. 이는 보험사기의 조사와 유관한 업무로 영국에서의 보험사기 조사업무가 탐정의 업무에서 중요한 위치를 차지하고 있는 것을 볼 수 있다.

다. 독일

독일은 탐정에 대한 개별 법률제정, 자격제도 등 국가 또는 지방자치단체에서 별도의 제도를 운용하지 않고 있으며, 「영업법」상 영업신고만 하면 탐정업을 영위할 수 있다. 「영업법」(Gewerbeordnung) 제38조 제1항 제2호에서 탐정업을 "재정 상황 및 사적인 문제에 관한 정보제공(「신용조사탐정법」)"으로 정의하고 있다.

이렇듯 독일에서 탐정의 주요 업무는 노동 또는 비즈니스 관련, 그리고 「시민법」 관련, 혼인과 가족 관련 업무 등으로 구분하고 있다. 대규모 탐정회사의 경우에는 위와 같은 광범위한 업무를 수행하고 있지만, 소규모 탐정회사에서는 특정분야를 특화하여 업무를 수행하고 있다.

연방독일탐정연합회(BDD)에 따르면 탐정회사의 70% 정도가 기업과 계약을 체결하고 있으며, 이들 기업 대부분 의뢰기업의 자산보호를 위하여 불법취업 등 회사구성원에 의해 이루어지는 불법행위 방지를 주요 업무로 하고 있다. 독일범죄수사경찰은 ZAD(Zentralstelle füur die Ausbildung im Detektivgewerbe; 탐정산업을 위한 중앙사무소)에 소속된 사립탐정과의 공조시스템으로 운영 중이며 보험사기 피해를 억제하는 데 있어서 그 효과성을 인정받고 있다. ZAD의 교육과정을 이수한 사립탐정들은 수사기관이나 보험자를 고객으로 하여 요청된 보험사기 관련 업무를 수행하고 있다. 사립탐정의 보험사기 조사 등의 업무는 수사기관이 사립탐정과 공조하는 전체 사건 중에서 15%를 차지하고 있으며, 이러한 사립탐정의 활동으로 매년 최소 10억 마르크[6] 이상의 보험사기 피해를 방지하는 것으로 알려져 있다.

---

6) 독일은 2002년 1월부터 유로화 사용, 2002년 1월 이전 1마르크는 약 730원으로 약 7,300억 원.

라. 일본

일본에서는 1920년대에서 30년대 사이에 흥신소 등이 생기고, 제2차 세계대전 이후 전후 복구와 함께 민간조사업이 성장하기 시작하였다. 현재 일본에서는 민간조사업 또는 민간조사자가 되려면 자격요건이나 규제를 받지 않고 주무관청에 서비스업으로 신고만으로도 할 수 있다. 일본은 2006년에 민간조사업에 대하여 독립적인 하나의 단일 법률을 제정하여, 2007년부터 현재까지 국가가 관리·감독하도록 규정하고 있다. 일본의 민간조사업무는 특정인의 소재나 행동에 대한 정보, 탐문과 미행, 잠복, 현장조사, 감정업무, 바람기조사, 법인이나 개인의 신용상태조사, 증거수집, 사람찾는 조사, 가출인, 실종자, 채무자, 은사, 옛 친구, 첫사랑 행방의 조사, 각종 보험의 보험금지급 청구에 관한 조사, 왕따조사, 스토커행위조사, 부정접속행위조사, 배우자의 폭력행위조사, 피해자조사, 소비자조사, 지적재산 범죄조사, 산업스파이조사, 시장조사, 자산조사, 권리침해대응조사, 해외조사, 감정·분석지문 조사, 설문조사, 필적조사, DNA감정조사, 거짓말탐지기조사, 재판증거수집, 위기관리, 정보누설조사, 프라이버시, 방위, 도청기·도촬기 발견 등 수행업무가 다양하다.

이렇듯 일본의 경우 민간조사업(탐정업)이 매우 발달하여 있는데 조사영역에 따라 형사소송과 관련업무를 수행하는 법률탐정, 경제범죄를 주로 하는 경제탐정, 기업내부의 분쟁이나 타기업의 신용도를 조사하는 기업탐정, 보험사기 등을 조사하는 보험탐정, 백화점 등의 공공장소에서 소매치기나 절도범을 검거하는 경비탐정, 법과학탐정 등으로, 매우 전문적으로 세분되어 발전되고 있다. 이러한 전문분야 중 법과학 분야에서 보험사기 혐의가 있는 교통사고를 포함한 교통사고조사(감정)기업도 왕성하게 활동하고 있다.

앞에서 미국이나 영국, 독일, 일본 등에서 보험사기 조사에 탐정을 활용하고 있는 점은 우리나라에 시사하는 바가 크다. 「개인정보 보호법」 위반과 불법행위의 온상이 될 것이라서 탐정제도를 반대하는 것은 발전하는 사회에 대하여 역행하는 것이다. 사회와 제도는 시대에 맞게 합리적으로 전문화되고 발전한다. 시대에 역행하는 것은 뒤처질 뿐이다. 우리나라를 제외한 OECD 국가의 경우 탐정이 변호사와 협업하여 고객들이 의뢰한 사건들을 다룬다.

변호사도 이제는 의뢰인이 제출한 증거자료로만 변호하는 시대를 벗어나 직접 발로 뛰며 적극적으로 증거자료를 찾아 변론하는 의뢰인에 대한 변호서비스를 개선해야 할 시대가 왔다. 미국의 경우는 로펌에서 변호사와 탐정이 동등한 지위를 갖고 존중받으며, 각자의 전문화된 역할을 수행하고 협업을 하며 업무를 하고 있다. 따라서 변호사는 탐정과 협업하여, 증거의 탐색과 수집은 탐정에게 의뢰하고 적법한 변론서비스는 변호사가 맡아서 하는 분업화, 전문화가 양질의 법률서비스를 원하는 고객에 대한 변호서비스의 향상을 가져올 것이며, 변호사의 국제화에 대응하는 경쟁력이 확보될 것으로 생각한다. 따라서 우리나라도 보험탐정제도를 도입하여 경찰 및 보험회사와 보험사기 수사를 공조할 수 있도록 합법화하고, 정부 기관의 기록열람 및 수사기관의 협조를 받을 수 있도록 하며, 미국과 같이 보험사기 조사목적인 경우 보험회사에 제한적으로 위임받은 보험탐정에게 위치추적 및 미행, 녹음·녹화, 위장 및 사칭 인터뷰 등이 허용하는 것이 필요할 것으로 생각한다. 또한, 전문적인 보험탐정은 소명의식을 갖고 자질과 능력을 제고하며, 법의학, 법과학의 과학수사(Forensic) 조사기법을 습득하고 개발하여야 한다.

3. 우리나라의 보험탐정제도 도입 방안

우리나라는 1999년부터 여러 차례 공인탐정법안이 국회에 제출되었으나 통과하지 못하고 있다. 그리고 경찰행정력은 강력사건을 주로 수사하여 보험사기 수사의뢰 사건과 같은 경제사범은 뒤로 밀리고 중요시되지 않고 있고, 국민정서도 보험사기 범죄에 대하여 관대한 입장이어서 매년 보험사기가 증가하고 있다.

또한, 우리나라는 탐정의 업무가 개인정보의 수집 및 공개적인 활용, 개인의 소재파악, 자산흐름추적, 도청, 촬영, 감청, 타인의 대화녹음, 위치추적 등으로 헌법상의 기본권인 사생활의 침해와 개인정보 유출의 가능성이 높아 명칭 사용도 금지되어 오다가 2020년 2월 4일 「신용정보의 이용 및 보호에 관한 법률」이 개정되었고 동년 8월 5일 시행되어 신용정보회사가 아니라면 일반인도 탐정, 정보원이라는 명칭을 사용하여 영리활동을 하는 것이 가능해졌다.

그러나 민·형사사건의 증거수집 활동은 「변호사법」에 위반되고, 잠적한 채무자나 불법행위자의 은신처 파악, 가출한 배우자나 자녀의 소재확인 등은 「개인정보 보호법」 또는 「스토킹방지 및 피해자보호 등에 관한 법률」에 자유롭지 못하다. 다만, 「실종아동등의 보호 및 지원에 관한 법률」의 개정으로 가출한 아동·청소년이나 지적장애인, 자폐성장애인 또는 정신장애인, 치매환자의 소재를 확인하는 것은 합법화되었다.

반면에 미국은 탐정의 자격취득과 영업 시 신고등록 등 엄격한 관리와 감독을 하고 있다. 영국도 탐정을 국가 자격인증제로 시행하고 있고, 일본은 탐정의 부작용을 국가적 차원에서 관리할 필요성을 인식하고 탐정업의 신고 등 엄정한 관리규제를 규정하는 법률안이 입법하였다. 그동안 우리나라는 경찰청과 법무부 간의 의견충돌, 대한변호사협회의 반대, 여러 현행법과의 충돌 등으로 탐정제도 도입에 많은 어려움이 있었다. 그러나 관련기관 간의 양보와 협력의 방법으로 서로 상생하는 탐정제도를 만들 수 있다. 즉, 대한변호사협회가 주장하는 의견과 달리 오히려 변호사들이 탐정에게 조사업무를 의뢰하여 증거자료 및 증인을 찾거나 피해자의 구제, 진상의 규명, 실체적 진실의 발견 등에 도움을 줄 수 있다. 국민설문조사에 참여자의 85%가 탐정제도 도입에 긍정한다는 조사결과도 있다.

금융감독원의 통계자료에 따르면 우리나라의 보험사기 적발금액은 2021년 9,434억 원이었고, 2022년은 1조 818억 원, 2023년은 1조 1,164억 원, 2024년은 1조 1,502억 원이었다. 이렇듯 매년 증가하는 보험사기에 대한 대응으로 전문적인 보험사기 조사를 위해 보험탐정제도가 필요하며, 보험탐정은 일반인들의 쉽게 접근하지 못하는 전문적인 분야이다. 이에 전체적인 공인탐정법안을 도입하기에 앞서 우선 '보험탐정'이라 명명하고 이를 먼저 도입하는 방안이 있다. 그리고 차츰 나머지 분야의 탐정을 시급한 순서대로 순차적으로 하나씩 도입하는 것을 추진하면 된다.

가. 보험사기조사국의 설치

보험사기와 관련된 법률은 보험사기방지법이 있으므로 보험사기조사국의 도입과 운영에 관한 조항을 추가하는 개정을 통하여 입법하면 좋을 것으로 생각한다. 즉, 보험사기방지법 제13조(권한의 위탁)[7] 조항 아래에 <표 21>과 같이 제13조의2(보험사기행위의 조사)를 신설하면 된다.

〈표 21〉 보험사기방지 특별법 신·구 조문 대비표

현 행	개 정 안
<신 설>	제13조의2(보험사기행위의 조사) ① 금융위원회는 보험사기 행위의 방지 및 조사와 관련된 직무를 수행할 보험사기조사국을 금융감독원에 설치하고 그 기본적인 조직구성의 절차와 기준을 마련하여야 한다. ② 금융위원회는 제13조의2 제1항에 따른 보험사기조사국의 분원을 각 지방의 금융감독원 지원에 두어 관리·감독을 하여야 한다. ③ 금융위원회는 보험사기조사국의 조직의 선발 및 교육을 하여야 한다.

그리고 현재 금융감독원 산하 지방 지원은 부산울산지원, 대구경북지원, 광주전남지원, 대전세종충남지원, 인천지원, 경남지원, 제주지원, 전북지원, 강원지원, 충북지원, 강릉지원이 설치·운영되고 있다. 이러한 금융감독원의 각 지원에서는 지역 소재 금융소비자에 대한 원활한 금융민원상담 업무수행 등을 위해 은행, 보험분야 등에 특화된 민원처리 전문직원을 배치하여 민원사항에 대한 조사 및 처리, 금융회사 이용과정에서 발생하는 피해·불만사항에 대한 전화 또는 내방상담(상속인금융거래 조회신청 포함)을 실시하고 있으며, 민원처리와 연계하여 관할지역 민원동향 점검, 예방대책 수립, 제도·관행개선 등의 업무도 수행하고 있다. 또한, 지역 소재 금융회사 영업점 등에서 발생하는 불건전 영업행위에 대한 민원검사 실시를 통해 신속한 피해구제 및 소비자피해 추가확산 방지 등 공정한 금융거래 질서 확립을 위해 노력하고 있으며, 지역 수요자 맞춤형 금융교육 강화, 취약계층 및 성인대상 금융교육 강화 등 지역 금융역량 강화를 위한 활동도 병행하

7) 제13조(권한의 위탁) 금융위원회는 필요한 경우에는 이 법에 따른 권한의 일부를 대통령령으로 정하는 바에 따라 금융감독원의 원장에게 위탁할 수 있다.

고 있다.

그 주요 업무를 살펴보면, 첫째, 관할지역 소재 금융기관 및 점포에 대한 검사, 둘째, 관할지역 내 금융기관에 대한 현안사항 점검 및 조치, 셋째, 민원의 접수, 처리, 넷째, 은행, 증권, 보험 등 금융관련 질의응답 및 상담, 다섯째, 공인회계사, 손해사정사 등 자격시험 응시원서 접수이다.[8] 이 업무에 더하여 '여섯째, 본원에서 보험사기 조사를 위한 조직을 선발하고 교육하여 지원의 관할지역에 배치하고 지방지역의 보험사기의 조사'를 전담하도록 한다. 그리고 위에서 언급한 것처럼 보험사기방지법 제13조의2를 신설할 경우에는 동법 시행령 제4조(업무의 위탁)에 <표 22>와 같이 제4호를 추가하여야 한다.

〈표 22〉 보험사기방지 특별법 시행령 신·구 조문 대비표 Ⅰ

현　　행	개 정 안
제4조(업무의 위탁) 금융위원회는 법 제13조에 따라 다음 각호의 업무를 금융감독원장에게 위탁한다. 1. 법 제4조에 따른 보고의 접수 2. 법 제5조의3 제1항 및 제2항에 따른 자료제공 및 제출의 요청 3. 법 제5조의3 제5항에 따른 심의 및 시정요구의 요청 <신　설>	제4조(업무의 위탁) 금융위원회는 법 제13조에 따라 다음 각호의 업무를 금융감독원장에게 위탁한다. 1. 법 제4조에 따른 보고의 접수 2. 법 제5조의3 제1항 및 제2항에 따른 자료제공 및 제출의 요청 3. 법 제5조의3 제5항에 따른 심의 및 시정요구의 요청 4. 법 제13조의2의 업무

이와 관련하여 '미국 보험사기국의 기능 운영현황'에서 보면 2011년 현재 미국의 경우는 주마다 상이하나 보험사기의 조사에 대하여 주(州) 보험청에 보험사기국이 설치되어 있는 주가 29개 주로 가장 많고, 주 노동청에 소속되어 있는 주는 9개, 주 검찰청 소속은 8개, 주 경찰청 소속은 2개로 나타났다. 보험청 및 노동청인 행정부 소속이 총 38개 주이다.

그리고 미국은 다수의 주에서 주정부 내 보험사기 혐의 건에 대한 조사 및

8) 금융감독원, https://www.fss.or.kr/fss/main/contents.do?menuNo=200246 금융감독원 소개, (2024. 11. 27. 최종검색).

보험회사의 보험사기 조사업무를 관리·감독하는 준사법기관으로서 보험사기국(Insurance Fraud Bureau, 이하 IFB라 함)을 설치하였다. 2006년 기준 41개 주가 주정부 내 IFB를 설치하고 앨라배마, 일리노이, 인디애나, 메인, 미시간, 오리건, 버몬트, 위스콘신, 와이오밍 등 9개 주는 IFB가 설치되지 않았으나 최근 메인에 공공보험인 산재보험사기 전담 IFB가 주 보험청 내에 설치되었고, 위스콘신의 경우 주 검찰청 내에 IFB가 설치된 바가 있다. IFB는 보험회사들에 사기적발 및 방지계획을 제출할 것을 요구하고, 보험회사 내 보험사기특별조사팀(SIU) 설립을 의무화하며, 보험회사의 사기적발 및 방지노력에 관한 연차보고서를 매년 IFB에 제출할 것을 의무화하였다.

IFB는 보험사기 방지 및 형사처벌을 위한 조사를 목적으로 설치된 주정부 내 법집행기관으로서 IFB 소속 조사관은 주정부의 법 집행공무원 신분으로 경찰권을 가지고 있다. 구체적으로 IFB 소속 조사관은 체포권, 구속영장 집행권, 조사를 위한 소환장 발부권, 체포 등 직무 수행과정 중 무기를 사용할 수 있는 권한을 가지고, 조사를 통해 보험사기 증거가 확보되면 소송서류를 작성하여 체포영장을 발급받은 후 혐의자를 체포한다. IFB조사관의 체포에 불응 또는 방해하는 것은 불법행위로 간주한다. IFB의 인적 구성은 조사관, 변호사, 분석가, 행정 등으로 이루어진다.

전술한 바와 같이 IFB의 주정부 내 위치는 주 보험청이 29개를 포함 행정부 소속이 총 38개로 가장 많다. CAIF[9](2007)에 따르면, 2006년 기준 거주인구 10만 명당 IFB조사관 수는 평균 3.53명이고 뉴저지의 경우 20명 이상으로 가장 많다. 뉴저지를 포함하여 워싱턴DC, 델라웨어, 웨스트버지니아, 매사추세츠, 알래스카, 플로리다, 캘리포니아는 거주인구 10만 명당 IFB조사관 수가 5명 이상이다.

위와 같이 미국이 보험사기를 중대한 범죄로 생각하고 국가적인 공감대가 형성되어 각주에 보험사기국을 설치하고, 지역 거주 인구비례하여 경찰권이 있는 조사관을 두어, 보험사기에 강력히 대응하는 것을 우리나라도 특성에 맞게 받아들였으면 한다. 또한 우리나라는 보험관련 법학자들의 일부 반대의견에도 불구하

9) 보험사기방지협회(Coalition Against Insurance Fraud: CAIF).

고 과다청구하는 보험사기에 대해서도 엄격한 통제를 하지 않으면 이를 제어할 방법이 없다는 공감대가 형성되어야 한다.

이제는 우리나라도 금융감독원에 '보험사기조사국'을 두고, 지방에는 금융감독원 지원이 있으므로 지원에도 보험사기 조사업무를 관리·감독하는 준사법기관으로서 '보험사기조사국'을 설치하여 인구 10만 명당 조사관을 3~5명 내외로 두어 시행하다가 조사관 수를 점차 늘려 가도록 하면 된다. 또한 동법 시행령에 보험사기 조사에 관하여는 업무의 효율성을 높이기 위하여 보험사기 전문가인 보험탐정 또는 민간조사자를 적극 활용하도록 규정하면, 보험사기의 사각지대인 재물보험과 배상책임보험의 소액 보험사기의 신속한 수사와 보험사기의 감소에 효과적일 것이다.

나. 보험탐정제도의 도입

우리나라는 탐정의 업무활동에서 일어날 수 있는 부작용에 대해 우려를 하고 있지만, 사실상 많은 국민이 현실적으로는 탐정에게 사건을 의뢰하고 있고 사건을 의뢰받은 탐정들이 국내에서 활동을 하고 있어 탐정의 활동을 금지하는 것이 최선의 방안은 아니다. 결국 탐정제도를 반대하는 입장은 부작용의 문제이므로 이를 법제화하는 방안으로 해결할 수 있다. 보험사기에 관한 것은 보험사기방지법 시행령에 규정하면 된다. 즉, 보험사기방지법 제6조(수사기관 등에 대한 통보) ①항에서는 "금융위원회, 금융감독원, 보험회사는 보험계약자 등의 행위가 보험사기행위로 의심할 만한 합당한 근거가 있는 경우에는 관할 수사기관에 고발 또는 수사의뢰하거나 그 밖에 필요한 조치를 취하여야 한다"라고 규정하고 있다. 이 규정의 '그 밖에 필요한 조치를 취하여야 한다'에 보험탐정 또는 관련업무 숙련가나 전문가에게 의뢰하거나 협업이 가능하도록 하면 된다. 따라서 보험사기조사에 있어서 보험탐정의 활용을 위하여 보험사기방지법 시행령을 <표 23>과 같이 신설할 필요가 있다.

〈표 23〉 보험사기방지 특별법 시행령 신·구 조문 대비표 II

현 행	개 정 안
<신 설>	제4조의1(보험사기 조사에서 전문가의 활용) 법 제6조제1항에서 보험사기의 합당한 근거가 있는 경우에는 "그 밖에 필요한 조치를 취하여야 한다"란 다음의 각호의 하나에 해당하는 사유를 말한다. 1. 보험사기 여부에 관한 자체 조사 2. 보험사기 조사를 위한 외부전문가와의 협업 3. 보험사기 조사업무의 외부전문가에게 위탁

또한 탐정의 관리·감독기관의 선정에 대하여 의견이 분분한데 다수의 학자가 탐정제도 관할기관의 문제점으로 거론하고 있는 사항 중 가장 큰 이유는 경찰청 소속으로 하면 전직경찰관 출신인 탐정과 현직경찰들의 유착관계, 법무부 소속으로 하면 탐정은 변호사의 종속관계가 우려된다고 한다. 따라서 우리나라의 보험탐정은 관할기관을 행정안전부로 하고, 금융감독원을 관리·감독기관으로 하여 위의 문제점을 불식시키고, 보험탐정의 자격과 경력관리, 영업의 취소 및 정지 등의 행정처분 관리를 용이하게 함이 옳을 것으로 생각한다.

II. 보험탐정의 양성 및 전문화 방안

1. 보험탐정의 양성 방안

가. 보험탐정 양성 교육체계 마련

금융감독원에서는 보험사기방지법에 따른 보험사기조사국의 설치와 동법 시행령상 보험탐정이 필요한 경우 업무를 위탁하거나 협업할 수 있게 규정하고, 보험연수원에게 보험전문탐정을 교육·육성토록 위탁한다.

현재 보험연수원은 보험조사인력의 전문가를 육성하기 위하여 보험조사분석사(CIFI)를 교육하는 전문프로그램을 운영하여, 보험사고 조사에 관한 이론 및 실무를 교육하고 1차·2차 시험을 거쳐 최종합격하면 보험조사분석사의 자격증을 부여하고 있다. 이 자격증을 취득하면 손해보험회사 입사에 가점을 받을 수 있어 많이 취업을 하고 있으나 손해사정업무에 주로 배치되며, 보험연수원은 현재까지 2,500여 명의 합격자를 배출하고 있다. 그러나 보험조사분석사는 보험사고의 조사와 분석의 업무를 주로 하며 부수적으로 보험범죄의 적발, 예방업무를 수행하도록 교육한다. 보험조사분석사 자격시험의 1차 시험 과목은 보험관계법령 및 약관, 형사법 및 범죄학 개론이고, 2차 시험 과목은 보험조사론1(이론), 보험조사론2(실무)로 이루어져 있다. 따라서 보험탐정을 위한 교육으로는 많이 부족하여 보험조사분석사의 과목에 추가적인 과목의 교육이 필요하다. 결국 보험탐정의 전문적인 교육은 금융감독원의 자체 프로그램을 만들어 전문적인 교육이면 좋겠으나 여의치 않으면 보험연수원 또는 보험개발원의 교육기관의 활용이 적절할 것이다.

보험탐정과 관련된 자의 교육은 해당 업무조사에 필요한 전문지식과 기술을 제공하기 위하여 관련법률의 지식, 직업윤리 교육, 기초적인 조사기법, 전문적인 조사기술, 최신 조사기법, 정기적인 보수교육을 통하여 교육하면 전문성을 강화시킬 수 있다. 전문적인 탐정을 양성하기 위해서는 해당 탐정업무에 맞는 표준교육프로그램으로 교육하여야 한다. 이 표준화된 교육프로그램은 선진국의 선례가 있으므로 탐정제도의 선진국인 미국이나 영국 또는 독일 등 탐정의 역사가 오래된 국가의 표준화된 교육프로그램을 모방하여 사용하는 방법이 성공할 확률이 가장 높다. 따라서 금융감독원이 표준화된 교육프로그램을 선정하여 위탁 교육기관과 협의하여 그 교육프로그램의 과목별 내용에 정통한 강사진을 모집하고 우리나라 실정에 맞는 표준화된 교육프로그램을 개발하도록 하고 강의계획서를 첨부한 교육자료를 만들어 교육하면 된다. 교수진의 이론교육과 실무전문가의 실무교육을 병행하도록 한다.

교육과목은 보험탐정의 목적에 부응하는 기능과 역할에 맞아야 하여, 보험시장에서 당시 보험과 관련한 이슈와 그의 위법행위 조사, 보험사기행위 조사, 그와 관련한 법정증거 조사 등이 필요하다. 그리고 조사내용을 경찰 등 수사기관의 요청이 있을 경우 협조하여 신속한 수사가 이루어질 수 있도록 하는 공조시스템이 이루어져야 한다. 이와 관련하여 선행 연구사례를 참고하여 첫째, 보험탐정의 기본과정 교과목 및 교육시간표를 살펴보면 <표 24>와 같다.

〈표 24〉 보험탐정 기본과정 교과목 및 교육시간표

교 과 목	시 간	교 과 목	시 간
보험관련법률의 개요	12	보험사기 증거수집 요령	16
정보수집방법 및 정보선택	12	정보보안	2
감시 및 미행·관찰기법	16	문서파기 등 사무관리	2
감시장비 운용	2	사람 등 실종자 찾기 요령	8
대인 인터뷰기법·진술	16	보험탐정 직무윤리	2
보험사고 조사방법	16	보고서작성·기록	16
조직·인사관리	4	종합평가	2
보험사고 현장조사 요령	16		
합 계		140시간	

※ 출처: 이상원·김상균, "공인탐정의 교육훈련 모형에 관한 연구", 제8회 춘계학술세미나 발표자료집, 2006, 70면; 강영숙, "한국 공인탐정 제도 도입에 관한 연구", 용인대학교대학원 박사학위논문, 2006, 159면. 출처의 논문을 참고하여 저자 재구성.

다음으로 전문과정 교과목 및 교육시간표를 살펴보면 <표 25>와 같다.

〈표 25〉 보험탐정 전문과정 교과목 및 교육시간표

교 과 목	시 간	교 과 목	시 간
보험계약론	12	상해·질병보험사고 조사론	12
손해사정이론	12	산재 및 근재사고 조사론	12
화재보험사고 조사론	12	해상·항공보험사고 조사론	12
특종보험사고 조사론	12	법의학 이론	12
배상책임사고 조사론	12	범죄학과 탐정학 고급과정	18
자동차보험사고 조사론	12	종합평가	2
합 계		140시간	

한편, 보험탐정은 업무수행을 위하여 직업상 높은 직업윤리가 요구되어진다. 또한 국가기관인 보험사기조사국과 협업 또는 위탁업무의 수행원으로 보험탐정의 책임과 역할의 확대를 위해서도 윤리성이 강조된다. 따라서 보험탐정의 기본교육의 내용에 보험탐정의 직무윤리 교과목을 선정하였다. 그 내용은 선행연구가 된 손해사정사, 공인노무사의 직무윤리를 참고하여 <표 26>과 같이 수정하여 재구성하여 보았다.

〈표 26〉 보험탐정의 직무윤리

구 분		내 용
일반적인 윤리	제1조	우리는 진실을 바탕으로 공명정대하게 업무를 수행함으로써 사회정의실현에 앞장서야 한다.
일반적인 윤리	제2조	우리는 명예를 존중하고 신의를 지키며, 인격을 연마하고 직무능력향상을 위해 노력하여야 한다.
일반적인 윤리	제3조	우리는 위탁 또는 조사요청받은 업무처리에 있어서 항상 성실, 공정한 자세로 의뢰인의 권리와 이익을 최대한 옹호하여 목적달성에 성실한 노력을 다 한다.
일반적인 윤리	제4조	우리는 직무의 내외를 불문하고 품위를 훼손하거나 공공복리에 반하는 행위를 하여서는 아니 된다.
일반적인 윤리	제5조	우리는 업무수행과정에서 알게 된 비밀은 절대 누설하지 않아야 한다.
직무에 관한 윤리	제6조	우리는 위탁받은 사건은 관리대장에 기재하고, 위탁받지 않은 사건에 개입하거나 경솔한 비판을 하여서는 아니 된다.
직무에 관한 윤리	제7조	우리는 이미 위탁받은 사건을 또 다른 상대방이 다른 사유로 위탁받은 사건인 경우 쌍방의 직무수행에 대하여 상대방의 업무수행을 방해하거나 비방해서도 아니 된다.
직무에 관한 윤리	제8조	우리는 사건 조사와 처리에 있어 조사기관과 동료의 문제로 보험소비자들에게 피해를 끼쳐서는 아니 된다.
직무에 관한 윤리	제9조	우리는 위증을 교사하거나 허위의 증거를 만들거나 제출하는 등 이러한 의심받을 언행을 하여서는 아니 된다.
직무에 관한 윤리	제10조	우리는 사건의 주선을 업으로 하는 자로부터 사건의 소개를 받거나 이러한 자를 이용하거나 또는 이러한 자에게 자기의 명의를 이용하게 하는 일체의 행위를 하여서는 아니 된다. 또

직무에 관한 윤리		한 다른 민간탐정 또는 민간조사자와 경쟁하거나 신의를 저버리는 행위를 하여서는 아니 된다.
	제11조	우리는 보험사기 조사를 위한 관련자에게 항상 친절하고 공정한 입장에서 성실하여야 한다.
	제12조	우리는 직무에 관하여 검·경찰공무원과의 연고, 친분을 선전하거나 불법적으로 이용하여서는 아니 된다.
	제13조	우리는 위임장 기타 보험소비자로부터 받은 문서를 본인 동의없이 그 교부받은 취지 이외로 사용하여서는 아니 된다.
	제14조	우리는 빈곤자, 궁박자 등의 사건은 특히 봉사적으로 처리하여야 하며, 다른 사건과 차별하여서는 아니 된다.
	제15조	우리는 보험소비자의 사이에서 분쟁이 발생하지 않도록 노력하여야 하며, 분쟁이 발생하는 경우에는 보험탐정의 품위를 손상하지 않는 방향으로 신속히 해결하여야 한다.
	제16조	우리의 사명은 보험사건, 사고, 정보를 조사하거나 범죄의 진실을 밝혀내어 사회정의의 실현에 있으므로 그 업무수행에 있어서 적정보수 이외 상담의 대가나 금전 및 향응을 제공받아서는 아니 된다.
	제17조	우리는 보험탐정 이외 겸업을 할 수 없다.
	〈보험탐정의 윤리강령〉 1. 우리는 높은 도덕적 직무윤리 의식을 갖고 부정과 불의를 배격한다. 2. 우리는 성실하고 공정하게 직무를 수행하며 관계법령과 규정을 준수한다. 3. 우리는 보험탐정 기술을 탐구, 개발하고 실천함으로써 건전한 보험탐정 발전에 이바지하고 보험소비자의 권익을 보호하는데 책임을 다한다. 4. 우리는 어떠한 경우라도 직무상 지득한 비밀을 누설하거나 발설하지 않고, 개인정보는 사건종결 시 파기한다. 5. 우리는 사회적 품위유지에 최선을 다하여야 하며, 사회적 물의를 일으키거나 보험탐정의 명예를 훼손하는 행위를 하지 않는다. 6. 우리는 신의를 존중하며 서로 단합하여 보험탐정의 발전을 위하여 함께 노력한다.	

※ 출처: 공인노무사 직업윤리와 손해사정사 윤리강령을 참고하여 저자 재구성.

나. 교육기관의 선정 및 위탁교육

보험탐정의 전문화된 교육기관으로는 우선 금융감독원이 중앙경찰학교와 업무협약을 맺고 위탁하여 보험탐정의 교육을 하면 제일 좋을 것이나 여의치 않으면 보험관련 전문적인 교육기관인 보험연수원이나 보험개발원이 적정할 것이다.

현재 보험연수원은 각종 보험의 손해사정사와 그 보조인 과정과 보험심사역 과정, 보험중개사 과정의 대면교육과 인터넷강의 프로그램으로 하는 강의를 주관하고 있으며, 보험연수원의 강사진이 집필한 교재도 인터넷으로 판매한다. 보험개발원은 보험료율 계산에 필요한 기준이율 정보를 제공하고 자동차보험의 적정가액 및 손해액 산출 기준, 실손보험 관련 정보와 이용 가능 서비스의 제공, 중고차 사고이력과 차량정보를 제공, 보험전문가 양성을 위한 손해사정사 및 보험중개사 시험을 금융감독원에서 위탁받아 주관한다.

금융감독원이 보험연수원에 보험탐정과정의 개설과 강의를 요청하면 분야별 전문교수와 강사진을 꾸려 교육 프로그램과 교재, 인터넷 강의를 촬영하여 진행할 것이다. 또한 보험개발원은 보험탐정사 자격시험을 위탁받아 주관할 수 있다.

2. 보험탐정의 전문화 방안

가. 전문가 육성 및 심화교육

보험탐정의 전문화를 위한 방법으로는 첫째, 대학교 학부와 대학원에 학과를 개설하고 교육을 하여 준전문가를 육성하는 방법이다. 둘째, 금융감독원에서 시행하고 있는 손해사정사와 같이 보험탐정사의 자격제도를 두어 1차는 객관식으로 하고, 2차는 주관식의 필기시험으로 하여 최종 면접으로 채용하는 방법이다. 또한, 대학과 대학원의 보험탐정학과를 최종졸업한 자에게는 1차 시험을 면제하는 방안도 있다. 셋째, 보험사기조사국의 직원으로 해당 보험탐정사의 직책으로 보험사기 조사를 10년 이상 수행한 업무경력자에게 소정의 시험을 거쳐 보험탐정사 자격증을 발급하고 독립적인 보험탐정으로 사업을 할 수 있도록 하여 다양한 보험소비자의 필요에 부응하게 하는 것이다. 넷째는 보험사기조사국의 보험탐정에 대하여 지속적인 심화과정 등의 직무 보수교육으로 전문화시키는 방안이다. 이에 선진국의 교육과정 중 영국의 전문가과정을 사례로 들어보면 <표 27>과 같다.

〈표 27〉 보험탐정 전문가를 위한 심화과정 교과목과 교육내용

교 과 목	주요 내용
영장송달과정	영장송달과정/ 서비스의 진술/ 선서/ 대행서비스/ 중지명령/ 명령/ 형벌 서비스/ 특별한 고등법원 명령/ 특별한 법률서비스/ 외국법원 법적절차
사람 및 실종자 추적	정보의 원천과 거래도구(수단)/ 직접방문 및 주변탐문/ 상업적 추적/ 전문적 추적/ 친척과 친구추적/ 젊은이 추적/ 입양탐문/ 어린이의 반환에 관한 헤이그협약/ 가계/ 보강증거
감시	대상자/ 사례준비/ 데이터수집 및 비교/ 잠복/ 이동 및 방법/ 도보에 의한 미행/ 차량에 의한 미행/ GPS추적기 및 법률/ 기술(설명)/ 동거거주지 감시/ 보험감시/ 산업감시/ 고급감시코스 및 추가 참고도서 목록
사고조사보고서, 목격자 인터뷰와 진술서	사고보고서와 목격자 인터뷰 소개/ 조사(ENQUIRY) 유형/ 분류(CATEGORIES)/ 핵심포인트/ 화해모델/ 녹화 인터뷰/ 시민목격자 진술/ 주의하의 진술
지위 및 소유권 회복	소유권 회복
범죄수사	도난/ 사기/ 허위회계(회계조작)/ 위조/ 제품위조/ 범죄피해/ 범죄방어/ 실행 및 절차/ 보강증거
사법체계	법조계(인)/ 대한민국 법원시스템/ 형사법원/ 형사/ 법정절차 및 당사자/ 민사법원/ 법정스킬/ 재판수행/ 소장작성법/ 소송대리허가 신청법/ 지급명령/ 구상
효과적인 팀 기여	팀 리더십/ 팀 협력/ 커뮤니케이션/ 네트워킹/ 문제해결/ 적절한 기록유지/ 위험요인에 대처/ 개인 및 공공안전/ 정보의 수집과 평가/ 신뢰할 수 있는 고객서비스 유지/ 사건파일의 체계화
전자	오디오감시법/ 기계(전자)경비시장/ 시각적 감시/ 반 전자적 감시/ CCTV설치 및 사용/ 추천장비/ 윤리적 고려사항/ 사례연구/ SNS 포렌식 해독
법의학 수사 및 거짓말 탐지기	사례연구/ 지문/ 서류/ 필적/ 개인인증/ DNA프로파일링/ 기타 과학적 기법/ 관련 전문기술/ 거짓말 탐지기검사

디지털 전자 증거 및 보안 및 압수	디지털, 전자증거 사용방법/ ACPO가이드라인/ 컴퓨터기반증거의 원칙/ 다른 종류의 COMPUTERS/ 컴퓨터가 통신하는 방법/ 검색, 압류, 보존/ 전자적 증거/ 디지털카메라에서 증거를 생산하는 방법/ 오디오/ 전화MESSAGES/ 소셜 네트워킹/ 추가읽기/ 전자적 보안에 관련된 법률/ 증거/ 질문
신기술 습득	ChatGPT(대화형 인공지능서비스)활용/ AI(인공지능)보험사기예측시스템 활용/ AI와 빅테이터를 이용한 머신러닝 보험사기예측모델 분석/ AI 안면인식기술 활용/ 블록체인(Blockchain)이용 보험사기 대응/ 보험사기 SNA(소셜네트워크분석)활용법 등

※ 출처: 영국의 API(Academy of Professionl Investigation) 교육과정을 참고하여 저자 재구성.

나. 소액 방화 전문 화재조사관의 양성 및 채용

재물보험의 화재사고는 방화인지 실화인지 자연발화인지 등 사고의 원인규명이 중요하다. 이에 국가 전문 기술자격으로 화재조사관,[10] 화재감식평가기술자격,[11] 미국화재폭발조사관(CFEI)[12]의 화재조사 관련 자격제도가 운영되고 있다. 따라서 보험회사나 보험사로부터 손해사정을 위탁받은 손해사정법인 등이 방화조사를 전문적으로 하려면, 위와 같이 화재와 관련한 전문자격증을 취득하고 실무경험을 하거나 공무직으로 장기간의 실무경험이 있는 소방관이나 화재감식 경찰관을 채용하여 소방서나 경찰서에 신고가 되지 않는 다소 소액인 방화 보험사기 사건을 적발하는 것도 하나의 대응 방법이다.

현재 대형손해보험사는 재물보험과 배상책임보험의 보험사고 중 소액사고는 손해사정법인에게 위탁하여 처리하고 있다. 그 소액 손해액의 기준은 손해보험사마다 상이하나 손해액 300만 원~500만 원 이하의 사고 건이다. <표 16>에서

10) 국가전문자격 중앙소방학교가 시행기관으로 화재조사관은 화재가 발생하면 화재원인감식과 인명·재산피해 조사 등 화재조사업무를 수행한다. 네이버지식백과 (2024. 11. 25. 최종검색).

11) 국가기술자격, 산업인력공단이 시행기관으로 화재감식평가기사 산업기사는 화재현장에서 화재원인조사, 피해조사, 화재분석 및 평가를 통해 과학적인 방법으로 원인 및 발생 메커니즘을 규명하는 기술자격이다. 네이버지식백과 (2024. 11. 25. 최종검색).

12) 국제자격, 화재보험협회가 시행기관으로 미국화재조사관협회(NAFI)에서 주관하는 국제자격으로, 국내에서는 화재보험협회가 미국화재조사관협회와 협력해 2004년부터 실시하고 있다. 현재는 화재감식협회에서도 위탁수행하고 있다. 네이버지식백과 (2024. 11. 25. 최종검색).

○○손해보험회사의 2023년 재물보험과 배상책임보험 총 종결사고 건수는 86,200건이고 손해사정법인에게 위탁하여 처리한 사고 건인 500만 원 이하의 사고 건은 78,575건으로 91.2%의 구성비를 보여주고 있다. 문제는 보험사고 종결 구성비 8.8%에 해당하는 500만 원 초과 건의 보험사기 의심 건의 조사는 보험사의 보험사기특별조사팀에서 조사하여 적발하고 있지만, 500만 원 이하의 사고 건은 소액서면심사자가 소극적으로 처리를 하여 현저하게 적발 건수가 적어 보험사기가 증가하고 있다. 현재 우리나라의 손해보험사는 권원보험과 보증보험사 2곳을 제외하고 20개에 달한다.

이에 재물보험과 배상책임보험의 소액 보험사기에 보험탐정의 필요성과 대응 방안을 살펴보았다. 우리나라는 보험사기의 심각성을 인지하여 2016년 보험사기방지법을 입법하고, 2024년 1차 개정을 통하여 보험사기의 방지에 노력하고 있지만 앞에서 설명한 것과 같이 사각지대가 있다. 보험사기방지의 실효성을 높이려면 이미 입법된 보험사기방지법의 추가적인 개정을 통하여 선진국과 같이 금융당국에 보험사기조사국을 설치하고, 보험탐정 또는 보험사기에 관한 민간조사자의 규정을 두고 위탁 또는 협업하도록 하여 매년 증가하는 보험사기에 대응하여야 하겠다.

보험은 불의의 사고로부터 발생하는 경제적 손해에 대비하여 개인과 사회의 재산을 보호하고 안정적인 생활과 발전을 지원하는 순기능적인 임무를 수행한다. 그러나 보험사기는 보험을 역이용하여 부당한 이익을 얻으려는 것으로 사회가 발전하면서 그 수법이 다양하게 변화하고 있고, 고도로 지능화가 되고 있다. 최근 들어 보험금을 목적으로 한 신종보험사기가 늘어나고, 다양한 유형으로 확대되며 그 수가 점점 증가하고 있는 것이 이를 증명한다. 예를 들면, 일상생활배상책임보험과 해외여행자보험 및 휴대폰보험의 보험사기가 증가하고 있고, 팻보험이 등장하자 반려견을 보험사기의 목적으로까지 이용하고 있다. 이러한 보험사기는 당사자의 손익 문제가 아니라 성실한 일반시민의 근면한 삶을 위협하고 젊은이들에게 도덕적·윤리적 불감증을 증가시키며, 사회적으로는 매스컴을 통한 유사한 범죄수법을 조장시키고 나아가 보험의 단체성을 위협하여 건전한 보험산업의 발전에 악영향을 끼친다.

제10장

보험탐정의 실무상 유의사항

제10장

보험탐정의 실무상 유의사항

보험탐정(保險探偵, Insurance Investigator) 또는 보험조사관, 보험사기조사관이 실무에서 유의해야 사항은 법적·윤리적 기준을 지키는 것부터 효과적인 조사방법과 조사자료의 안전한 활용에 이르기까지 다양하다. 아래에 보험탐정의 실무상 주요 유의사항을 살펴본다.

제1절 실무상 유의사항

Ⅰ. 법적 준수사항

1. 개인정보 보호법 준수

피조사자 등 보험사기와 관련된 사람들의 관공서의 문서, 병·의원의 의무기록, 정비공장의 사고 관련 기록 등을 수집할 때 개인정보를 수집·이용하는 법적 근거와 대상, 목적과 수집·이용 등에 대한 조사대상자의 동의가 필요하다. 또한, 각 관련 조사처에 목적에 맞는 개별적인 개인정보 수집·이용 동의서를 제출해야 하고 피조사자의 동의서를 여러 장 받아서 필요한 곳에 수집대상물의 목적을 보험탐정이 임의로 기재하여 사용하지 않아야 한다.

그리고 무단으로 도청하거나 피조사자 등의 위치추적, 관련자의 사생활 침해 등은 불법이므로 유의해야 한다.

2. 형법상 불법행위 금지

조사를 목적으로 하는 위협, 협박, 사기, 강요 등을 통한 정보수집은 형사처벌 대상이 될 수 있다. 이는 「형사소송법」 제308조의2에 따라서 적법한 절차에 따르지 아니하고 수집한 증거는 증거로 할 수 없으므로 절대로 불가한 사항이다.

3. 탐정업 관련 법령 숙지

우리나라에서는 '탐정'이라는 명칭은 사용할 수 있으나, 공권력을 행사하거나 불법촬영과 미행은 금지되어 있다. 세부적으로 살펴보면 첫째, 「형법」에서는 불법촬영, 비밀침해, 통신비밀침해, 주거침입 등이 금지된다. 둘째, 「개인정보 보호법」에서는 개인정보의 수집·이용·제공 시 당사자의 동의가 필수이고, 위반 시 형사처벌된다. 셋째, 「통신비밀보호법」으로 통신내용, 위치정보 등의 불법수집은 금지된다. 넷째, 「형사소송법」상 보험탐정은 수사기관이 아니지만 증거수집 시 위법수집증거배제원칙이 적용된다. 다섯째, 「민법」 및 「민사소송법」상 보험탐정이 조사한 조사결과를 민사증거로 활용 시 요건충족(적법수집, 진정성, 신빙성)이 필요하다. 여섯째, 「신용정보법」상 신용조사업과의 구분이 필요하고 허가받지 않은 신용정보의 수집은 금지된다. 일곱째, 「변호사법」상 변호사가 아닌 자가 법률사무대리 또는 사건수임, 합의하는 것은 금지된다. 여덟째, 「경비업법」상 신변보호업 등과의 구분이 필요하다. 아홉째, 「국가정보원법」·「경찰법」상 국가와 관련한 정보수집 관련 업무는 국가기관의 고유 권한이다.

Ⅱ. 조사의 정당성 확보

1. 합리적 조사 사유의 존재

피조사자 등 보험사기와 관련된 사람들에 대한 무차별적 조사는 민원 또는 개인적으로 손해배상청구의 소지가 있으므로 보험사기로 의심할 합리적인 사유가 있어야 조사가 가능하다.

2. 조사목적과 범위의 명확화

보험탐정의 조사는 보험사기와 관련된 사람들과 목적물에 대한 조사대상과 목적이 불명확하면 조사범위를 넘어서서 불법행위가 될 수 있으므로 조사목적과 범위가 명확해야 한다.

Ⅲ. 윤리적 기준 준수

1. 중립적 자세

피조사자 등 보험사기와 관련된 사람들과 보험회사 어느 한쪽에 치우치지 않아야 하므로 편견 없는 중립적인 자세를 유지해야 한다.

2. 사실 확인의 원칙

보험사기의 사실 조사 후 보고서 작성은 추정이나 소문에 근거한 보고는 배제하고, 반드시 객관적 자료 확보 후 사실에 근거한 보고서를 작성하여 제출해야 한다.

3. 허위 보고 금지

보험사기의 사실 조사 후 보고서 작성에 거짓 진술을 넣거나, 자료를 조작하여 작성하는 것은 민·형사상 책임을 질 수 있으므로 배척해야 할 자세이다.

Ⅳ. 현장조사 시 유의사항

1. 촬영 및 녹음은 법적 테두리 안에서 수행

피조사자 등 보험사기와 관련된 사람들에 대한 대면조사 시 보험사기 관련 증거확보를 위한 공공장소에서 촬영은 가능하나, 사생활 보호가 최우선시되어야 하며, 피조사자나 목격자, 참고인 등에 대한 진술 녹음이나 녹취는 법률이 정하는 범위 내에서 적법한 절차에 따라 수행하여야 한다. 전화 인터뷰 시 조사목적을 숨기고 하면 안 되고, 보험사기 혐의와 관련된 조사라는 점을 정중히 고지 후 동의 받고 녹취를 하여야 한다.

2. 신분 노출의 억제

조사대상자에게 불필요하게 자신을 보험회사 측 조사원 또는 보험회사의 의뢰를 통한 보험사기 조사탐정임을 밝히지 말아야 할 때도 있으므로 신분의 노출을 최소화할 필요가 있다.

3. 적법한 미행과 잠복 조사

보험사기 조사대상자의 불필요하게 지나친 미행과 추적, 장시간 잠복 감시는 사생활 침해 우려가 있고 노출 시 불법의 소지가 있으므로 자제하여야 한다. 또한, 현장조사 시 피조사자의 차량을 GPS로 추적하는 것이 불법적인 위치추적이므로 배척하여야 하고, 공공장소 내 사진 촬영 등은 합법적 방법 사용을 사용하여야 한다.

Ⅴ. 보고서 작성 및 증거 활용

1. 객관적 사실 중심의 보고서 작성

보험사기에 대한 조사보고서는 감정적 표현, 추측성 문장, 모호한 단어 사용을 자제하고 객관적인 사실 중심의 보고서를 작성해야 한다. 그리고 확정적인 단어 사용을 억제하고 "사기일 가능성 높음"으로 기재하는 것이 바람직하다. 또한, 보험사기가 의심이 가는 사항과 정황에 대해서는 "보험금청구 내용과 병원 진술 간 불일치가 확인됨"처럼 사실만을 기술하는 방법이 적절한 표현이다.

2. 명확한 증거자료 첨부

피조사자 등 보험사기와 관련된 사진, 동영상, 인터뷰 내용 등은 원본과 함께 기록하고, 보험회사에 제출하는 조사보고서에 첨부하여야 한다. 이후 개인정보보호를 위해 조사자료 전부를 폐기하여야 한다.

VI. 업무 협조 및 커뮤니케이션

1. 보험회사, 손해사정사 등과 긴밀한 협조 유지

보험탐정은 보험사기 조사 시 보험회사와 손해사정사 등과 보험사기와 관련된 조사목적과 자료 공유 시 명확한 의사소통이 필요하며, 긴밀한 협조 관계를 유지하여 언제든지 필요한 내용을 확보하여야 한다.

또한 교통사고인 경우 교통사고 분석사의 전문의견을 구하는 등 보험사고와 관련한 의사, 정비사, 전기기사, 전자기기 수리업자 등 전문가의 협조가 필요하므로 항상 적법한 친분관계가 요구된다.

2. 법률 자문 병행 권장

보험탐정은 보험사기 조사에 있어서 피조사자 등 보험사기와 관련 조사나 조사결과가 문제가 될 소지가 있는 경우는 형사사건이나 민사분쟁으로 이어질 수 있으므로, 적절한 시기에 법률 전문가의 의견을 듣는 법률 자문을 병행하는 것이 바람직하다. 또한 전문적인 기술의 해석이나 분석이 필요하거나 문제가 있는 경우는 전문기술자의 기술소견이나 자문하는 것이 중요하다.

Ⅶ. 자격 및 역량 관리

1. 지속적인 교육과 훈련

보험탐정은 보험사기와 보험 관련 최신 법률, 심리학, 수사 기법 등 꾸준히 학습 필요가 있으므로 정기적인 관련 출판물을 열람하고, 국내 대학원의 탐정법을 전공한 후 한국탐정학회 등에 가입하여 학술세미나 등에 참석하고 적극적으로 보험탐정의 신기술을 습득하여야 한다.

2. 관련 자격증 취득

보험탐정은 보험사기와 관련한 공인기술자격증, 손해사정사 자격 등은 업무 신뢰도와 전문성을 높여주므로 가능한 한 많이 취득하여야 한다.

이와 같이 보험탐정은 조사능력뿐 아니라 법적 감각과 윤리의식이 매우 중요한 직업이다. 따라서 단순히 정보를 찾아내는 것을 넘어, 정당한 절차에 따른 보험사건, 사고의 진실 규명이라는 사명감을 가지고 접근하는 것이 바람직하다.

제2절 보험탐정의 실무 매뉴얼(Standard Operating Manual)

보험탐정의 실무 매뉴얼은 보험사기 조사, 손해사정, 현장조사, 증거수집 등을 체계적으로 수행하기 위한 지침서이다. 다음은 실제 현장 보험조사관 등 보험탐정이 활용하는 실무 매뉴얼의 구조와 핵심 내용의 요약이다.

Ⅰ. 업무개요

1. 업무일반

보험계약과 관련된 사고의 진위, 원인, 손해 정도, 사기 여부 등을 조사하는 전문가로서 손해사정사, 보험사기 조사 전문인력인 SIU, 손해사정법인과 업무가 부분적으로 중첩되어진다.

2. 주요 역할

보험탐정의 주요 역할은 첫째, 보험사기 의심사례 조사, 둘째, 사고현장 실사 및 사진·영상 기록, 셋째, 보험사고나 보험사기 관련자 진술확보 및 인터뷰, 넷째, 손해발생 경위 분석, 다섯째, 경찰·검찰 협조 및 법정 증언, 여섯째, 조사보고서 작성 및 증거자료 제출 등이다.

3. 합법적 업무범위

일반탐정이 가능한 업무범위는 첫째, 법적 절차를 준수한 실종자 또는 가출인 찾기, 둘째, 보험사고 및 보험사기 조사, 셋째, 기업의 내부감사 및 산업기밀 보호, 넷째, 직접적 강제 수단 없는 채권추심 보조, 다섯째, 사실확인 및 민사증거 수집, 여섯째, 사생활 침해 없는 범위 내에서 불륜, 사기 등 관련 정황조사 등이다. 따라서 보험탐정도 이 범위 내에서 업무를 수행하여야 한다.

4. 불법적인 금지업무

일반탐정이 하여서는 안 되는 업무는 첫째, 몰래카메라, 도청장치, GPS 불법 부착행위이다, 둘째, 경찰, 검찰처럼 신문(訊問)하거나 체포, 압수, 수색하여서는 안 된다. 셋째, 타인의 개인정보를 불법적으로 수집하여서도 안 된다. 넷째, 정하여진 수수료 대신 사건의 해결 대가로 금품 수수 및 법률 대리행위도 금지된다. 다섯째, 수사, 체포 등의 공권력 용어 사용도 금지된다. 보험탐정도 동일하다.

Ⅱ. 조사 순차별 절차

1. 사건접수

보험사기 의심 사례 접수, 계약 및 사고정보를 확인한다. 일반적으로 보험회사와 계약관계에서 보험회사가 보험탐정에게 위임한다. 현행 실무에서는 보험회사가 자체 특별조사팀을 활용하거나 손해사정법인에게 위임하여 업무를 처리한다.

2. 사전분석

보험계약의 이력, 사건의 개요, 손해사정서, 병원기록 등 사전 사건의 검토이다. 그리고 보험사기 주요 징후 목록을 체크한다. 피조사자의 고액 보험금 수령 경력, 보험금 반복 청구 경력, 가공의 사고야기 기록, 허위진단서 발급경력 등, 또한 보험회사의 사기위험지수(Risk Scoring System)를 활용한다.

3. 현장조사

보험사기 사건·사고의 현장방문, CCTV 등 사진확보, 목격자 등 사고관계자의 면담 등이다. 사고의 종류에 따라서 사고현장, 소방서, 경찰서, 의료기관, 자동차정비업체, 폐차장, 인테리어업체 등 다양한 곳을 방문한다.

4. 인터뷰조사

보험사기와 관련한 피보험자, 보험설계사, 의료인, 공업사 직원, 관련 목격자의 진술을 확보한다. 필요에 따라서 확인서(진술서)나 당사자 녹취, 영상촬영 등을 병행한다. 인터뷰 시에는 항상 중립적인 자세를 유지하고 법령에 위반이 되는 질문은 피한다. 인터뷰 시에 피조사자가 녹취하여 법적인 논쟁을 일으키는 일이 빈번하게 발생하기 때문이다.

5. 자료분석

보험사고나 사기 사건의 관련자 진술 간 불일치, 사고이력으로 본 과거 사고패턴, 사고의 재물·차량 손상의 분석을 한다. 피조사자의 진술서와 목격자 등의 진술서나 확인서를 사고현장과 관공서나 의료기관의 자료와 대조하여 사실관계를 결정한다.

6. 보고서 작성

보험사기 사건·사고의 조사 결과보고서를 작성하고 관련 증거물을 첨부하여 보험회사에 제출한다. 보고서 양식은 보험회사별로 상이하고 요구하는 사항도 다르므로 요구에 맞도록 작성하여 보고한다.

일반적인 보고서의 내용은 1) 기본정보로 보험회사, 피조사자 관련사항, 계약사항 등이고, 다음으로 2) 사건개요, 3) 조사목적, 4) 조사내용에는 ① 현장조사, ② 관공서, 병원, 공업사 조사, ③ 피조사자 진술, ④ 주변인물 진술, ⑤ 보험가입 및 보험사고, 보험금수령 이력 분석 등이다. 5) 종합 판단을 하고 끝으로, 6) 결론 및 조치의견을 작성하고, 7) 첨부 증거 자료를 붙인다.

7. 사후관리

사후관리는 제출한 보험사기 조사보고서와 관련한 경찰 수사 협조, 법정 증언, 재조사 등을 하는 것이다. 세부적인 사항으로는 첫째, 보고서가 보험회사에 자료 누락없이 제대로 접수되어 전산등록 및 결재라인에 반영되었는지를 확인한다. 둘째, 피조사자와 연락을 자제하고 민원발생과 진술보완이나 재조사가 필요한 경우에 대비하며 이전 조사기록과 일관성을 유지하는 것이 필요하다. 셋째, 보험회사의 질의응답과 법률자문, 수사기관 등 법적 검토요청과 대응에 준비한다. 넷째, 보안 및 기록관리로 개인정보보호를 위하여 보험회사의 지침에 따라 즉시 폐기 또는 3~5년의 기록보관을 한다. 다섯째, 수사기관, 법원 등에서 참고인 또는 증인 출석 요청이 올 수 있으므로 조사경위 및 관련 증거를 사전에 준비하고 보고서의 신빙성 유지, 중립성 유지를 기조로 법적분쟁에 대비한다. 끝으로 사후 피드백 및 품질관리로 보험사의 피드백을 수집하여 향후 품질개선에 반영, 사례 데이터 축적, 교육 및 내부교육 자료나 실무 매뉴얼로 재창출하여 교재로 활용한다.

Ⅲ. 조사기법

1. 문서분석

보험계약서, 보험금청구서, 병의원 진료 시 의무기록, 수리비 견적서, 화재감정서 등을 검증한다. 관련서류의 위조·변조 흔적, 동일 필체 확인, 과도한 진료내역 등을 점검한다.

2. 현장조사

현장조사 기법으로는 첫째, 사진촬영 요령은 사고위치, 파손부위 등을 거리와 각도별로 촬영하되, 정면 4곳과 사면 4곳을 정면으로 하는 팔방 촬영이 기본이고, 사고부위는 정밀·확대 촬영한다. 둘째, 물리적 증거확보로 사고장소에 흩날려 퍼진 파편, 브레이크 흔적, CCTV 영상을 확보한다. 셋째, 가능하면 동일 조건으로 사고를 재현하는 시뮬레이션(Simulation)이 필요하다.

3. 인터뷰 및 진술확보

보험사고나 사건 질문은 개방형으로 시작하여 구체적 질문으로 세분화한다. 진술서는 진술의 일관성, 감정의 표현, 시선 방향 등과 비언어적인 단서도 관찰한다. 녹취는 상대방에게 사실관계를 설명하는 것을 포함하여 실시하고 제3자 녹취는 증거능력 확인이 필요하고, 서명은 동의서, 진술확인서 등에 반드시 법적 요건을 충족하여 증거자료로서의 객관성이 확보되어야 한다.

4. 디지털 포렌식

보험사고나 사건에 대한 블랙박스 확인, 휴대전화의 통화기록과 사진은 휴대전화의 사진을 터치하여 속성으로 날짜를 확인하고, 위치기록, SNS 등에서 결정적인 증거확보가 가능하다. 또한, 데이터 위·변조 방지를 위한 증거보존절차(Chain of Custody)도 준수하여야 한다.

5. 의심 정황 분석

보험사고나 사건에 대한 사고 시나리오의 개연성을 검토하고 병원·의료기관과의 공모 가능성도 확인하고 피조사자의 보험계약 전후의 금전 흐름도 조사하여야 한다.

Ⅳ. 조사보고서 작성 요령

1. 기본 구성

가. 표지

표지에는 조사보고서 제목, 사건번호, 조사일자, 조사자명을 기재하여야 한다.

나. 사건개요

사고일시, 보험종목, 의뢰목적 및 조사범위(보험사기 의심사유), 보험금청구 내역, 피보험자 진술 등 사건개요를 상세하게 작성하여야 한다.

다. 조사경과일지

보험탐정은 의뢰받은 사건을 조사하면서 사건조사 일자별 조사 진행내용을 상세히 기술하여야 한다.

라. 조사결과 요약

보험탐정이 사건에 대한 조사 후에는 사실이 확인된 주요 내용, 조사 분석결과, 사실 기반으로 요약하여 보험사기 의심 정황을 구체적으로 보고서에 기술하도록 한다.

마. 증거목록

보고서에는 사건 관련사진과 영상, 진술 녹취록, 진술 문서, 병원의무기록 등 증거목록을 기재하고, 관련 증거를 첨부하여야 한다.

2. 유의사항

보험사기 조사보고서에 "~~같다, ~~의심된다, ~~그럴 것이다"라는 표현은 배제하고 "~~로 확인됨"과 같이 작성하여 주관적인 표현은 배제하고 법적 증거능력을 고려한 표현을 사용한다. 그리고 개인정보보호에 대한 조치는 철저히 하여야 한다.

3. 사후조치

가. 결과 보고

작성된 조사보고서는 보험회사 및 위임받은 관련 부서에 보고하고, 필요한 경우 담당 손해사정사 및 보험회사 법무팀과 공유한다.

나. 법적 대응

보험사기 혐의 확인 시 형사고발 또는 민사 환수 조치에 협조한다. 민사조치란, 형사 수사와 별개로 부당하게 지급된 보험금과 조사비용 환수를 위해 손해배상 청구 소송에 협조한다. 또한, 수사기관의 요청 시 보고서 및 관련자료 제출과 수사에 협조한다.

다. 자료보관 및 폐기

작성된 조사보고서와 조사자료는 일정 기간 보관 후 적법하게 폐기하고 개인정보는 암호화 저장 및 접근을 제한한다.

V. 법적·윤리적 준수사항

1. 준수사항

보험탐정은 다음 사항을 준수하여야 한다.

첫째, 보험사기방지법, 개인정보보호법을 준수하고, 형사법상 위법수집증거 배제법칙에 저촉되지 않아야 한다.

둘째, 불법 도청, 위치추적, 잠입 촬영을 하지 않는다.

셋째, 조사의 공정성·객관성을 확보하고 이해관계자와 접촉할 때는 투명성을 유지한다.

2. 조사 윤리 및 법률준수 체크리스트

보험탐정은 활동함에 있어서 조사 윤리 및 법률준수 점검표(체크리스트)를 만들어 수시로 점검하면서 보고서를 작성하여야 한다.

〈표 28〉 보험탐정 조사 윤리 및 법률준수 체크리스트

법률준수 점검 항목	점검	
	여	부
개인정보 수집 동의를 받았는가?		
불법촬영, 미행 등의 요소는 없었는가?		
조사대상자에게 신체적/정신적 위협은 없었는가?		
사실만을 기록했는가?		
법률자문 또는 감독이 있었는가?		

VI. 보험사기 조사의 3대 원칙

보험사기 조사의 3대 원칙은 다음과 같다.

첫째, 합법성: 법률 위반 없는 조사가 최우선이다.

둘째, 객관성: 조사자는 중립적인 제3자의 입장 유지한다.

셋째, 비공개성: 조사자료의 외부 유출 최소화하고, 보안을 철저히 한다.

제3절 보험사기 조사보고서 작성의 예시

보험탐정(보험조사관)의 보고서는 조사대상자, 사고내용, 조사방법, 조사결과, 결론 및 의견 등을 체계적으로 정리하는 문서이다. 보고서는 보험사의 보험금 지급 여부 판단에 활용되므로 객관성, 법적 정당성, 사실 근거가 매우 중요하다. 아

래는 실제 실무에 사용되는 형식을 반영한 보험탐정 조사보고서 예시이다.

□ 보험사기 조사보고서 예시

1. 기본정보

- 보고서 번호: 2025－0001
- 의뢰보험사: ○○화재해상보험
- 보험상품명: ○○운전자보험(일상생활배상책임보험 담보)
- 계약자명: 김○○(남, 2001.01.01.)
- 피보험자: 김○○
- 사고일시: 2025년 00월 00일 00:00경
- 사고장소: 서울특별시 ○○구 ○○로 ○○길 부근
- 보험금 청구액: 100,000,000원
- 조사의뢰일: 2025년 00월 00일
- 조사기간: 2025년 00월 00일~00월 00일
- 조사담당자: 김한국{보험탐정(조사관) 자격 등록번호: 00000}

2. 조사목적

- 본건 보험사고의 보험금청구가 고의적인 사고 또는
- 보험사기 혐의 여부를 확인하기 위함.

3. 사고개요(피보험자 주장 요약)

- 2025년 00월 00일 밤, 자전거를 타고 귀가 중이던 피보험자가 보행인을 치어 보행인이 넘어지면서 척추골절이 된 사고임.
- 현재 보행인은 척추수술 후 입원 중이며 향후 장해가 예상됨.

4. 조사 방법

- 현장방문 및 사고장소 CCTV 확인

- 사고 현장의 상점들 방문하여 목격자 진술을 확인
- 119 출동일지와 경찰서 사고보고서 기록열람
- 병원 진료기록 확인
- 주변 차량 블랙박스 수집
- 관련자(피보험자 및 상대방) 인터뷰
- 과거 보험금청구 내역 분석

5. 조사결과

- 사고 정황 분석
  ① 사고 시간대 인근 도로는 인적이 드문 골목길.
  ② 주변 주차차량 블랙박스와 CCTV 영상분석 결과, 피보험자는 사고장소 약 2m 전방에서 보행인을 발견하고 급정거없이 진행.
  ③ 자전거로 충격 당한 피해자 도로에 옆으로 넘어짐.
- 자전거 파손 상태
  자전거 파손없이 정상 작동함.
- 119 출동일지 경찰서 사고보고서
  사고 정황 분석과 다른 특별한 사항 없음.
- 병원 진단 기록
  ① 사고 당일 병원응급실 통해 입원.
  ② 동일 병원에서 과거 동일 진단으로 치료받은 이력 확인.
- 보험금청구 이력
  ① 최근 5년간 유사 사고로 총 5건 보험금청구.
  ② 사고 유형 모두 보행인으로 자전거나 퀵보드에 충격 당함.
  ③ 청구액 누적 약 1억 5천만 원.

6. 종합분석 및 의견

조사결과, 본 건 사고는 다음과 같은 사기 혐의가 의심된다.

- 고의사고 유발 가능성

최근 5년간 동일한 유형의 사고로 5건의 보험금을 지급받음.

- 경미한 사고에 대해 반복적으로 동일한 진단 및 치료.
- 피해자의 기왕증 여부(골다공증 등) 확인 필요.
- 가해자와 피해자는 지인으로 사고의 조작이나 모의 가능성 있음.

결론적으로, 본 건은 고의적 사고 유발 및 보험사기 시도가 있었을 가능성이 높아, 수사기관에 진정 또는 수사의뢰 연계 및 보험금지급 유보를 권고함.

7. 증빙자료 목록(별첨)

1) 사고 현장 사진 및 CCTV 캡처본
2) 블랙박스 영상 스틸 이미지
3) 병원 진단서 사본 5부
4) 자전거 사진 및 자전거 수리소 의견서
5) 과거 사고 및 보험금청구 기록 요약표
6) 인터뷰 진술 정리서(피보험자 및 상대방)

8. 작성자 정보

- 보험탐정(조사관): 김한국
- 소속 기관: ○○손해사정(조사)주식회사
- 연락처: 010－1234－5678
- 작성일: 2025년 10월 2일

9. 주의사항

- 보험사고 조사보고서는 수사기관 제출 가능성이 있으므로, 허위 작성 시 민·형사 책임 발생할 수 있다.
- 조사내용은 반드시 객관적 사실에 기반하고, 조사 범위는 법령 내 권한을 초과하지 않아야 한다.

제4절 보험탐정과 변호사법 위반

보험탐정(보험조사자)이 조사과정에서 법적 한계를 넘을 경우, 대표적으로 문제가 되는 것이 바로 '「변호사법」 위반'이다. 「변호사법」 위반이란 「변호사법」 제109조(벌칙)에 따라, 변호사가 아닌 자가 보수를 받고 타인의 법률 사무를 대리하거나 법률 상담을 하면 5년 이하의 징역 또는 5천만 원 이하의 벌금에 처해진다. 즉, 보험탐정이 법률 자문이나 수사 대응을 대리하거나, 피해자에게 협박성 조사를 한다면 불법이다.

Ⅰ. 보험탐정의 「변호사법」 위반 주요 사례

아래는 문제가 될 수 있는 대표적 사례 유형을 정리하였다.

1. 사례 1

가. 사실관계: 조사 과정에서 법률 상담 및 위협

보험탐정이 병원 진료기록을 요청하였고, 피조사자에게 다음과 같은 말을 하였다. "이건 기록을 살펴보니 보험사기로 간주될 수 있습니다. 형사처벌도 가능합니다. 지금 일부보험금을 줄 수 있으니 합의하면 보험사기는 없던 것으로 하겠습니다."

나. 문제점: 변호사법 위반, 협박

보험탐정은 법률 전문가가 아님에도 불구하고 형사처벌 가능성 언급하였고, 합의를 종용하고 협박성 발언을 하여 「변호사법」 위반과 협박죄 소지가 있다. '실제 2020년 서울동부지방법원 사례는 한 민간 보험조사자가 사고조사 중 보험사기 혐의를 피해자에게 설명하며, "형사처벌될 수 있으니 지금 합의하라"고 말한 뒤, 사건 조정서와 포기각서를 강제로 작성케 하였다. 이에 서울동부지방검찰청은 보험조사자에게 변호사법 위반 및 협박 혐의로 기소한 사실이 있다.'

2. 사례 2

가. 사실관계: 변호사 행세하며 피조사자(피해자) 대리

보험탐정이 보험사기 조사 과정에서 피조사자의 병원, 직장, 지인 등에게 자신을 "보험사 법무대리인"이라 소개하고, 피조사자의 정보수집과 사고 사실관계 등을 조사하는 과정에서 법률 상담 및 위협적인 언행을 하였다.

나. 문제점: 변호사 사칭, 법률 대리 행위

보험탐정이 변호사 자격이 없이 법률 대리인인 것처럼 행세하였다. 이는 명백한 「변호사법」 위반으로 변호사로 사칭하거나 법률 대리행위를 하여서는 안 된다.

3. 사례 3

가. 사실관계: 형사고발을 빌미로 조사 종용

보험탐정이 보험사기 조사 과정에서 피조사자에게 보험사기가 의심되니, "형사고발 전에 자료를 자진하여 제출하라" 또는 "수사에 들어가기 전에 본인 진술을 빨리 받아야 좋으니, 확인서를 빨리 제출하라"라는 등 조사를 위하여 진술서(확인서) 작성을 종용하였다.

나. 문제점: 형사 조정, 고발 협의

보험탐정이 변호사 자격이 없이 수사기관의 형사 절차를 언급하며 협박성 접근하는 것과 형사 조정, 고발 협의는 변호사의 영역으로 「변호사법」 위반 가능성이 있다.

4. 사례 4

가. 사실관계: 법률 문서작성 및 서명 강요

보험탐정이 보험사기 조사 과정에서 피조사자에게 "보험사기 인정 확인서", "보험금 반환각서" 등을 작성하게 하고, 피보험자에게 서명을 강요하였다.

나. 문제점: 법률효력의 문서는 변호사만 가능

보험탐정이 변호사 자격이 없이 법률효력을 가지는 문서를 피조사자 등 제3자에게 설명·작성·서명시키는 행위는 변호사만 가능하므로 보험회사의 직원이 아닌 보험탐정이 이를 수행하면 불법이다.

위의 내용을 정리하면 보험탐정이 보험사기 혐의 조사를 하더라도, 첫째, 보험탐정은 수사권이나 법률 대리 권한이 없음을 숙지하고, 둘째, 법률 상담, 문서 작성, 협박성 발언은 「변호사법」 위반이며, 셋째, 실제로 여러 민간조사자가 벌금형 또는 형사처벌을 받은 바 있으므로 주의하여야 한다.

따라서 보험탐정은 수사기관도 변호사도 아니며 조사의 목적은 사실관계 확인이지, 법적 책임 추궁이나 협박이 아님을 항상 명심해야 한다. 그러므로 '정당한 절차'와 '객관적인 태도'만이 법적 분쟁을 피하는 최선의 방법이다.

II. 보험탐정이 조사상 준수할 조사원칙

보험탐정이 조사상 준수할 조사원칙을 표로 나타내면 <표 29>과 같다.

〈표 29〉 보험탐정의 조사상 준수할 조사원칙

조사 행위	적 법	위 법
사고 현장 조사	가능	–
블랙박스·CCTV 등 수집	가능(공개된 경우)	–
피해자 직접 조사	정중한 설명과 동의 필요	협박·강요는 불법
법률상 책임 안내	변호사법 위반 가능성	법률 상담 불가
법률 문서작성 대리	금지	변호사만 가능
형사고발 협박	명백한 위법	금지

Ⅲ. 보험탐정을 위한 변호사법위반 방지 조사 가이드라인

보험탐정이 「변호사법」 위반을 피하면서 합법적으로 조사 활동을 수행하기 위해 반드시 따라야 할 조사 가이드라인은 다음과 같다.

1. 법률 상담·조언 금지

〈표 30〉 보험탐정의 법률 상담·조언 금지 가이드라인

금지 행위	이유(변호사의 영역)
이건 보험사기로 처벌될 수 있다	법률 상담에 해당
합의하면 형사처벌 피할 수 있다	형사 절차 관련 조언
이런 경우 형사·민사 책임이 있다	법적 책임 판단
〈가이드라인〉 • 법률적 해석은 하지 말고, 단순 사실만 전달한다. • "이 사안은 보험회사의 내부 심사 대상입니다"와 같이 중립적 표현을 사용한다.	

2. 문서작성 및 대리행위 금지

〈표 31〉 보험탐정의 문서작성 및 대리행위 금지 가이드라인

금지 행위	이유(변호사의 영역)
보험금 포기각서, 진술서 등을 작성해 주고 서명 유도	법률문서 대리작성
계약서, 합의서 등의 법률효력 문서작성	법률 대리행위
〈가이드라인〉 • 진술서나 확인서 작성은 조사대상자가 자발적으로 작성해야 함. • 서면 요청 시, "사실관계를 자유롭게 작성해 주십시오"라고 안내만 가능하다.	

3. 형사고발·처벌 언급 금지(위협 금지)

〈표 32〉 보험탐정의 형사고발·처벌 언급 금지 가이드라인

<table>
<tr><th>금지 행위</th><th>이유(변호사의 영역)</th></tr>
<tr><td>“형사처벌될 수 있어요”</td><td>법률 판단 + 협박 소지</td></tr>
<tr><td>“수사기관에 넘기기 전에 자백하라”</td><td>수사권 사칭 + 협박 가능성</td></tr>
<tr><td colspan="2">〈가이드라인〉
• 수사기관 언급은 금물이다.
• “의뢰 보험사 내부에서 추가 조사를 진행 중입니다” 수준의 표현만 사용해야 한다.</td></tr>
</table>

4. 자격 및 신분 사칭 금지

〈표 33〉 보험탐정의 자격 및 신분 사칭 금지 가이드라인

<table>
<tr><th>금지 행위</th><th>이유(변호사의 영역)</th></tr>
<tr><td>“보험사 법무팀입니다”</td><td>변호사 또는 법률 대리인 사칭</td></tr>
<tr><td>“수사기관입니다”</td><td>공적 수사기관 사칭은 형법 위반</td></tr>
<tr><td colspan="2">〈가이드라인〉
• 자신을 반드시 “보험탐정(보험조사자)” 또는 “위임받은 보험조사원”으로 명확히 소개해야 한다.
• 모든 조사 시작 시에 신분증 제시하거나 명확하게 신분을 밝히고 개인정보 보호법의 동의 안내를 실시해야 한다.</td></tr>
</table>

5. 정당한 방법으로 정보수집

〈표 34〉 보험탐정의 정당한 정보수집 가이드라인

<table>
<tr><th>적정 방법</th><th>불 법</th></tr>
<tr><td>공개된 CCTV, 블랙박스 영상요청</td><td>병원 기록 몰래 입수</td></tr>
<tr><td>피보험자 동의하에 병원 기록열람</td><td>제3자로부터 몰래 개인정보 수집</td></tr>
<tr><td colspan="2">〈가이드라인〉
• 진료기록, 통신내역, 금융자료 등 민감 정보는 반드시 ‘본인 동의서’ 확보 후 요청한다.
• 보험사기 조사 중에는 녹음·녹화 시 사전 고지는 필수이다.</td></tr>
</table>

6. 중립적이고 객관적인 언어사용

〈표 35〉 보험탐정의 중립적·객관적 언어사용 가이드라인

적절 표현	문제 표현
"사고경위에 대해 확인하고자 합니다"	"지금 말하지 않으면 의심받습니다"
"보험사 확인을 위한 절차입니다"	"거짓말하면 큰일 납니다"
〈가이드라인〉 • 조사 목적은 사실 확인임을 강조하고, 심리적 압박 유도 금지한다. • 면담 및 인터뷰는 기록을 남기되, 강압은 절대로 피해야 한다.	

Ⅵ. 변호사법 위반 필수 준수사항 점검표(체크리스트)

〈표 36〉 보험탐정의 변호사법 위반 필수 준수사항 체크리스트

항목	내용	준수	
		여	부
법률상담 금지	법적 판단·조언하지 않기		
대리작성 금지	각서, 진술서 대필작성 금지		
협박성 발언 금지	형사고발 위협 금지		
신분 명확히 하기	자신을 보험탐정으로 소개		
동의서 확보	개인정보 접근 시 서면동의 필수		
중립적 언어사용	객관적 표현만 사용		

Ⅴ. 보험탐정 면담용 표준 대화 스크립트

아래는 보험탐정이 면담 시 사용할 수 있는 표준 대화 스크립트이다. 피조사자 또는 조사대상자와의 면담에서 법적 중립성, 개인정보보호, 강압 금지 원칙을

지키면서도, 조사의 목적을 명확히 전달할 수 있도록 구성했다. 문제가 될 수 있는 대표적 사례 유형을 정리하였다.

면담 스크립트 운영 원칙은 첫째, 언어는 항상 정중하고 중립적으로 하고, 둘째, 신분에 대하여 명확하게 보험탐정(조사자)으로 소개하고, 개인정보 이용 동의서 및 면담기록은 철저히 확보하여야 한다. 셋째, 변호사 영역을 침범하는 법률행위는 금지한다.

1. 면담 시작 인사 및 신분 확인

"안녕하세요. 저는 ○○화재해상보험(주)에서 위임받아 본 건 사고 관련 조사를 진행하고 있는 ○○손해조사회사 소속의 보험탐정(보험조사자) ○○○입니다."

"오늘 면담은 보험사 내부의 사고 확인 절차로 진행되는 것으로, 조사 결과는 보험금 지급 여부 판단에 참고 자료로만 활용됩니다."

"면담에 앞서 본인 확인을 위해 선생님의 성함과 연락처를 확인 부탁드리겠습니다."

주의사항은 수사기관, 법률대리인, 형사 조사 등으로 신분을 과장하거나 사칭하지 말아야 한다.

2. 개인정보 수집·면담 동의 요청

"오늘 진행되는 면담은 음성 또는 서면으로 기록될 수 있으며, 이는 조사내용의 정확성을 위한 절차입니다."

"면담에 앞서, 개인정보 수집 및 활용에 대한 동의서에 서명 부탁드리겠습니다."

"해당 정보는 본 건 보험사고 확인 이외의 목적으로는 절대 사용되지 않으며, 관련 법령(개인정보 보호법 등)에 따라 안전하게 관리됩니다."

"혹시 이 부분에 대해 궁금하신 점 있으신가요?"

관련 문서 준비사항은 첫째, 개인정보 수집 및 활용동의서와 둘째, 면담기록 동의 안내서이다. 개인정보 수집 및 활용동의서는 병원의무기록 열람동의서, 경찰서기록 및 119출동일지 열람동의서 등이다.

3. 면담 목적 설명

“이번 면담의 목적은 사고 경위에 대해 실제 발생한 사실과 일치하는지 그리고 보험금청구 내용이 정확한지 확인하기 위한 것입니다.”

“책임을 묻거나 처벌을 위한 조사는 아니며, 면담 내용은 보험회사 내부 심사 자료로만 사용됩니다.”

“가능하신 범위 내에서 사실대로 말씀해 주시면 됩니다.”

주의사항은 “거짓말하면 형사처벌될 수 있습니다”, “이건 보험사기로 보입니다”라는 말은 절대로 하지 말아야 한다.

4. 사고 내용 관련 질의 예시

문) 사고는 정확히 언제, 어디서 발생했나요?

문) 사고 당시 차량 운전 상태나 교통 상황은 어땠나요?

문) 상대방 차량과의 충돌 경위는 어떻게 기억하시나요?

문) 사고 후 병원에는 어떤 증상으로 방문하셨나요?

문) 병원진료는 현재도 계속 받고 계신가요?

문) 혹시 보험금청구와 관련해 병원이나 정비소 등에서 안내받은 내용이 있다면 공유해 주실 수 있을까요?

주의사항은 중립적 표현을 사용해야 한다. 예를 들면,

“기억하시는 범위 내에서…”

“당시 상황을 편하게 말씀해 주세요”

“혹시 불편하시다면 답변을 거절하셔도 됩니다”라고 한다.

5. 과거 사고 이력 확인(있을 경우)

“기존에 유사한 사고나 치료 이력이 있으셨는지 여쭤봐도 괜찮을까요? ”

“해당 질문은 본 건 사고와 관련된 치료 범위를 판단하기 위한 절차입니다. 또한, 개인정보이므로, 말씀해 주시는 내용은 철저히 비공개로 처리됩니다.”

주의사항은 개인 민감 정보 질문 시 반드시 동의 전제로 진행한다.

6. 면담 종료 및 후속 안내

“오늘 말씀해 주신 내용은 보험사의 사고 심사팀에 전달되어, 추가 확인이 필요한 경우 다시 연락을 드릴 수도 있습니다.”

“면담 내용은 보험금 지급 여부를 판단하는 데 참고가 되며, 강제성이 없으며 모든 내용은 자발적 진술로 간주합니다. 동의하십니까”

“혹시 오늘 면담과 관련하여 불편하신 점이나 추가로 남기고 싶은 말씀이 있는가요?”

끝으로, “귀한 시간 내주셔서 감사합니다.”

참고문헌

Ⅰ. 국내문헌

1. 단행본

강동욱 외, 「탐정과 법」, 박영사, 2019.

강동욱·윤현종, 「탐정학개론」 제2판, 박영사, 2021.

강동욱·최형보, 「탐정관련법률」, 박영사, 2023.

김광준, 「자동차보험 대물 이론과 실무」, ㈜고시아카데미, 2023.

김석주, 「자동차보험(대물) 이론과 실무」, ㈜이패스코리아, 2024.

김헌수, 「보험사기 집중탐구」, 박영사, 2022.

박세민, 「보험법」 제4판, 박영사, 2021.

박영수·박주석·황귀연, 「보험범죄 감소 방안에 관한 고찰」, 한국학술정보, 2012.

보험경영연구회, 「보험론」, 문영사, 2005.

손해보험협회, 「보험범죄 조사」, 대한손해보험협회, 2005.

송덕수, 「신민법강의」 제17판, 박영사, 2024.

유주선, 「보험법」, 씨아이알, 2016.

양승규, 「보험법(제5판)」, 삼지원, 2004.

이경재, 「손해사정이론 상권 법률편」, 보험연수원, 2011.

이병희, 「보험범죄론」, 형설출판사, 2001.

임준태·송영남, 「탐정학 조사방법과 실무기법」, 도서출판 그린, 2020.

장덕조, 「보험법」 제6판, 법문사, 2023.

전우현, 「쉽고 간단한 보험법」, 계백북스, 2021.

정찬형, 「상법강의(하)」, 박영사, 2022.

지영환 외, 「금융범죄론」, 진리탐구, 2007.

지원림, 「민법강의」 제20판, 홍문사, 2023.

최인섭 외, 「한국의 금융범죄 실태와 사회적 대응방안」, 한국형사정책연구원, 2003.

탁희성, 「보험범죄에 관한 연구」, 형사정책연구원 연구총서 제5호, 한국형사정책연구원, 2000.

한기정, 「보험법」, 박영사, 2021.
한영규·목진영, 「자동차보험 손해사정실무」, 마전사이언스, 2007.

2. 논문

강동욱, "탐정제도 법제화에 대한 소고", 「한양법학」 제29권 제2호, 한양법학회, 2018.
강영숙, "한국 공인탐정 제도 도입에 관한 연구", 용인대학교 대학원 박사학위논문, 2006.
고명규, "상법(보험편)의 개정안에 대한 검토의견 －보험사기를 중심으로", 「기업법연구」 제25권 제1호, 한국기업법학회, 2011.
－－－, "해상보험에서 최대선의의무에 관한 연구", 「법학연구」 제41집 , 전북대학교 법학연구소, 2014.
구기성, "보험사기방지 특별법안(의안번호 6548, 박대동 의원 대표발의) 정무위원회 수석정무위원검토보고서", 2013.
국민건강보험공단, "의료분야 부패·공익침해 집중 신고 기간 운영 안내", 알림자료실 공지사항, 2018.
－－－－－－－－, "건보공단, 대한한방병원협회와 업무협약 체결", 보도자료, 2021.
－－－－－－－－, "금감원·보험협회와 보험사기 공동조사 시행", 보도자료, 2021.
권일성, "보험사기에 대한 대응과 탐정의 역할에 관한 연구", 동국대학교 법무대학원 석사학위논문, 2021.
권일성, "재물보험과 배상책임보험의 사기에 대한 대응 및 탐정의 역할 강화 방안", 동국대학원 대학원 박사학위논문, 2025.
권일성·강동욱, "재물보험 및 배상책임보험에서의 실제 보험사기 유형과 보험사의 대응 방안에 관한 연구", 「법과정책」 제30집 제1호, 제주대학교 법과정책연구원, 2024.
권지혜, "자동차 연성보험사기 예방과 규제의 합리적인 개선방안", 「법학연구」 제62권 제3호, 부산대학교 법학연구소, 2021.
금융감독원, "독일 보험사기 방지체계 관련 조사출장 결과보고", 보험조사국 조사지원팀, 2016.
김경환 외 2인, "보험 개인정보 보호법 제 개선방안", 보험연구원 조사보고서, 2014.
김상균, "보험범죄에 대한 사법적 대응방안", 「한국범죄심리연구」 제4권 제2호, 한국범죄심리학회, 2008.
－－－, "민간조사원의 업무범위와 타 법률과의 관계, 바람직한 민간조사제도 도입을

위한 세미나, 서울경찰청, 2007.
김상원, “보험사기 방지에 관한 연구”, 전주대학교 대학원 박사학위논문, 2023.
김선정, “법무부 상법 개정안 재론”, 「비교법연구」 제9권 제1호, 동국대학교 비교법문화연구소, 2008.
———, “2014년 보험법 개정에 대한 관견”, 「경영법률」 제24권 제4호, 한국경영법률학회, 2014.
김선협, “보험사기방지 특별법의 개선방안에 관한 연구”, 「보험법연구」 제11권 제2호, (사)한국보험법학회, 2010.
김성완, “사기적 보험금청구에 관한 연구”, 「저스티스」 통권 제137호, 한국법학원, 2013.
김슬기, “제정 보험사기방지 특별법에 대한 형사법적 검토”, 「연세법학」 제27권, 연세법학회, 2016.
김은경, “보험의 본질”, 「선진상사법률연구」 통권 제49호, 법무부, 2010.
———, “보험계약법상 보험사기에 대한 고찰”, 「안암법학」 제43호, 안암법학회, 2014.
———, “보험사기방지 특별법에서 고지의무 위반의 적용”, 「상사법연구」 제35권 제2호, 한국상사법학회, 2016.
김정철, “보험사기 범죄 유형에 따른 체계적 대응방안 연구”, 한국외국어대학교 대학원 박사학위논문, 2020.
김현태·이경재, “누수 사고의 보험 보상에 관한 연구”, 「동북아법연구」 제16권 제1호, 전북대학교 동북아법연구소, 2022.
노명선, “보험사기방지 특별법의 제정 의미와 운영과제”, 「손해보험」 통권 제569호, 손해보험협회, 2016.
노진거·정일홍, “민간조가제도(탐정제도) 쟁점 분석 및 정책적 대안”, 「융합보안논문지」, 제16권 제6호－제2호, 한국융합보안학회, 2016.
박경철, “영국의 반부패전략과 반부패법제, 「강원법학」 제47권, 강원대학교 비교법학연구소, 2016.
박세민, “보험사기에 대한 대응방안 분석과 그 개선책에 대한 연구”, 「저스티스」 통권 제111호, 한국법학원, 2009.
박영수, “보험범죄 감소 방안에 관한 연구”, 「한국경찰연구」 제13권 제1호, 한국경찰연구학회, 2014.
———, “보험범죄 방지를 위한 형사정책적 연구”, 「한국경찰연구」 제18권 제1호, 한

국경찰연구학회, 2019.
박태건, “우리나라 보험사기 방지체계에 관한 연구”, 전주대학교 대학원 박사학위논문, 2020.
반기수, “보험범죄의 현황과 효율적 대응방안”, 연세대학교 법무대학원 석사학위논문, 2010.
맹수석, “금융거래에 있어서 개인신용정보 보호법제의 주요 내용과 법적 문제”, 「법학연구」 제37집, 한국법학회, 2010.
손광기, “보험사기 실태와 대응책”, 「보험법률」 제25호, 1999.
송윤아, “미국 보험사기 방지와 소비자보호 방안”, 보험연구원 정책세미나, 2012.
———, “보험사기 방지를 위한 입법적 노력의 한계와 향후 고려 사항”, 「KIRI Weekly(주간포커스)」 제272권, 보험연구원, 2014.
———, “보험사기방지 특별법 시행이 보험금 지급에 미칠 영향”, 「KiRi Weekly 이슈분석」, 보험연구원, 2016.
송윤아·홍민지, “손해사정 제도개선 방안 연구”, 연구보고서, 보험연구원, 2021.
송호신, “2014년 보험법 개정 시 제외된 미개정사항의 재검토”, 「보험법연구」 제12권 제2호, 한국보험법학회, 2018.
신건훈, “영국 해상보험법에서 최대선의원칙의 문제점에 관한 고찰”, 「무역상무연구」 제14권, 한국무역상무학회, 2008.
———, “보험사기방지 특별법의 개정과 보험법의 체계화 방안”, 「보험법연구」 제15권 제1호, 한국보험법학회, 2021.
신학용, “보험사기의 심각성 및 보험사기 금지규정 신설의 의의”, 「손해보험」 2008－3, 손해보험협회, 2008.
안경옥, “한국의 보험범죄의 실태 및 대책”, 「형사정책」 제14권 제2호, 한국형사정책학회, 2003.
양두석, “최근 보험범죄의 문제점과 보험업계의 대응노력”, 「손해보험」 제443호, 2005.
양왕승, “보험사기 대응방안에 관한 연구”, 한양대학교 국제금융대학원 석사학위논문, 2001.
양지훈, “보험사기 방지를 위한 현행 법률과 제도 개선방안”, 고려대학교 대학원 석사학위논문, 2020.
양희산, “보험사기 현황 및 보험사 대응방안 －장기보험을 중심으로”, 「손해보험」 통권 제501호, 손해보험협회, 2010.

염건령·박영수, "범죄수사에서 탐정의 공익적 보완 역할", 「한국경찰연구」 제20권 제2호, 한국경찰연구학회, 2021.

오병두, "보험사기방지 특별법에 대한 평가와 개선방향", 「형사정책」 제28권 제3호(통권 제50호), 한국형사정책학회, 2016.

유경진, "보험사기의 현황과 방지대책에 관한 고찰", 경희대학교 국제법무대학원 석사학위논문, 2006.

유주선, "보험사기의 문제점과 예방에 관한 고찰", 「경영법률」 제18권 제4호, 한국경영법률학회, 2009.

———, "보험정보 집중체계의 법률적 문제점과 대안 모색", 「KiRi Weekly 이슈분석」, 2013.

———, "독일의 보험사기방지에 대한 입법적 대책과 우리의 보험사기 방지특별법", 「한국보험법연구」 제10권 제1호, 보험법학회, 2016.

윤명성·이완희·이승애, "보험범죄특별조사팀(SIU)의 근무환경과 보험범죄에 대한 일반적 인식이 직무만족도에 미치는 영향", 「시큐리티연구」 제23호, 한국보안관리학회, 2012.

윤소영, "영국사기행위방지법", 국민권익위원회, 2014.

이건수, "민간조사제도 도입 및 관리에 관한 법률 연구", 「법이론연구」 제7권 제3호, 한국법이론실무학회, 2019.

이상원·김상균, "공인탐정의 교육훈련 모형에 관한 연구", 「한양법학」 제21집, 한양법학회, 2007.

이성남, "새로운 접근 방법을 통한 보험사기의 효과적인 방어체계 구축방안", 「보험법연구」 제12권 제2호, 한국보험법학회, 2018.

이영래, "선진외국 민간조사제도의 시사점－국내 도입 및 선진국 운용사례를 중심으로", 「한국치안행정논집」 제6권 제1호, 한국치안행정학회, 2009.

이정기, "특별한 유형의 사기범죄에 대한 대응방안 연구: 보험사기와 보조금사기를 중심으로", 고려대학교 대학원 박사학위논문, 2018.

이정민·조홍종, "보험사기방지를 위한 합리적 형사정책", 「비교형사법연구」 제17권 제3호, 한국비교형사법학회, 2017.

이혁, "비급여 보험사기 수사에서 디지털 포렌식 활용방안", 성균관대학교 대학원 박사학위논문, 2020.

장우영, "사기에 의한 보험금청구에 대한 법적 고찰 －영리보험과 사회보험에서의 논의를 중심으로", 「법과정책」 제20집 제1호, 제주대학교 법과정책연구소, 2014.

장현석·이상원, “민간조사제도 도입 필요성에 대한 연구: 전국 규모 설문 조사를 통하여”, 「한국경찰학회보」 제16권 제1호, 한국경찰학회, 2014.
전우현, “보험사기 방지에 관한 연구 –설문 면담을 통하여 검토한 사기방지 방안의 보완을 중심으로–”, 「법학논총」 제32집 제1호, 한양대학교 법학연구소, 2015.
–––, “보험사기 근절에 대한 제언”, 권두칼럼, 「손보협회」, 2019.
전지연, “보험사기방지 특별법에 대한 비판적 검토와 제안”, 「비교형사법연구」 제19권 제3호, 한국비교형사법학회, 2017.
정일석·박준석·서상열, “민간조사제도 도입 반대 의견에 대한 고찰”, 「한국경호경비학회지」 제14호, 한국경호경비학회, 2007.
조현빈, “주요국가의 공인탐정 현활 및 정책적 시사점”, 「한국민간경비학회보」 제8호, 한국민간경비학회, 2006.
최병규, “보험사기의 문제점과 쟁점분석”, 「상사판례연구」 제19집 제3호, 한국상사판례학회, 2006.
–––, “상법 보험편의 개정방안에 대한 연구”, 「금융법연구」 제14권 제3호, 한국금융법학회, 2017.
–––, “일상생활배상책임보험의 면책사유와 피보험자의 사용 또는 관리의 개념”, 「기업법학연구」 제33권 제1호, 한국기업법학회, 2019.
최석윤, “보험과 형법”, 「비교형사법연구」 제8권 제2호, 한국비교형사법학회, 2006.
최세련, “보험사기의 방지를 위한 제도 개선방안에 대한검토”, 「경영법률」 제21권 제2호, 한국경영법률학회, 2011.
최정식, “손해보험의 손해방지비용과 방어비용에 대한 검토”, 「법학논총」 제2집, 숭실대학교 법학연구소, 2009.
하금석·강동욱, “탐정의 실태 및 탐정 관리법률의 입법방안에 관한 연구”, 「법학논총」 제38권 제2호, 한양대학교 법학연구소, 2021.
한상철·정병수, “보험범죄 수사제도의 개선방안에 관한 연구”, 「한국민간경비학회보」 제14호, 한국민간경비학회, 2009.
한종욱, “공인탐정 법제화 관련 쟁점에 관한 연구”, 「한국공안행정학회보」 제31집 제3호, 한국공안행정학회, 2022.
한창희, “상법 보험편 개정안에 대한 검토”, 「보험법 개정의 관점」, 창목출판사, 2009.
황만성·신의기·탁희성, “우리나라의 보험사기방지 선진화 방향 연구”, 한국형사정책연구원, 2006.
황현아, “보험사기의 특성과 대응방안”, 「KiRi Weekly 보험법 리뷰 이슈분석」, 2022.

Ⅱ. 해외문헌

"NICB", <http://www.nicb.org> (24 November 2019)

CAIF(2007), "State Insurance Fraud Bureaus:A Progress Report: 2001 to 2006."

Insurance Europe, "Insurance Fraud : not a victimless crime", 2019.

Jason Shroff, "California: A Privacy Stature Meets the GLBA & FCRC," 9 N.C. Banking Inst, 2005.

MARGARET BETZEL, "Privacy Law Developments in California," A JOURNAL OF LAW AND POLICY Vol.2:3, 2006.

Rosemary Jay and Angus Hamilton, Data Protection Law and Practice, Sweet & Maxwell, 1999.

ZAD, <http:www.z-a-d.de/wissenswertes/taetigkeitsbereiche/versicherungs betrug.html>(26 November 2019)

Ⅲ. 기타 참고

건강보험심사평가원 http://www.hira.or.kr/

국민건강보험공단 https://www.nhis.or.kr/

경찰청 http://www.police.go.kr/

금융감독원 http://www.fss.or.kr/

기획재정부 http://www.moef.go.kr/

대검찰청 https://www.spo.go.kr/

법제처 https://www.moleg.go.kr/

보건복지부 https://www.mohw.go.kr/

보험개발원 http://www.kidi.or.kr/

보험연구원 http://www.kiri.or.kr/

보험연수원 https://www.in.or.kr/

손해보험협회 http://www.knia.or.kr/

손해보험협회 보험범죄신고센터 사이트(www.knia.or.kr/cri_ins/crime03.asp)

생명보험협회 http://www.klia.or.kr/

한국법학원 http://www.lawsociety.or.kr/

ChatGPT, Gemini

찾아보기

(ㅇ)

(ㅈ)

(ㅊ)

저자 약력

강 동 욱

(전) 관동대학교 교수, 동국대학교 법과대학장 겸 법무대학원장, (사)한국법정책학회 회장, (사)한양법학회 회장, 한국법학교수회 부회장, 국립경찰대학 강사, 중앙경찰학교 외래강사, 서울중앙지방검찰청 형사상고심의위원회 위원, 대검찰청 검찰수사심의위원회 위원, 서울고등검찰청 영장심의위원회 위원, 대한행정사회 교육위원회 위원장, 해양경찰청 양성평등정책위원, 사법시험, 행정고시, 입법고시 및 일반행정공무원, 경찰공무원, 군무원 등 각종 공무원의 임용 및 승진 시험 위원

(현) 동국대학교 법과대학 교수, 민주화운동관련자 명예회복 및 보상심의위원회 위원, 법무부 여성·아동정책심의회 위원장, 고위공직자범죄수사처 감찰위원회 위원, 서울동부지방검찰청형사조정위원, 법무부 보호위원, 중앙노인보호전문기관 운영자문위원회 위원장, 서울시 동부노인보호전문기관 사례판정위원회 위원장, 서울시 중구 공직자윤리위원회 위원장, 한국피해자정책연구원 위원, 대한탐정사회 회장, 한국탐정학회 회장, 동국대학교 대학원 법학과 박사과정 탐정법전공 주임교수, 동국대학교 법무대학원 탐정법무전공 책임교수

권 일 성

동국대학교 법학박사(탐정법 전공)

제1종손해사정사, 제3종(대인)손해사정사, 제4종손해사정사

(전) 메리츠화재 손해사정서비스센터 부장, 손해사정사·보험중개사 시험 출제위원

(현) 해성손해사정(주) 부사장, 인천교통공사 손해사정고문, 한국탐정학회 상임이사

탐정학 시리즈 8

탐정과 보험사기

초판발행 2026년 1월 20일

지은이 강동욱 · 권일성
한국탐정학회

펴낸이 안종만 · 안상준

편 집 우석진
기획/마케팅 정성혁
표지디자인 BEN STORY
제 작 고철민 · 김원표

펴낸곳 (주) 박영사
서울특별시 금천구 가산디지털2로 53, 210호(가산동, 한라시그마밸리)
등록 1959. 3. 11. 제300-1959-1호(倫)
전 화 02)733-6771
f a x 02)736-4818
e-mail pys@pybook.co.kr
homepage www.pybook.co.kr
ISBN 979-11-303-9913-3 94360
979-11-303-3368-7 (세트)

정 가 17,000원